他们鉴证了文明

非遗传承人故事 下

国家图书馆中国记忆项目中心 编 著

天津出版传媒集团

天津人民出版社

百花文艺出版社

图书在版编目（ＣＩＰ）数据

他们鉴证了文明.第一辑.非遗传承人故事.下 / 国家图书馆中国记忆项目中心编著.-- 天津：百花文艺出版社：天津人民出版社，2023.6

ISBN 978-7-5306-8602-7

Ⅰ.①他… Ⅱ.①国… Ⅲ.①非物质文化遗产—中国—文集 Ⅳ.①G122-53

中国国家版本馆CIP数据核字(2023)第117664号

他们鉴证了文明(第一辑)：非遗传承人故事(下)
TAMEN JIANZHENG LE WENMING(DI-YI JI)：
FEIYI CHUANCHENGREN GUSHI(XIA)

国家图书馆中国记忆项目中心 编著

出 版 人：薛印胜
总 策 划：刘 庆 杨 舒　　策划编辑：赵子源
责任编辑：魏 青 霍小青 苏 晨 李佳骐
装帧设计：王 烨 汤 磊 姚立扬
出版发行：百花文艺出版社
地址：天津市和平区西康路35号　　邮编：300051
电话传真：+86-22-23332651(发行部)
　　　　　+86-22-23332656(总编室)
　　　　　+86-22-23332478(邮购部)
主页：http://www.baihuawenyi.com
印刷：河北鹏润印刷有限公司
开本：787毫米×1092毫米　1/16
字数：350千字
印张：24.75
版次：2023年6月第1版
印次：2023年6月第1次印刷
定价：149.00元

如有印装质量问题,请与河北鹏润印刷有限公司联系调换
地址:河北省沧州市肃宁县宏业路一号
电话:0317-7587755

主　　编　田　苗

执行主编　郭比多

副主编　韩　尉　戴晓晔

分卷主编　杨秋濛《非遗传承人故事(上)》

张　琛《非遗传承人故事(下)》

王春丽《非遗公开课》

本卷主编 张 琛

本卷作者 李东晔　宋本蓉　谢忠军　张 琛

　　　　　　刘东亮　张 宇　王春丽　刘芯会

　　　　　　杨秋濛　张 曼　岳梦圆　张弼衍

微信扫描二维码观看

国家级非物质文化遗产代表性传承人记录工作成果

纪录片

民间文学

古渔雁民间故事 / 刘则亭

四季生产调 / 朱小和

河西宝卷 / 乔玉安

传统音乐

蒙古族长调民歌 / 巴德玛

吟诵调（常州吟诵）/ 秦德祥

侗族大歌 / 潘萨银花

侗族琵琶歌 / 吴家兴

佛教音乐（天宁寺梵呗唱诵）/ 松纯

冀中笙管乐（子位吹歌）/ 王如海

传统舞蹈

秧歌（昌黎地秧歌）/ 秦梦雨

苗族芦笙舞（滚山珠）/ 王景才

井陉拉花 / 武新全

花鼓灯（凤台花鼓灯）/ 邓虹

塔吉克族鹰舞 / 库尔班·托合塔什

传统戏剧

木偶戏（邵阳布袋戏）/ 刘永安

婺剧 / 郑兰香

歌仔戏 / 纪招治

彝族撮泰吉 / 文道华

傩戏（德江傩堂戏）/ 张月福

曲剧 / 王秀玲

湘剧 / 曾金贵

皮影戏（凌源皮影戏）/ 刘景春

皮影戏（腾冲皮影戏）/ 刘永周

曲艺

汉川善书 / 徐忠德

微信扫描二维码观看
国家级非物质文化遗产代表性传承人记录工作成果
纪录片

传统体育、游艺与杂技
摔石锁 / 沈少三
口技 / 牛玉亮

传统美术
朱仙镇木版年画 / 郭泰运
杨柳青木版年画 / 冯庆钜
剪纸(医巫闾山满族剪纸) / 汪秀霞
漳州木偶头雕刻 / 徐竹初
衡水内画 / 王习三
泥塑(杨氏家庭泥塑) / 杨栖鹤
石雕(泽库和日寺石刻) / 贡保才旦
热贡艺术 / 西合道
剪纸(乐清细纹刻纸) / 林邦栋
青田石雕 / 倪东方

传统技艺
玉屏箫笛制作技艺 / 刘泽松
茅台酒酿制技艺 / 季克良
绍兴黄酒酿制技艺 / 王阿牛
平遥推光漆器髹饰技艺 / 薛生金
碉楼营造技艺(藏族碉楼营造技艺) / 果洛折求

传统医药
传统中医药文化(鹤年堂中医药养生文化) / 雷雨霖
中药炮制技术(四大怀药种植与炮制) / 李成杰
中医诊法(张一贴内科疗法) / 李济仁、张舜华
藏医药(七十味珍珠丸赛太炮制技艺) / 桑杰

民俗
水书习俗 / 潘老平
羌年 / 王治升

惟文有续　故思无邪

　　是谁首次吹响了贾湖骨笛上的五声音阶？是谁绘制了仰韶陶器上第一幅的红彩图案？我们不得而知。但我们知道，作乐的人叫伶伦，造字的人叫仓颉。当眼前出现《贵妃醉酒》的影像，我们知道那是梅兰芳的芳华；当耳畔响起《二泉映月》的录音，我们知道那是阿炳的绝唱。

　　我们知道，是历史上所有知名和不知名的先辈，创造了中华民族伟大的文化，并通过一代又一代的坚守，将中华文脉传承至今，形成了磅礴灿烂的非物质文化遗产。

　　我们还知道，如果孔子当初没有历尽艰苦辑录各地民歌，我们今天就无法读到《诗经》中的"十五国风"；如果杨荫浏先生没有在1950年提着钢丝录音机寻访到阿炳，我们今天也就无法听到《二泉映月》的千古绝响。对非物质文化遗产的记录，与非遗的活态传承同等重要。非遗的建档记录工作，是非遗保护的基础性工作，是确保非遗存续力的重要措施。

非遗的建档记录，让非遗从活态变为文献态，不仅能传之千年，还能化身千百，使之成为全民族乃至全人类共同享有的文献资源；非遗的建档记录，还能够反哺非遗活态传承，记录行为提升了社区对自身所持有遗产的认同感，记录成果为人们学习、研究和传承非遗提供了资料，也为依托非遗进行创造性转化、创新性发展提供了资源，从而让非遗更好地服务当代人的生产生活，促进不同文化背景的人们互赏互鉴，助力全人类的可持续发展。

自2015年开始，我国启动了非遗记录工程。这是一项全国性的非遗保护基础性工作，其目的是对所有国家级非物质文化遗产的代表性项目与代表性传承人进行系统、全面、持续的建档记录。作为该工程的重要组成部分，国家级非遗代表性传承人记录工作旨在对传承人进行影音图文的全面文献记录。这是一项和时间赛跑的工作——要抢在传承人年华老去之前，将其身上的技艺与心中的记忆保存下来。自2007年开始，我国文化主管部门先后认定了五批国家级非遗代表性传承人。截至2022年，国家级非遗代表性传承人共三千零五十七位。国家级非遗代表性传承人记录工作自启动以来，截至2023年上半年，已开展二千一百余位、完成一千零四十位传承人的记录工作。这些记录成果将永远保存在国家图书馆和有关单位，作为非遗建档记录的中国实践，在人类遗产宝库中持续闪耀出中国智慧。

自2015年开始，我和国家图书馆中国记忆项目中心的同事有幸与全国的非遗保护工作者一起，参与到这项振奋人心的事业中来。多年来，我们见证了非遗记录工作的初创与发展，见证了一位位非遗保护工作者的热情与艰辛，见证了一位位传承人年华的老去，也见证了留存在记录成果中传承人不朽的芳华。他们是中华文化的传承者，也是中华文明的守护人。他们承载着文化，他们鉴证了文明。

2020年，疫情袭来。在全民抗疫的日子里，我们一直在思考该用怎样的内容安抚人们的内心，鼓舞人们的斗志。最终，我们决定选取当时已经完成验收的记录成果中四十七个优秀项目，参考其中内容编写成四十七篇传承人的故事，并从2020年3月开始陆续发表在国家图书馆微信公众号上。在当年的文化和自然遗产日期间，我们还邀请到十一位非遗保护领域的权威学者，对记录成果进行了解读，形成了一套共二十讲的非遗影像公开课。此次结集出版的三本图书，正是上述两部分工作。

为什么要编选《诗经》？孔子的答案是"思无邪"。对传统文化的记录与保存，最终目的是保存人们心中的善良与纯真，留住人们心底的那份温情、那份感动。让我们的孩子，还能吃上小时候姥姥给我们包过的饺子；让我们的孩子，还能听到爷爷曾经讲给我们的故事。当他们游戏玩耍的时候,仍能唱起我们儿时哼唱的歌谣;当他们仰望星空的时候,还能认出哪颗是牛郎星,哪颗是织女星。今后,我们将继续做好非遗记录工作,并进一步推动记录成果的保存、服务与转化。让曾经感动我们的,继续感动我们的后代;让曾经塑造我们的,继续塑造我们的未来。让每一代中国人都能记住:中国是这样的,中国人是这样的。

年华易老,技忆永存。

惟文有续,故思无邪。

田　苗

2023年6月

于国家图书馆学津厅

目录

肆 传统医药

他们鉴证了
文明
（第一辑）
非/遗/传/承/人/故/事
（下）

伍 民俗

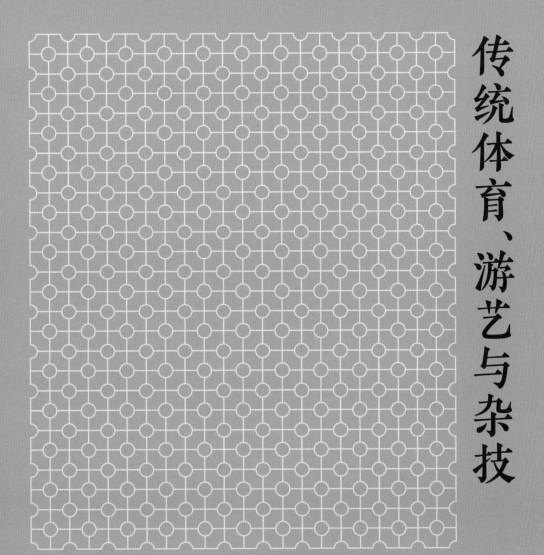

传统体育、游艺与杂技

▶ 掼石锁

▶ 口技

武林并未远去：

沈少三与摔石锁

刘东亮

沈少三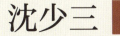

　　沈少三（1929—　），回族，河南郑州人，国家级非物质文化遗产代表性项目撂石锁代表性传承人。1936年，他跟随祖父沈芳、父亲沈友三学习撂石锁，不仅掌握了翻花、抛接等技法，而且在传统单个动作的基础上创编了成套的连贯动作，其特点为轻、飘、巧、稳。1953年，他赴天津参加第一届全国少数民族传统体育运动会，同年11月在中南海怀仁堂为国家领导人表演。1985年，沈少三获"新中国体育开拓者"荣誉奖，后多次在全国少数民族传统体育运动会获奖。为使撂石锁更好地传承下去，他先后在开封市体育馆、河南省体育馆、郑州少林武术专修学院、北京市宣武体育场等开班授课，学员达数百人。

武林不只有危险

还有温情

武侠不只有光彩

还有寂寞

武侠的生活是什么样

武林又在哪里

武林并未远去

邂逅摔跤与撂石锁

中国式摔跤，被很多人认为是我国实战性最强的一种传统武术。它在历史上有很多名字：相搏、角抵、角力、相扑、掼跤等，本质上属于一种竞技运动。中国式摔跤的衣着服饰、行话俗规，甚至训练方法，都蕴含着中国传统的审美观念和道德修养。它有一套独特的道具，像牛皮条、地秤子等，我们说的就是其中的一种——石锁。

撂石锁是一种古老的武术功力项目，这个"撂"字在此处有"抛""扔"的含义，也被称为"石锁功"，另外，还有举石锁、耍石锁、掷石锁等不同的叫法。作为中国式摔跤的一项传统的基本功训练方法，撂石锁可增强握力、腕力及腰、腿部的力量，锻炼身体的

石锁

协调性和灵活性。撂石锁的花样动作有很多通俗形象的名称，如黑狗钻裆、骗马腰穿、手托元宝等数十种。抛起石锁后，还可以用肢体的不同部位接住，如拳头接、三指接、掌接、盘肘接等。从拳到肩，跃顶穿裆，前后抛接，这些抛接技巧在增加难度的同时，也提高了撂石锁的观赏性。

> **小知识**
>
> 撂石锁常用的小石锁重七千克左右，大石锁重二十千克左右，顶举石锁在三十千克左右，抓举石锁在五十千克左右。练习摔跤的道具主要有石锁、小推子、大拧子、地秤子、牛皮条等。

"天桥八大怪"之一

提起北京的天桥，人们会联想到民间的五行八作、三教九流，置身其中能感受到世俗生活浓浓的烟火气。"酒旗戏鼓天桥市，多少游人不忆家"写出了老北京天桥的繁华与热闹。关于天桥这一名称的由来，有考证说这是明清两朝皇帝出行的御桥，桥的两边都是汉白玉栏杆，桥身很高，专为天子去天坛、先农坛祭天与祭炎帝神农氏使用，平常的日子都会用栅栏封锁。后来随着岁月变迁，天桥周围渐渐成为北京外城的商业中心，兴建了不少的商行、茶楼和酒肆。再加上天桥地区风景宜人，吸引了不少游人观光，众多说书、唱曲、杂耍的艺人也开始在这里聚集，慢慢地形成了极具民间特色的市井文化。

尤其值得一提的是天桥的摔跤表演。清代北京城的民间摔跤方兴未艾，但是官方有规定不准进行"私跤"。当时朝廷设立了一支皇家摔跤队——善扑营，其组织架构类似于宫廷的禁卫军，它最重要的职责是保护皇帝的人身安全。善扑营平时主要进行骑马、摔跤、射箭等军事技能的训练，在重大节庆活动中为嘉宾进行摔跤表演。善扑营中的布库，有一个通俗的称谓叫扑户。按照技艺的高低，有头等扑户、二等扑户、三等扑户之分。在清朝覆灭之后，头等扑户宛永顺在天桥开设跤馆，广收弟子，其中沈友三、宝善林、孙宝才、魏德海等最为人熟知。自此以后，官跤渐渐融入民间，也有了一个更通俗的叫法——摔跤。

北京"天桥八大怪"塑像中的沈友三

1949年以前，许多民间艺人都在天桥"摞地"，靠卖艺谋生。"摞地"是老百姓一种通俗的说法，就是在空地上围出一个演出场子，艺人们各凭真才实学招揽观众。20世纪二三十年代，天桥涌现众多摔跤手，各个都身怀绝技，沈友三就是其中的一员。沈友三原名沈玉升，出生于一个贫寒的回族家庭，江湖人称沈三，为人仗义，好打抱不平。其父沈芳是清朝善扑营的二等扑户，因身材魁梧，人送外号"沈大个儿"。

沈友三少年时跟随父亲习武，又得几位头等扑户的精心指导，跤技猛长，在当时摔遍京城无敌手。后来他靠摔跤表演养家糊口，因其出众的摔跤技艺而名闻遐迩。沈友三也成为北京城老百姓口中的"天桥八大怪"之一。沈友三有不少传奇的经历，其中最为人称道的是，他曾在比武场上击败了俄国大力士彼得洛夫。于是报纸上通篇的新闻铺天盖地而来，沈友三一时名震天下，因此就有了"跤王"的美誉。

家传绝技

1929年沈少三出生于北京牛街的老君地。当时一些著名的民间艺人给自己的孩子起名字，大都通俗简单，通常加一"小"或"少"字，这样的例子不胜枚举。沈少三这个名字一听便知其父亲为沈友三。牛街这一片地区聚集了较多的回族居民，大都喜欢练武术。沈少三幼年时，父辈们闲来无事就会在自家院子里操练拳脚和枪棒。生在这样一个武术世家，沈少三当然也毫不意外地继承了家学。

那时，沈友三一边在天桥的摔跤场卖艺，一边以卖骆驼肉为生。一次，好友杨双恩在天桥卖艺，叫沈友三去帮忙表演摔跤。沈友三这人讲义气，于是就把卖肉的车托付给旁人，一扭头就去了。等他回来时却发现所托非人，连车带人都没了。在天桥开设跤场并不容易，经常有人来踢场子，沈友三毫不惧怕，挑战者一个个被他摔倒在地，他的跤技也因此日渐长进。

当时跟沈友三在一起摔跤的有不少人。其中有魏德海，在摔跤这行里别人都叫他魏大爷；有张德山，别名叫张狗子；还有孙荣、苏祥林、金莫林、单石俊、熊德山等人。他们在摔跤场里两两交叉着对摔，一天下来演出七八场，到晚上大伙一块儿平分挣来的钱。虽然沈友三是当时的台柱子，但是按照摔跤行业的规矩，得年岁大的先拿钱，第一个是魏德海，张德山第二个拿，其他人把剩下的钱均分。

在沈少三童年时期，父亲沈友三为了一家人的生计整日奔波。沈少三每天就围在爷爷沈芳身旁。当时沈芳已经七八十岁了，就教他一些摔跤的基本功，像练腰、盘腿、抽腿、跪腿等，主要练习身体的柔韧性和灵活性。摔跤的力量锻炼要用到一些基础的器械，像石锁、掷子、小推子和地秤子等。沈少三那时年纪还小，练不了石锁，只能在旁边听爷爷给自己讲要领。

当时初级教育制度规定四年级毕业为初小，六年级毕业为高小。十二岁沈少三高小毕业，就跟着父亲去天桥卖艺了。1940年，沈少三正式开始跟随父亲学习摔跤和掷石锁。父亲对他练功要求极其严格，经常跟沈少三说的一句话是"宁吃仙桃一口，不啃烂桃一筐"。父亲的意思就是不管练什么，规规矩矩地练一个，比马马虎虎地练一百个都好。要是马马虎虎地练，平时偷懒习惯了，真正比试的时候就不可能赢，掷石锁就得认认真真练。

沈少三跟随父亲也学了不少硬气功的技能，开砖就是其中一项。人躺在地上，

沈少三（右二）少年时期与家人合影

头枕着一块砖，额头上再放一块砖，沈友三站在一侧用手一劈，上下两块砖都断开了，底下的人却安然无恙。沈友三还有不少绝活，比如，在地上放一块砖，砖上再搁两个茶碗，往茶碗里倒上水，沈友三拿脚一踢，或者用手一砍，砖的下半截儿就断了，砖的上半截儿却还在原地立着，茶碗当然也丝毫无损。还有就是把铜条烧红了，沈友三左手攥着铜条，右手一节节捋过去，手上没有一点儿伤。香蕉那么粗的石头条，沈友三拿手指头一杵，一下就断成两截了。类似的绝活还有很多。可惜当时沈少三还很小，很多功夫都没有学会。

沈友三的撂石锁比较简单，当时主要用的都是大型的石锁，通过提举石锁锻炼抓握力量和腰背力量。过去练武的人都讲究弓、刀、石和马、步、箭这几项。所谓弓、刀、石都是力技项目，分别指拉硬弓、耍大刀和扔石锁（石担）。这些项目都是人身体力量和技巧的展示。由于撂石锁打下的基础，一般的武术测力比赛，沈友三都会拔得头筹，摔跤比赛的成绩也是毫不逊色。1932年，北平市举办摔跤比赛，那时的规则很简单，三跤两胜，没有时间限制，参赛人员也不分级别。沈友三一举拿下了头名。第二年，沈友三入选了北平代表队，前往南京参加全国摔跤比赛，结果也是难逢对手，获得了冠军。

沈少三的爷爷去世以后,他每天跟着父亲去天桥看摔跤。当时天桥卖艺的人特别多,有练武术的、演杂技的、变戏法的、说书的、卖虫子药的,还有唱蹦蹦戏的(即评剧),各个行当的人都有。在那里卖吃食的也不少,豆腐脑儿、凉粉、豆汁儿、炸糕等老北京小吃应有尽有。最让人意外的是,那时候的天桥还有电影院。要是想看电影,一进门先得给五分钱。那时的电影都是无声的,所以放出一段停下来,打上字幕,写着刚才那段演的什么内容。趁着暂停这段时间,影院就会把灯打开,一人再收五分钱,要是不想看就直接走,然后再接着放下一个片段。

沈少三在摔跤场帮忙,主要任务就是捡观众的赏钱,要是有人给两块四,就请观众再给六毛凑个整数,也图个吉利。另外,当大人们在场子操练得口渴时,他还要烧开水沏茶。后来沈少三大了一点儿,就负责挑水。他先把摔跤场的地面洒湿,再拿铁锨把土都翻一翻,接着用耙子把地面捯饬平整。翻整之后的场地上就有十厘米厚的虚土,人摔倒后不容易受伤。到了夏天,沈少三就在摔跤场周围搭个布帐篷为观众遮阳。他把帐篷撑开以后,先把四个角拴好,然后把横梁和立柱架好,再把布篷套在立柱上,最后把四面用绳子捆好,把帐篷立起来。

动荡不安的旧时年岁

1942年,北平遇到了灾荒,街上饿殍遍地。有的人走着走着突然就倒下了,这种情况很普遍。冬天冻死的人也不在少数。那会儿又赶上霍乱暴发,当地人都叫这病"虎烈拉",人感染之后上吐下泻的。最困难的时候城里没有粮食,市民最常吃的就是混合面儿。这种面多数是陈糠烂谷、谷壳、玉米楂子、糠秕之类的东西,混合磨成粉之后,里面还掺杂了一些土渣子、碎石末、煤炉灰等,所以食用起来十分困难。勉强吞咽下去之后,又会腹痛拉肚子,因此许多人患了肠胃病,还有不少致死的情况发生。

当时北平城已经沦陷了,百姓生活极为艰难。沈少三不能再跟着父亲去天桥卖艺了,只能另寻别的营生。广安门外有个仓库正在招临时工,于是沈少三就去了。进门的第一件事就是先把"良民证"收了,然后去里边干活。中午停工的时候,他就去仓库门口寻找吃的。有个小摊卖贴面饼,也卖咸菜和小米粥。下班的时候,所有人都要排队接受检查,把身上的衣裳脱掉,看有没有偷东西,之后才给结算这一天的工钱。回家的时候,沈少三饿得难受,就在路旁的菜铺花五分钱买一根大白萝卜,一边走一边吃。回家后,沈少三把身上的钱交给母亲。晚上一家人只能吃杂和面儿粥,有时候也吃混合面儿粥,再加上一点儿咸菜,一大家子人甚至连一个馒头都吃不上。

转眼到了1943年,一天,从开封来了几个人,他们到沈家找到了沈少三的父亲。原来他们想请沈友三去开封教摔跤。一是因为当地灾情已经明显好转了,去了可以度荒。二是这些人曾经跟沈友三学过摔跤,还想跟他再接着学。沈友三犹豫再三,后来一位好友劝他:"树挪死,人挪活,何必在这儿受苦?"于是他带着沈少三和沈小三(又名沈德元)奔开封去了,后来沈少三的母亲、弟弟和妹妹也陆续来到开封,这样他们一家人就又团聚了。

当时,开封的回族人大多住于东大清真寺周边,沈少三一家也是如此。寺门口有很多做小生意的,他们做完生意以后就到东大寺来,沈少三的父亲就在东大寺教摔跤。但是他父亲教人练摔跤从不收钱,那生活费从哪儿来?沈友三干起了老本行,在相国寺里摆了个场子,靠摔跤和卖大力丸为生。就是这个时候沈少三跟父亲系统地学习了摔跤。当时他的师哥们都已经二十多岁了,沈少三才十五六岁,那他也得和其他人一样训练,石锁、小推子、滑车子、牛皮条、板头块等项目,一样都没落下。沈少三每天早上练硬气功,上午十点多钟,就跟其他人一起去练摔跤,午饭以后,就跟着父亲去相国寺摆摊卖艺。

师承民间,艺无定法

1946年,沈少三的父亲因病去世。沈少三便成了家里的顶梁柱,他开始在大相国寺八角琉璃殿的前面"撂地"养家。沈少三先练石锁当作热身,等观众多了以后再表演摔跤,间或表演其他项目,像打弹弓、提举石担和石磙子之类的杂技。在摔跤场不远处有个茶馆,夏天的时候,来喝茶的人坐在房檐下遮阳,还能顺便看到撂石锁的表演。周开元、马永庆、李金瑞、赵清几位老人也常常光顾这家茶馆。他们的年龄相差无几,平均六十多岁,胡子都花白了。沈少三知道这几位老人的撂石锁技艺高超,在开封当地也是名声在外。他们看到沈少三撂石锁不错,就凑过来指导他两句,这样一来二去,沈少三就结识了这些大家。

　　这几位老师对沈少三的帮助很大。一方面,周开元老师很有耐心,虽然有时候说话很粗鲁,但他那是恨铁不成钢,恨不得一下子就教好了。他看沈少三哪儿不对就大声指出来:"你撂得不巧,太笨了。""你扔出去的石锁花翻转得多了,石锁把手已经过去了,你抓不着了。""你这花撂得小了,没翻转过来;你这翻花扔歪了……"此外,周开元也很细心,特别强调撂石锁的时候两腿要站好,弯腰的时候要做到位。沈少

沈少三年轻时撂石锁照片

三一练不好,他就说:"嗨,你这才扔了五个,'没行',我们那会儿扔二十多个。"沈少三理解老师口中的"没行",大概就是练得不行要重新练的意思。

　　马永庆就和气多了。沈少三一直记着马永庆为了示范腰穿的技巧,还不小心把腿碰了一下。马永庆当时岁数大了,腰腿跟不上,力量也不行了,他扔石锁的时候一不留神就把腿碰了。第二天,腿上肿了一个大包。他却很豁达,说:"练石锁难免会发生砸脚、碰手这种意外,习武之人不用太在意。"马永庆这人头脑很灵活,不拘泥于固定的套路。

他经常给沈少三出主意,撂石锁不能只练单个动作,要把动作套起来练,腰穿接上背剑,再接上钻裆,最后把四门斗接上,这样一口气能练十几个花样。他还给沈少三出难题,找来两块砖,竖着放在地上,让沈少三站在砖上练。刚开始沈少三不熟练,一做动作砖就倒,后来经过摸索才慢慢掌握了平衡的技巧。

赵清老师个儿比较高,教了沈少三两三手绝活,"少三,我教你一手!喝酒不讲喝一盅吗?这个动作就是"。说完他把石锁一扔,用两个手指头一接,便稳稳当当地接住了。那个石锁有二十多斤,可他这么大的岁数举起来却毫不费力,其功力可见一斑。接着他又把石锁一扔,把大拇指插到石锁门里头,对沈少三说:"这是封侯挂印!"

从1946年在大相国寺卖艺,一直到1953年成为正式运动员之前,沈少三经常跟这几位老人学习,对自身石锁技艺的提高起了很大的促进作用。沈少三不仅掌握了单个动作,而且还能自己创编成套的动作。表演时内外骗腿儿,朝背后和头顶扔石锁,钻裆腰穿,串起来组成套路。石锁在空中来回翻飞旋转,观众们看着很轻,但一拎才知道,每个石锁都得有三五十斤重。经过多年的练习,沈少三有了一套自己的想法,撂石锁要想达到"轻",那就必须"巧",借石锁本身翻转的惯性,哪种力道抛,哪种角度接,必须顺着它的劲儿,四两拨千斤。

到中南海表演

新中国成立后,民间艺人的生计与地位发生了巨大的变化,沈少三也正式成为一名摔跤运动员。

1953年,国家组织全国民族形式体育表演及竞赛大会,沈少三和东大寺的师兄弟们积极报名参赛。经过开封市的选拔,沈少三、沈小三、杜格勤、李培信、曹正华、马春喜等人入选了河南省代表队。当时河南、湖南、湖北、广东、广西同属于中南地区,于是这些省份的运动员组成了中南地区代表团。他们在汉口集训了一段时间

1953年,沈少三(左)在北京表演摔跤

后,就共赴天津参加第一届全国少数民族传统体育运动会。这是我国第一次组织的大型少数民族运动会,集合了各式各样的民族体育项目。经过近十天的比赛,沈少三获得中国式摔跤亚军。参赛期间,沈少三还表演了撂石锁,一下子就引起了轰动。

同年11月,沈少三和部分优秀运动员又应邀到北京,在中南海怀仁堂为国家领导人做汇报表演。沈少三至今还清楚地记得那天的情景。临出发之前,领队提醒大家,要把所练的器械检查一下,必须要牢固,不能掉下来砸到别人。车从先农坛出发沿着永定门大街,一直到了前门,然后向左拐到长安街,接着就进了中南海。这时沈少三他们都紧张起来,大家知道怀仁堂到了。他们下车后,先从后门进了表演场,进去之后上楼坐定,在包间休息。考虑到民族风俗习惯,沈少三的包间里都是回族运动员。桌子上摆着各种糕点和小吃,上面都有"清真"字样。

正式表演之前,电铃一响,大幕拉开,台上所有人都站起来亮相。沈少三他们往台下一看,国家领导人都在观众席就座,沈少三他们都十分兴奋、激动。亮相之后电铃又一声响,幕布缓缓落下来。每人按照顺序轮流上台表演。沈少三和上海的宋宝生表演了中国式摔跤。沈少三还表演了撂石锁,很流畅地完成了一整套花样动作。这次表演让沈少三记忆犹新。

浮浮沉沉的运动生涯

到中南海表演后没过多久，沈少三接到河南省体委的通知，国家要成立一支武术队，他被推荐选拔进入国家队了。这次集训总共从全国抽调了十几个人，组成了一个民族体育班。当时，国家运动队都要挂上中央体育学院竞技指导科的名字，这个民族体育班也不例外。在选择队长时，所有运动员一致同意推选沈少三当队长，程船瑞当副队长。沈少三回忆说，那会儿他每月工资四十九块钱，一个月交十二块钱伙食费，还要留下三五块钱当零花钱，剩下的三十多块钱寄回老家，以补贴家用。

令沈少三没想到的是，1955年这支武术队就解散了。当时给他们每人发了两个月工资，让他们回原籍去。于是沈少三又回到了开封，继续在大相国寺卖艺。后来为了维持生活，沈少三当过建筑小工，搬砖、提泥、拉车、和泥，什么活都干。之后他还去过三门峡水电站当勘探工，专门寻找建筑大坝用的鹅卵石。勘探船就停在黄河中间，工人们只能在白天上船或下船。这样夜里上班的人就遭殃了，他要在下午四点钟上船，一直熬到夜里十二点才能换班。下班之后也不能上岸，还得住在船上。

1958年，事情有了新的变化。三门峡体委通知他代表河南参加全国的摔跤比赛。沈少三很珍惜这次机会，预赛的时候拼尽了全力，打进了决赛，后来因为体力消耗过大，再加上决赛遇见的都是摔跤高手，沈少三最后拿到了第四名。比赛结束之后，沈少三的胳膊肿得跟棍子似的，手指头都不会弯了。这次比赛之前沈少三没有进行系统的训练，全凭之前练习石锁的积累。

为了迎接1959年的第一届全运会，河南省体委成立了摔跤队。沈少三接到通知，又从三门峡调入郑州的集训队。这期间沈少三既当教练员，又当运动员，不仅自己要练习石锁，还要组织和安排人员练习摔跤，从集训队里选拔一些人参加全国的武术比赛和摔跤比赛。从那以后，沈少三就一直在河南省体委工作了。

传艺带徒，桃李满园

旧社会我跑江湖卖艺，那段时间我的愿望就是能有一顿饱饭吃。如今生活好了，我想为中国式摔跤的发扬光大，为中国民族体育的发展尽一点儿自己的心力。

——沈少三

沈少三出任河南省摔跤队教练之后，培养出了不少冠军。1982年，山西省举办摔跤运动会，沈少三派队员石龙参加，获得了全国冠军。同一年，国家成立集训队，把石龙调到北京训练，参加即将在美国科罗拉多州举行的世界青年摔跤锦标赛。这次比赛带队的有两名教练，一名是王德英，另一名就是沈少三。经过几天的比赛，石龙进入了第三名的争夺赛，和他对战的是一个美国运动员。沈少三鼓励石龙："要争取拿到第三名，这样就可以升国旗了。咱们在美国的土地上，要把美国人摔趴下，让世界看看中国人到底怎么样。"比赛中，两名选手打得难解难分，石龙一鼓作气终于赢了比赛。赛后他一下子瘫倒在垫子上，站也站不起来了。沈少三赶快跑过去，抱着他的腰这才退了场。从那时开始，沈少三就主抓古典式摔跤了，他的队员也多次夺得全国摔跤冠军。

到了1986年，第三届全国少数民族传统体育运动会在乌鲁木齐举行。沈少三接到任务带队前去参赛。那时候去新疆没有飞机，只能坐火车。当时的火车没有卧铺，都是硬座，而且这趟车还有一个特点，就是火车到兰州之后，乘客必须赶快拿暖壶准备水，因为往后走的这一段路都是戈壁滩，火车上没水。沈少三从郑州出发，足足走了三天三夜。这次运动会沈少三参加花样石锁的表演项目，展示了背剑、骗马、腰穿、盘肘、上捶等各种动作。沈少三手上的石锁有十一千克重，他完成一整套的动作需要两三分钟。所以在场的人都特别佩服他能一口气表演完。与此同时，沈少三还有另外的任务，就是要领着队员参加摔跤比赛，并且在比赛场地指导他们。

1991年第四届全国少数民族传统体育运动会时，出现了一个特殊的情况。组委会规定，每个省区的代表队在经过主席台时都要表演一个"绝活"节目。当时河南队没有准备，于是领导找来沈少三，让他走在队伍中间表演绝活，沈少三二话没说就应允下来。开幕式那天，河南队走到主席台时，沈少三边走边表演撂石锁，就这样走了五十米。沈少三刚想停下来，但观众看得正起劲儿，掌声和欢呼声从四处传来，沈少三又接着表演，一直走了二百米，相当于整个运动场的半圈儿。等到沈少三下场一看，他的整个胳膊肿得都抬不起来了。从那以后，沈少三下定决心要培养年轻人。他开始在开封免费传授技艺，组织年轻人进行集体的撂石锁表演。1999年，在第六届全国少数民族传统体育运动会上，沈少三被评为全国民族体育模范工作者。

沈少三在河南省体委一直工作到2006年。他的生活一直没有离开过摔跤，也没有离开过他心爱的石锁。后来撂石锁成为国家级非物质文化遗产代表性项目，沈少三也被认定为撂石锁的代表性传承人。退休后的沈少三，在郑州市开办了培训班，免费传授摔跤和撂石锁技艺，至今为止他已经带出了上百个徒弟。沈少三说："只要我还能动，我就要免费教孩子们。我现在最大的愿望，就是把看家绝技传给孩子们，让中国式摔跤走进奥运会。"

沈少三参加第四届全国少数民族传统体育运动会

沈少三说现在撂石锁传承面临的最大困难是场地的问题。为了解决城市的空气污染、环境卫生等问题，所有的地面都硬化了。但硬地是没法练石锁的，因为万一石锁没抓牢落下来，容易把石锁摔碎，还有可能把地面砸坏，所以沈少三每次只能找有沙坑的地方进行教学。如郑州市农业路与朱屯东路交口，有一处盖房子停工的空地；伏牛路与颍河路交口附近的电缆厂技校，后边有一个小田径场。总之，哪里有场地，他们就去哪里训练。后来沈少三找来摔跤垫子，学生们可以在上面练石锁，在很大程度上保护了他们的安全。虽然有种种困难，但是作为国家级非物质文化遗产代表性项目撂石锁代表性传承人，沈少三一直都在身体力行，尽自己的一份责任，努力把撂石锁技艺传承下去。

父亲曾对沈少三说："人活一嗨，别死一该。"这也是沈少三恪守一生的处世格言。这话是什么意思呢？沈少三是这样解释的："就是说一个人死了，旁人一打听，都说'嗨，这可太惋惜了'，那么这个人的一生过得值了；要是旁人听说了之后，脱口说出'这人早该死了'，完了，这一生算是白活了。这一'嗨'一'该'就是对人一生的总结。"

人活一嗨，别死一该。习武的精神尚在，武林就不会走远。

一个人的百鸟争鸣：

牛玉亮与口技

刘东亮

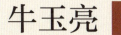

牛玉亮

牛玉亮（1938—　），北京人，国家级非物质文化遗产代表性项目口技代表性传承人。牛玉亮自幼酷爱口技艺术，1956年拜上海杂技团口技表演艺术家周志成为师，并深得师叔孙泰的真传。1960年他进入北京杂技团，后进入中国杂技团，直至退休。在六十多年的学习和实践中，牛玉亮不断摸索口技发声和运气的科学规律，总结出"循环发声法"和"循环运气法"，为口技的发声和运气开拓了更广阔的声域和气源，进一步丰富了口技表演技法，给观众带来视听俱佳的艺术享受。从艺以来，他先后到五十多个国家演出一百余次，经过三十多年的研究，出版了口技专著《中国口技》，2016年入选"感动西城"十大人物。

声声啁啾，悠扬静谧

阵阵鸣啭，委婉动听

就连鸟儿听到也会当真

除了古时的公冶长

京城里也有能讲"百鸟之语"的人

口技趣话

口技是传统的民间杂技类项目,主要用人的口腔模拟大自然和日常生活的各种声音。这种技巧古已有之,"孟尝君夜过函谷关"讲的就是战国时期孟尝君靠门客学鸡鸣脱险的故事。当时秦国广招天下之能士,孟尝君来到秦国,被奉为上宾,却遭到了以相国为代表的众大臣的嫉妒,他们纷纷在秦昭王面前进谗言,于是秦昭王就想把孟尝君除掉。孟尝君便派人去求秦昭王的宠妾燕姬帮忙。有了燕姬的帮助,孟尝君顺利拿到了通关文书,便快马加鞭地连夜赶往函谷关。只要过了函谷关,秦王就奈何不了他了。但是当他到函谷关的时候正是半夜,城门紧闭。当时秦国有一个规定,鸡叫了才能开城门。此时,后边的追兵已经快赶上来了,孟尝君手下的一个门客急中生智,学了一声鸡叫,于是全城的鸡都跟着一起叫起来。守城的官员听到鸡叫了,暗自纳闷今天鸡怎么叫得这么早,犹豫了一下还是把城门打开了。孟尝君就这样平安地过了函谷关。

口技真正成为一门表演艺术,是在宋代。在当时的一些杂记里,已经出现了"学像生"和"百禽鸣"等表演的记载。据史书记载,在茶楼酒肆有口技艺人卖艺,当时民间有一个身怀绝技的口技艺人就是刘百禽,他的特长就是学鸡鸣犬吠,还能学各种鸟叫,所以老百姓就称他刘百禽。

到了明朝,又出现了一个口技艺人叫画眉杨。这个艺名是怎么来的呢?就是因为他把画眉的叫声模仿得活灵活现,甚至能同树上的画眉对答。他的代表作叫"二鸟争食",把两只画眉鸟人物化,一只叫老张,另一只叫老萧,它们在争夺一只蚂蚱，难解难分，于是双方想了一个办法，比谁的叫声更好听。双方约定谁败了，谁就得飞走，谁胜了就把蚂蚱吃了。到最高潮的时候，老张败了，就识趣地飞走了，蚂蚱就归老萧吃了。

到了清代，口技被列为"百戏"的一种，从单纯模拟某一种声音，发展到能同时用各种声音构建一个场景，讲述一个故事。表演者多隐身在帷幔或屏风之后，观众只闻其声不见其面，因此又被称为"隔壁戏"。

近代的口技代表人物"百鸟张"张昆山，是"天桥八大怪"之一。他在老北京天桥表演的"百鸟争鸣"可以说是一绝。画眉、百灵、喜鹊、芙蓉鸟、斑鸠、杜鹃等各种鸟叫，他都可以随口而出。他也可以模仿雀闹林、筑巢等各种场景，把这些汇聚在一个节目之中，在当时深受欢迎。

后来口技大师尹士林大胆改革，将口技"隔壁戏"的表演形式发展为声情并茂的口技表演艺术。他从帷幕后面走出来，来到舞台前面表演。他把肢体语言、面部表情与口技融为一体，身有韵，韵传神，神化意，意有情，把内心的情感演绎得活灵活现。他最拿手的节目是《推小车》和《纺棉花》。过去的独轮小车只有一个轱辘，两边有把手，推起来发出吱呀吱呀的声音。《纺棉花》表现的是农村妇女一手用纺车，一手拿着棉花的场景。这些节目表现的是劳动人民的生活，比较接地气，可以说是草根艺术。尹士林这代人让口技演员从幕后走到台前，并配合肢体语言和面部表情进行表演，赋予口技新的生命。

童年的启蒙

牛玉亮出生在北京市朝阳区高碑店村的一个普通农民家庭。高碑店村的旁边就是通惠河，河水清净，里面鱼很多，蛤蟆也很多。通惠河两岸有长得很高的苇子，苇塘里时常传出很多鸟叫声。牛玉亮每天都到那里去听，尤其是夏天下大雨之后，他就跑去学蛤蟆叫。伏天的时候，牛玉亮光着脚，穿个小裤衩，到处去逮季鸟儿(知了)。他小时候很淘气,先抓一把麦粒放在嘴里嚼,再把淀粉都吐出去,最后剩下的面筋特别黏,然后找一根竹棍,把面筋放在尖上缠绕,就把季鸟儿逮着了。

在牛玉亮的记忆中,夏天的蚊子特别多,到苇塘里掏鸟蛋的时候,蚊子净往鼻子眼儿里钻,咬得他浑身都是包。晚上睡觉的时候,他就把晒干的艾蒿绳点着熏蚊子。蚊子的声音嗡嗡嗡的,他觉得这蚊子的叫声也挺有意思,就慢慢地学蚊子叫了。那时候他还不知道什么叫口技,只是一会儿学学蛤蟆叫,一会儿学学虫鸟叫。在大自然中能模仿各种声音,牛玉亮从小便对口技产生了兴趣。

牛玉亮的家里特别穷。旧社会的时候,他家没有一间房,也没有一亩地,都是靠父母出去给人打工,挣点儿钱养家糊口。有的时候实在没吃的了,母亲也拉着他们去讨点儿饭吃。所以他从小心里就想早点儿工作,帮助家庭减轻负担。

1950年,牛玉亮上学的时候已经十二岁了,上了不到一年就到二年级听课了,上二年级不到半年就跳到四年级了。五年级刚开始,他就没心思再上学了,因为家里太困难了。就在这时,外祖母给他寄来一封信,里面夹着旧币两万块钱,相当于

牛玉亮(左)1953年留影

新币的两块钱。在信里外祖母对牛玉亮说："孩子你太苦了，外祖母很心疼你，给你寄点儿钱来，你拿这个钱做身衣服，买双鞋穿。你要愿意学技术，可以来武汉找一个杂技团练马戏。"

牛玉亮毫不犹豫地就答应了。母亲买了火车票，带着他就投奔外祖母了。他们带了一个兜子，里面放了两个萝卜和二斤栗子。那会儿坐火车从北京到汉口得两天两夜，车厢里的人特别多。他们没有座位，看到厕所里有一只大汽油桶，便坐在上面，就这样到了武汉。

拜师求艺

到武汉以后，他们来到一个民间杂技团，牛玉亮的外祖母给他找了一位老师，刘万春老先生。他是杂技界著名的表演艺术家，牛玉亮当即就拜他为师。那时候拜师必须要用大红纸立下字据，写上牛玉亮拜刘万春膝下为学徒，学徒期间死走逃亡与师无关，立据人、介绍人都要写清楚。写完之后给老师跪下磕头。这个字据还有其他的约定，比如，学徒的期限为三年零一节（学徒三年后到第四年的端午节，也就是农历五月初五）；之后孝师一年，挣的钱都给老师，学徒期间不开工钱；师父负责徒弟的穿衣吃饭。

拜完师后，牛玉亮练功很刻苦，因为杂技得练拿大顶、翻跟头，别人都是七八岁开始练，他当时已经十五岁了，胳膊、腿都已经长开了，就必须比别人更用功。练习的时候，胳膊、腿摔伤是常有的事，但牛玉亮伤好了仍接着练。就这样一般人学艺都得两年，牛玉亮两个月就练出来了。他白天给杂技团的马打草，看着整个演出的摊子；晚上别人都睡着了，他就起来练功。即使这样苦他也很高兴，起码有大米饭吃了。师父也很心疼他，每个月头发长了，就给他旧币两千块钱去理发。有一次，牛玉亮因为工作忙没吃饭，他师父急了，就开始骂他，说工作那么累，演出那么多，练功那么狠，"你不吃饭，你对得起自己吗"？就这一句关心的话牛玉亮永远记在了心里。

牛玉亮有一个弟弟牛玉明,家里养不起了,就送到武汉让他带着。当时弟弟六岁,牛玉亮照顾他吃住,哥儿俩睡一个被窝。另外,牛玉亮还教弟弟练功、学文化。他用纸剪成小方片,教弟弟识读拼音。后来弟弟就跟着他走江湖,一天走一百多里地,只吃一顿饭,也不叫苦。出师以后,牛玉亮能挣到钱了。他记得第一次分钱,是二十块钱,他就写了一封信,把钱寄给家里了。他当时心里十分痛快,觉得自己能为家里效一点儿力了,能帮助父母抚育弟弟妹妹,他感到很欣慰。

在杂技团,牛玉亮上学的时间最短,条件最不好。但是经过后来的刻苦努力,他学会的节目最多,空中的项目有空中飞人,地上的项目有跳板、钻地圈、钻刀山、水流星等。他们这个杂技团不只在武汉演出,还要到各地巡演。他们到过金梅岭、瑞金、古田等地。当时的演出条件很艰苦,交通也不便利,他们整天都在赶路和爬山。弟弟爬不动了,牛玉亮就背着他,累得不行了,牛玉亮也咬牙坚持着,一边爬一边掉眼泪。

1956年,师父带着牛玉亮到上海去演出。在正式演出之前,牛玉亮他们抽空参观了上海杂技团,并学习杂技表演艺术。该团的口技表演者有周志成和孙泰。他们是亲哥儿俩,因为小时候穷苦,家里养不起了,就把孙泰过继给别人了,其实孙泰的本名叫周志良。看到两位老师的口技表演,牛玉亮很惊奇,世界上还有口技这个节目?他从小就喜欢模仿各种声音,真的在舞台上看到有人表演这种技艺,给了他很大的触动。当时他就对师父刘万春说要拜师学口技,他的师父非常通情达理,同意带他去拜访周志成老师。

牛玉亮清楚地记得,拜师那天一大早,师父就把他叫起来,叮嘱他要梳洗一番,等一下带他去见周老师。到了周老师家,周志成一看牛玉亮也是穷苦人家出身,讲着一口北京话。那时牛玉亮十七八岁,长得比较精神。周志成对他们说练口技讲究牙齿要齐,牙齿是挡风的墙,牙齿不好练不了口技。他再一看牛玉亮的牙齿也挺好,说话也是字正腔圆的,就说表演一个节目吧。牛玉亮当下就表演了几个拿手的,周

著名口技表演艺术家周志成（左）、孙泰表演口技

志成高兴得不得了。他觉得牛玉亮是个口技的可塑之才，就拍板定下来收他为徒。

师父周志成告诉牛玉亮："师父领进门，修行在个人，虽然你拜我为师了，学得出来学不出来全靠自己。平时要靠自己钻研，自己练习，光靠师父不行。另外，要刻苦练功，冬练三九，夏练三伏，冬天气温很低，脸冲着北风把嘴冻木了，之后再把它练活了，这样就适应了冬天的温度，不管零下多少度表演都很自然。夏练三伏，最热的时候，脱了上衣浑身是汗，也要坚持练习。没有这个功夫不行。为什么呢？你到边关去慰问演出，气温很低，没有冬天的功夫，嘴张不开，发声也困难；要是到海南岛去演出，那边温度三四十度，没有热天训练的基础也演不了。"所以，牛玉亮领悟到基本功要扎实。冬练三九，夏练三伏，师父的这句话，也是他一生的座右铭。牛玉亮很感激师父周志成，他去拜师求学的时候家里很困难，师父没收他一分钱。而且师父知道他喜欢吃豆芽菜，叫师娘买来，一个一个地把根掐掉给他做。牛玉亮也是按照师父的教诲，学习、训练、演出，一步一个脚印地往前走。

向黄莺学艺

牛玉亮津津乐道的一件事是他曾经拜黄莺为师。他认为，口技讲究似真非真、以假乱真、惟妙惟肖、出神入化，因为口技是仿声，模仿声音之前必须得了解它，不能闭门造车，只靠想象，必须得到自然中去体验生活。所以牛玉亮按照老师的教导学习鸟的叫声。刚学口技的时候，他每天早上五点多钟起床，到山上去听各种鸟类和昆虫的叫声。

1958年，牛玉亮在芜湖巡回演出期间，每天早上都要去山上的公园练功。练功的地方旁边正好有一棵大树，有一天早上，树上落着一只黄莺，叫声很优美。牛玉亮忍不住就学了起来，黄莺叫一声，他也跟着学一声。牛玉亮认为，鸟类有自己的思维，它们的自我保护意识非常强。这只鸟会观察周围的环境，刚开始学的时候，牛玉亮的声音还不太像，后来慢慢练习的过程中和鸟叫的声音相似了，这只黄莺就在枝头蹦来蹦去，牛玉亮觉得这只黄莺开始认可他了。

第二天早上，牛玉亮到原来的地方练功，发现这只黄莺还在树枝上等着他，还是第一天的姿态。牛玉亮觉得跟这只鸟更亲近了，他继续模仿它的叫声。到第三天，它就从树上下来了，落在牛玉亮的附近。他们之间互动得更频繁了，这只黄莺

牛玉亮在桂林表演口技

不时落到他的脑袋上或肩膀上,牛玉亮坐在那儿一动不动。后来他每天都到这里跟这个特殊的老师学习,一直持续了八天。这天牛玉亮要从芜湖到别的地方演出,八月初天气正炎热,坐在大巴车上,他从窗口望向平日练习的地方,发现那只黄莺还在树枝上等着他,他心里特别感动,要和它分别了觉得很难受。他感到人类和动物之间是有感情的,因为鸟类给我们带来了美的歌声,为人类生活增添了光彩,因此应该爱护它们,爱护大自然。人和动物之间的和谐相处很重要,这样我们的生活才能更加美好。

牛玉亮还有深入生活的体验。他年轻的时候到农村去,和农民同吃同住同劳动,在业余时间表演口技。一次演出当中,他模仿了鸡下蛋的叫声,特别受农民兄弟的欢迎。因为他们家家都养鸡,对这声音特别熟悉。后来有一个农民兄弟拍着他的肩膀说,小伙子你学鸡叫学得很好,但是很单一,鸡有很多种,像小雏鸡、柴鸡、油鸡、乂乌鸡、九斤黄(浦东鸡)等,每一种的叫声都有区别。牛玉亮没想到鸡有这么多种,这给了他很大的启发。后来他在体验生活的过程中,注意听鸡叫的各种细节,比如放养的鸡叫声是很宽阔的;柴鸡小巧玲珑,下蛋很勤,但它的嗓门儿很高,声音特别像女高音;油鸡就比较肥了,嗓子粗,所以声音比较浑厚;老母鸡声带比较宽,所以叫起来有气无力。这些都是牛玉亮在农村生活中总结出来的经验,观察生活细节丰富了他的表演内容和知识。生活是艺术的源泉,因为有对生活的亲身体会,牛玉亮的口技技艺也有了更大的提高。

口技大有乾坤

1960年牛玉亮进入北京杂技团工作,后又调入中国杂技团。在这期间,他一直从事口技艺术的表演,同时也在不断地丰富着自己的表演技巧。牛玉亮多次走出国门,曾随北京杂技团、中国杂技团赴几十个国家访问演出,受到热烈的欢迎。他的口技被国外观众誉为"一种不可思议的东方艺术"。

中国北京杂技团出访团全体合影（第二排左一为牛玉亮）

　　牛玉亮对传统的口技技巧进行了探索与发展，总结出了"循环发声法"和"循环运气法"。千百年来，传统口技都是单呼吸、单发声，一次呼吸仅发一次声音。但鸟类在呼气和吸气时却都能鸣叫。受到鸟类鸣管发声原理的启发，牛玉亮创造出双呼吸、双发声的技巧：呼气发声，吸气也发声，使口技的气源和声域都比从前更为宽广了。

　　牛玉亮觉得口技本身就是自然科学和生命科学的结合，所以他改进了运气的方法，表演过程中用鼻吸气和换气，减少了肺部的压力，由此也纠正了表演中运气不当导致的肌肉紧张、面部动作不自然的现象。在此基础上，他提升了发声的技巧，过去的声音模仿方法都是采用往里吸气的倒发声，很难去掉夹杂的人声。牛玉亮运用倒吸气和正发声相结合的方法，再运用一些转声，将声音模仿得惟妙惟肖。

　　牛玉亮很喜欢同京剧演员和歌唱家交谈，向他们学习发声的方法。当时街头上经常有小贩沿街叫卖，叫卖声中就有各种假音；京剧演员在吊嗓子的时候，也常常用"咿、呀、啊"的发音，这些都成为他的表演素材。他把这些用在口技表演中，取得了很好的演出效果。除此之外，他还巧妙地运用小舌进行发音。通过控制小舌，他可以模仿出乌鸦、青蛙、飞机等的声音，足以做到以假乱真。

将口技的诀窍传承下去

退休以后，牛玉亮把自己的全部精力都放在口技的传承上。多年来，他先后收了几十个徒弟。在他的徒弟当中，最大的有五十多岁，最小的只有二十岁。他们来自全国各地，来拜师的时候一进门就跪下磕头，牛玉亮只好把他们都收为徒弟。学口技是十分辛苦的，家庭条件好的孩子都不愿意学口技。他的徒弟们大多没有稳定的工作，收入全靠不定期的表演，这也会压缩他们学习口技的时间。

他对徒弟们说："学习口技的道路是艰辛的、曲折的，但是你会感到幸福、快乐。"他对徒弟的要求是真、准、美。口技发声要用到口、齿、唇、喉、小舌等，缺一不

牛玉亮（右一）和徒弟们合影

可。"在学习用小舌发音时,嗓子会像喝辣椒水一样疼。"学艺过程的漫长与艰辛也给口技的传承带来了困难。

牛玉亮一直惦念的,就是不能让口技失传。为此,他长期坚持整理资料,总结各家的发声方法,将口技的传统技巧和自己多年来的表演经验汇集成《中国口技》一书,这本书一写就是三十二年。多年前,牛玉亮将单位发的几万元住房补贴都用在了收集整理材料上,这也意味着他放弃了调整住房的机会,他和老伴至今仍住在一间简陋的平房里。

牛玉亮晚年的高光时刻当属参演音乐剧《北京人家之口技人生》了。这部音乐剧第一次将目光聚焦在口技表演者身上,故事从新中国成立前的天桥卖艺开始,跨越了半个多世纪,一直讲到了新世纪的非遗保护,展现了大时代背景下一位年轻口技演员的历练与坚守,最终成为一代口技名家的动人故事。这部剧以牛玉亮为创作原型,是对牛玉亮一生事业与生活的一次艺术总结,也唤起了每一位观众对口技、对天桥、对旧时北京的回忆。2016年10月11日,该剧在北京天桥剧场首演。让

牛玉亮(右二)在《北京人家之口技人生》彩排现场

观众们没有想到的是,在戏剧的高潮部分,牛玉亮走上舞台,为大家献上了毕生绝学《百鸟争鸣》,将现场氛围推向高潮。

如今,牛玉亮对口技表演仍然坚持"似真非真、以假乱真、惟妙惟肖、出神入化"的艺术要求,足够的"气量"还能支持他表演《百灵十三套》《画眉二鸟争食》《百鸟争鸣》《纺棉花》《推小车》等传统节目。牛玉亮说:"让更多的人热爱口技,让这门延续两千多年的艺术传承下去,这是我毕生的心愿。对我来说,口技比生命还重要。"

传统美术

门上的春秋：

郭泰运与朱仙镇木版年画

宋本蓉

郭泰运

郭泰运（1926—2022），河南开封人，国家级非物质文化遗产代表性项目朱仙镇木版年画代表性传承人。他十三岁入开封最著名的年画作坊之一的云记老店做学徒，出师后独自开店。1983年，开封市朱仙镇木版年画社成立，郭泰运任古版研究室主任，与其他专业人员一起，对不同时期、不同店号的雕版和资料进行修补、复制和整理。2004年，郭泰运受聘于开封市博物馆开封朱仙镇木版年画研究保护中心，把八十多年的经验和手艺倾囊传授给美术专业毕业的大学生。近年来，他积极参与多项大型文化活动，被联合国教科文组织命名为中国民间艺术家；2014年被中国艺术研究院、中国非物质文化遗产保护中心授予第三届中华非物质文化遗产传承人薪传奖。

北宋都城汴京

门神桃符,迎春牌儿

是人们辞旧迎新的爱物

其中最让人喜爱的

一定是那对威武的门神

神气十足,从不偷懒

如今朱门柴扉变成了防盗门

但那对门神还是那对门神

一样的威武,一样的沉默

那是历史的注视

那是门上的春秋

中国传统民俗中门神是保家护院、守护平安的神灵。上古时候的门神有两位，一位叫神荼，一位叫郁垒，他们是恶鬼的克星。在汉代，民间百姓就在门上画神像以祈福辟邪、驱鬼纳祥。此后，不断有新的人物加入门神"战队"，他们都是中国传说与历史中的英雄。

北宋的都城汴京(今开封)是政治、经济、文化的中心，也是最早印制钟馗像、门神画的地方。那时的印制术像现在的互联网一样，属于高科技领域。年画作坊遍布都城，巨大的年画销量为北宋的经济发展做出很大的贡献。《东京梦华录》载："近岁节，市井皆印卖门神、钟馗、桃板、桃符及财门钝驴、回头鹿马、天行帖子。"元代以后，年画作坊逐渐集中到了水运发达的朱仙镇，朱仙镇也逐渐成为中国华中地区的年画中心。到了清代中晚期，民间年画达到了鼎盛阶段。郭泰运就出生在这片弥漫着年画气息的土地上。

"郭师傅的手艺真是比不了"

朱仙镇木版年画，因为郭泰运的到场而鲜活起来。

朱仙镇木版年画是中国木版年画的鼻祖，主要分布于河南省开封市朱仙镇及其周边地区。朱仙镇木版年画构图饱满，线条粗犷简练，造型古朴夸张，色彩新鲜艳丽，与天津杨柳青木版年画、山东潍坊杨家埠木版年画、江苏桃花坞木版年画齐名。

郭泰运在印制年画

郭泰运十三岁到开封云记老店做学徒。郭泰运回忆说："学徒非常苦,不让你做活儿,都是打杂。扫地、端饭、打洗脸水,就是让你干这些活儿。"虽然苦,但郭泰运当时还是觉得没有入错行,因为他很快就发现自己是印制年画的好手。

印制是朱仙镇木版年画制作工艺的重要环节,印制技术的高低在很大程度上影响着年画产品的销售。印制年画的印案是自制的,竹制的印卡、刷子、颜料等工具在印案上都有相对固定的位置。匠人先用印卡将画纸夹住,并用钉子固定好,然后用砖头把印版压住,便可以开始印制年画。将颜料刷在印版上,把一张画纸覆在印版上,然后用刷子轻轻地、均匀地刷画纸的背面,这样就印好一个颜色和局部了。一张画纸印好一个颜色后,便拿出去晾晒。传统的晾晒方式多是将印好的画纸挂在竹竿上。晾晒一段时间后,就可以进行第二块印版的印制、晾晒。重复多次之后,一幅完整的年画便印制完成。郭泰运做了两年的学徒后,就进入门神作坊屋,跟着师傅学印制年画。

领作师傅李景运是当时行业内的技术高手。郭泰运说:"李景运师傅的手艺好,印得又快又干净。"郭泰运学了大概一年,与师兄弟比,他已经是印画的快手了,同样的活儿,经常是他已经把画送到仓库里了,师兄弟还没印完。郭泰运说:"我印画快,最快的时候,一早起来,一气儿印到夜里两三点钟,能印六七千张。那时候东大街的汇川和隆昌两个作坊的人,都上云记来看我刷纸。"

年画行当与别的行当做活的时间不一样:二月二开始印年画,印到九月九开始打灯(打灯,就是晚上要点着灯加班干活),一直打灯到年三十。郭泰运回忆那一段时光说:"累,可累了!十五六、十六七岁的小孩儿到打灯的时候,活儿忙了,都是干到夜里两三点。干得狠的时候,上厕所解手,往那儿一蹲,倚着墙就睡着了。不过那个时间不是太长,顶多一个月左右。"

通常要学成年画手艺,最少也得三四年。郭泰运学了三年,手艺就学成了。郭泰运说:"我年轻的时候傲,确实是傲。一是因为我做的活儿规矩,二是因为我做得快。那时候人们都说,郭师傅的手艺真是比不了。"

郭泰运是个有心人,除了印制年画,他还留心学了刻版。版是朱仙镇木版年画制作中必不可少的工具,因为这些雕刻成的木版是进行印制的底版,刻版的手艺直接决定着年画质量的优劣。那时候刻版的领作师傅叫张文礼,他一站起来休息,郭泰运就过去学着刻,张文礼就在一旁指点,说握刀怎么握,走线怎样走。就这样,郭泰运慢慢学会了刻版。后来郭泰运自己开店的时候,便是自己刻版,自己印。只有掌握好关键技术,才能实现行业自由,郭泰运便拥有了刻印年画的自由。

朱仙镇木版年画是采用不同色彩套印的方式印制而成的,版分为两种:一种是线版,一种是色版。

雕刻年画线版和刻字不同,年画版的线条是倒梯形的,上宽下窄;刻字的线条是上窄下宽,正好相反。雕刻年画版必须十分小心,要是哪个地方一失手,这个版就废掉了,尤其是在雕刻脸上的线条时,如眉毛、眼珠、嘴唇等,稍微一大意或一下子敲得重了,线条被震断,就无法修补了。

色版又称"副版",刻工依据刻好的线版来分色刻制,一种颜色一块版。

出师以后，郭泰运与师兄谢合彬合伙在开封大南门里做了一年的背作（没有营业门店，两三个人合伙做）。之后，郭泰运便自己独自开店，店号"泰盛"。他说："那时候我买了二十七套旧版，又添了点儿新版，可以慢慢用了。"那时候的年画行业，利润丰厚，郭泰运靠自己学成的拿手技艺，养大了九个孩子。

1961年，开封市组建木版年画生产合作社，郭泰运和当时的老艺人们积极加入，刻印了大批反映现实生活内容的新年画，比如《大丰收》《参军光荣》《纺棉花》等。

1983年，开封市朱仙镇木版年画社成立，郭泰运担任古版研究室主任，着力抢救、搜集、整理濒临灭绝的朱仙镇木版年画套版。郭泰运说："当时我到全国各地找版，很不好找。上海、南京、周口等地都去过，还有很多小县城，我只要听说哪个地方有版，就去收集，其间，吃了不少闭门羹，最后收集到了七十多套版。"他和研究室的

郭泰运代表作《五子登科》

其他成员一起,对不同时期、不同店号的雕版进行修补、复制和整理,再进行生产和印制。

近年来,郭泰运先后赴新加坡、美国举办过专题展览,很多作品被中国美术馆、首都博物馆收藏。郭泰运还被开封市博物馆聘为年画指导员,把工作重心放到手艺的传承上。他带了四个徒弟:吴越、郑海涛、蔡瑞勇、顾丽。其中顾丽原来是皮鞋厂的工人,自己在家学过装裱,2006年成为郭泰运的关门弟子。

郭泰运认为,在朱仙镇的年画行里,不存在"秘不外传"的问题。他说:"像这种学手艺的,有人好说传儿不传女,手艺有秘方,那都是胡说八道。我们朱仙镇年画、刻版的都没有这种说法。"

朱仙镇年画是木版彩色套印的,是一年一换的年俗装饰品。版是朱仙镇木版年画的灵魂,因为有版,朱仙镇年画的图案便具有了相对稳定性和可传承性。也许我们现在门上贴的门神,跟一千年前北宋时某户人家贴的是一模一样的呢。

郭泰运和他的门上众神

朱仙镇木版年画按尺寸分大约有六种规格:大毛、二毛、中台、二边、大家堂、二家堂。年画是为百姓生活所需而做的,因此与老百姓的居住环境和生活习惯是协调的,这些尺寸就是居室里需要贴年画的地方的尺寸。郭泰运说:"大毛的品种不是太多,一般来说《马上鞭》《岐山脚》是少不了的。二毛的品种最多,一般贴在堂屋门上,通常也分文门神和武门神两大类。武门神也离不开《马上鞭》《岐山脚》《火塘寨》

小知识

大毛、二毛、中台、二边、大家堂、二家堂都是年画的规格。比如二毛的画面大约长三十六厘米,宽二十五厘米;中台的画面大约长二十九厘米,宽二十二厘米;二边的画面大约长二十四厘米,宽十八厘米。

《长坂坡》。文门神有《五子登科》《福禄寿》《加官进禄》《加官进宝》《步步连升》等。正堂屋里贴《五子登科》的多。二毛也可以贴在大门上，不过大门上一般都是贴武门神，不贴文门神。儿子和儿媳妇的房门，通常贴《步步连升》《麒麟送子》。中台贴在再小一点儿的门上，如孩子住房的门上。二边一般贴在窗户上。"

年画按用途大致分为两大类：神码、门码。神码就是神祇画，门码就是门神类的年画，品种多，规格也多。

神码主要张贴于厨房或家中中堂的正墙之上。灶君画有《吉星高照灶》《五福灶》，一般贴于厨房灶屋，祈求灶君"上天言好事，下界保平安"。祭祀画也称"家堂画"，画中绘有家中历代祖先、天神等画像。祭祀画常张贴在堂屋之中，以求祖先保佑家族人丁兴旺。天神画是儒释道三家神像同聚一堂，张贴于家中中堂的墙壁上，以求各方神灵保佑。牛王、马王画的出现源于传统农业社会中牛、马在耕作及交通中发挥的重要作用，因而在春节来临之际，民众将牛王、马王神像张贴在牲畜棚的栅栏上。神码承载着当地的民间信仰和习俗，寄托了生活安定富足的愿望，于是与民众生活息息相关的各路神灵便出现在朱仙镇木版年画的神码中。

印神码非常讲究，特别是印大灶，一共有八个色，要印八遍，甚至有的要印九遍。郭泰运说："当时百分之九十的家庭，都不买大灶，只买二灶，大灶要贵得多。有点儿钱的、讲究的，才贴大灶。"灶画的品种很多，有摇钱树、聚宝盆、外倒灶、大倒灶、南天门等。贴灶画也非常有讲究，郭泰运说："灶画要按照规矩贴到厨屋里，厨屋有个灶板，讲究的有个灶楼，到了腊月二十三那天烧香，把灶画撕掉，用火点着。这一年你家是行善了，还是作恶了，腊月二十三这天老灶爷要上天向玉皇大帝汇报。所以腊月二十三祭灶的时候要弄点儿灶糖给老灶爷吃，那就是让老灶爷到天上好话多说，赖话少说，这都是民俗。"

在朱仙镇木版年画中，门神的形象尤为生动，年节时分张贴在各家院户的大门上，以求驱邪镇宅。门神画的贴法也很有讲究。外大门上贴看家护院、英武神勇的武门神，既要能打还要威武；影壁上贴福字画；院内屋门上贴吉祥如意的文门神；老人的屋门上贴福禄寿三星门神;年轻夫妇的房门上贴麒麟送子;堂屋正中贴中堂,两侧挂条屏和对联;炕屋里贴炕头画;牲口圈门上贴《牛子图》;车具上贴《日进斗金》《牛马平安》。

武门神的画面多是身披戎装、手执利器的将军形象,一般成对出现,以关羽和张飞、尉迟恭和秦琼等为代表。秦琼和尉迟恭在武门神中所占比重最大,这与秦琼和尉迟恭为唐太宗李世民守门的传说有密切的关系。故事里说,李世民晚上睡不安稳,自从秦琼和尉迟恭把守宫门以后,他就能睡好了。后来把秦琼和尉迟恭的画像挂到门上,李世民依旧睡得很安稳。于是,秦琼和尉迟恭守门辟邪的说法就流传开来,民间也开始在门上贴他们的画像,以祈求神灵护佑。

此外,武门神中还有《岐山脚》,即赵公明和燃灯道人。传说这二位除了辟邪,还能纳财。赵公明为道教四大元帅之一,又为正财神,司掌世间财源,骑黑虎、使无影鞭。燃灯道人主要在《封神演义》等小说中出现,使的是量天尺和捆仙绳。

郭泰运代表作《秦琼、尉迟恭》

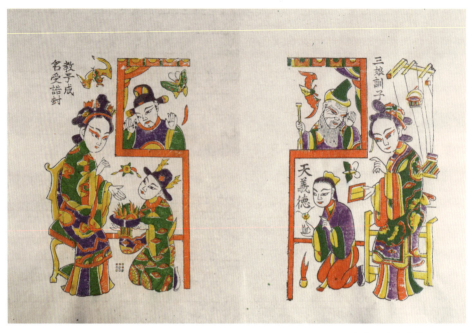

郭泰运代表作《三娘训子》

文门神可分为财神门神、祈福门神、送子门神和福禄寿三星等,主要张贴于院内或堂屋门上,意在祈求福寿绵长、官运亨通、子孙满堂。财神门神主要有《刘海戏金蟾》《柴王推车》等。此类门神备受生意人的喜爱,以求财源广进。祈福门神常见的有《天官赐福》《五子登科》《加官进禄》《五子夺魁》等。送子门神的"职责"是给人间送来子嗣,主要有《麒麟送子》《天仙送子》等,此类门神多贴在新婚夫妇的房门上,以祈求早生贵子、多子多福。

门上的众神,岗位流动性比较大,而钟馗这样的"超级"门神从唐代一直"履职"到现在,也是厉害了。从《山海经》中提到的神茶、郁垒这一对儿资历最老的门神开始,四大天王等神灵、青龙白虎等神兽、文官武将等历史人物都可成为门神。老百姓根据自己的喜好和当时的风尚,从众神中自由选择自己家当年的"履职"门神。一般门神都是成对出现,唯有钟馗是单门神的不二之选。宋代沈括《梦溪笔谈》提到钟馗吃鬼的故事。沈括还说到，最早的钟馗画是画圣吴道子奉唐玄宗旨意所作的《钟馗捉鬼图》，皇帝在岁末把画赏赐给了大臣。唐玄宗时大臣张说所撰的《谢赐钟馗及历日表》记载："中使至，奉宣圣旨，赐臣画钟馗一及新历日一轴者。"明末清初，贴钟馗画的习俗逐渐由春节转移到了端午节。钟馗现在不只是民间最当红的门神，还是画家爱画的人物。

门神除了辟邪、纳吉等常规职责，还能挡住债主。据说在过年期间，债主去讨债之前，要先看清楚欠债人家里是否贴上了门神，如果已经贴上，按习俗则不可前去讨债。此外，朱仙镇还有《门神歌》《请门神歌》《请财神歌》《请灶神歌》《请天地奶奶》等民间歌谣的流传。当地至今依然流传着有关年俗的歌谣，"腊八，祭灶，新年来到；二十三过小年，二十四扫房子，二十五磨豆腐，二十六蒸馒头，二十七杀只鸡，二十八门上画，二十九门上瞅，三十赶个露水集"。

流传了千百年的年画，是对天地、祖先、他人、自己的祝福和祈愿，愿天地清明、生活美满、多福多寿。张贴年画，不过就是把烟火人间的美好愿望都贴在门上，让自己和别人看见，也让天地神佛都看见。

岁月的颜色

朱仙镇木版年画有特别的用色经验和颜色加工技术，这是一代代年画匠人口传心授流传下来的。印制年画所用的颜色以矿物色、植物色为主，通常有水墨色、葵紫色、槐黄色、铜绿色、金色等，还有红色，分木红和丹红。用这些颜色印制的年画能常年保持鲜艳亮丽，很少褪色。

水墨色是用松烟加茶水、冰糖调制而成，据说只有用茶水调制的水墨色印制的年画才不粘连、不起皱，且色泽乌黑发亮。

葵紫色也被称为青色，因为开封地区的年画艺人习惯用青色指代紫色。葵紫是一种用向日葵提取的颜色，过去有人专门种植这种向日葵卖给门神作坊，但现在

郭泰运在调制颜色

已经很少种植这种作物了。郭泰运说:"做紫色很简单,就是把这种葵花子放在大缸里用温水泡,泡出来的紫色水,再下胶、下明矾用锅熬煮就成。"

槐黄色的原料是槐米(国槐的花蕾),分为老黄和嫩黄两种。采摘好槐米,先在水里淘洗干净,拌上石灰再炒,叫炒黄。郭泰运说:"炒黄得看火候,炒得老了,黑了,就没有颜色了;炒得嫩了,也不出色。炒好了以后,再兑水加明矾煮,就出色了。那时候,到了收槐米的季节,槐米都是用大麻袋装着送到云记来的。"

制作铜绿色,传统的方法是利用铜氧化生锈来制作。原料是生铜屑,先加入米醋或硫黄,让铜生锈,然后将铜锈磨成粉,再加入五倍子、明矾、胶水调制而成。

木红就是苏木红,颜色接近玫红。郭泰运说:"是把一种叫苏木的植物,切成薄片,用水泡,然后再熬煮而成。"

丹红是用偏橘色的矿石提取。郭泰运说:"先要粉碎,再漂,最少得漂五六个缸,每一缸都是满缸水,搅起来以后再慢慢沉淀,沉淀一定的时间后,放到另一个缸里再漂。"

金色是用金色铜粉末加酒,掺明胶调配。印金粉是以木鱼骨粉、金粉混合掺配制成。

门神的服饰多用铜绿、木红、葵紫三色,如关羽的红脸绿袍。为了凸显形象的鲜明个性,以丹红装饰人物眼皮也是朱仙镇年画独有的特色。

印画手艺要达到炉火纯青,没有三五年的功夫是不行的。郭泰运说:"嘴唇印红色,袍印黄色,眼珠印青色。袍或其他地方错一点儿不要紧,而眼珠、嘴唇一点儿都不能错。"

朱仙镇木版年画的古拙感,在很大程度上是由颜色和线条带来的。线版在代代流传的过程中,似乎不曾改变,我们眼前的神像和千百年前的神像也许就是同样的版。颜料的使用也是代代相传的,一色一版。印制好的年画色块儿上会略显木

郭泰运教徒弟印制年画

纹,似乎时光可以在这些木纹间穿梭往来。

线版印制成的黑白色是众神像精神抖擞的骨架,眼皮的丹红色是朱仙镇木版年画的特征,眼角上翘,在上眼睑部位必印一弯金银色(有时为橙色),众神像立刻变得生动活泼、饱满充实、神采奕奕。一旦神像被贴在门上,他们便兢兢业业地开始了一年的"轮值工作",守护着百姓的日常生活。

郭泰运堪称一部朱仙镇木版年画的"活字典",他和他的门上众神见证着凝聚在民俗文化中的时光与历史。

春风，因你而起：

冯庆钜与杨柳青木版年画

宋本蓉

冯庆钜

　　冯庆钜（1944—　　），天津人，国家级非物质文化遗产代表性项目杨柳青木版年画代表性传承人。1960年，冯庆钜考入杨柳青画店，师从以粗活见长的张兴泽和擅画细活的潘忠义，将两位师父的风格有机融合，很好地传承和发展了杨柳青木版年画。他在色彩运用上也进行了积极探索，如水笔晕染法、粉脸渲染法、醒粉法等，充分表现出杨柳青木版年画的艺术魅力。2005年，他被聘任为中国艺术研究院民间艺术创作研究员。他还打破民间画秘诀不外传的旧习，从画门子、矾墙的制作和颜料的配制到彩绘艺术，每道工艺均毫无保留地传授给年轻的年画工作者，将完整、正规的年画制作工艺传承至今。

没有一张杨柳青年画

天津人就没法过年

墙上不贴一张大娃娃

家里就没有年味儿

旧一年的辛苦操劳

年画一挂,就忘了

新一年的吉祥美满

一挂年画,就来了

过年贴年画是中国古老的民俗。辞旧迎新的日子，家中贴上几幅寓意吉祥的年画，既装点了欢庆的新年气氛，也寄托着人们对来年风调雨顺、国泰民安的美好愿望。由于生活环境和风俗的不同，各地区年画的形式和风格各具特色，天津杨柳青、河南朱仙镇、苏州桃花坞、山东潍坊和四川绵竹等地都是我国著名的木版年画产地。杨柳青木版年画继承了传统工笔画和版画艺术，其木版套印与手工彩绘相结合的"半印半画"是区别于其他年画工艺的主要特征。

冯庆钜作品《春牛图》

独特的杨柳青年画

杨柳青木版年画发源于千年古镇杨柳青。明永乐年间（1403—1424），会通河的重新开通及天津漕运的兴起使杨柳青成为南北商品交易的重要集散地，经济日益繁荣，周边地区的木版年画艺人先后迁居杨柳青镇。清乾隆和嘉庆年间（1736—1820），是杨柳青年画的兴盛时期，出现了全镇及周边村庄"家家会点染，户户善丹青"的盛况，除了供应当地所需，还远销到新疆、内蒙古、东北等地，名声远扬，各地争贴杨柳青年画。抗日战争时期，由于连年战乱，致使杨柳青年画生产萧条衰落。

新中国成立后，由于政府的抢救、保护与发掘，杨柳青年画的生产才得以恢复。

1953年，韩春荣、霍玉堂、张兴泽等几位年画老艺人自发组织建立了杨柳青年画生产互助组，恢复了年画生产。1956年，在政府文化部门的支持下，在互助组的基础上成立了杨柳青年画生产合作社。1958年，经天津市政府批准，由天津荣宝斋、天津德裕公画庄和杨柳青年画工场合并成立了天津杨柳青画店，后更名为天津杨柳青画社，对杨柳青木版年画开展专项保护工作。1960年，周恩来总理视察了天津杨柳青画店，了解了民间艺术的现状，对艺人们的技艺给予很高的评价。国家从人、财、物上给予了极大的支持和帮助，使杨柳青木版年画在我国民间艺术中最早获得了实质性的保护和发展。2006年，经国务院批准，杨柳青木版年画列入首批国家级非物质文化遗产代表性项目名录。

杨柳青木版年画采用木版套印与手工彩绘相结合的方式进行制作，形成与一般绘画和其他年画不同的艺术特色。其工艺主要分为勾、刻、印、绘四道工序。

杨柳青木版年画的绘制还有一个与众不同的特点，那就是画门子。首先把印制好的画坯子裱在画门子上，画幅一般为横卧式，如同画面上的人物全都躺着。冯

冯庆钜在绘制年画

庆钜说："艺人们开始的时候是把年画贴在墙上画,但是屋里没有多余的空白墙壁,艺人们受门扇的启发,于是就把画板做成可开合移动的,这样既利用了空间又提高了效率。"画师在画门子上画画,也有一些独特的讲究和技法。几百年来,杨柳青木版年画的品种、质量都在不断改进完善,但是其内在传承的东西是没有变的,例如躺着画及画门子的制作,这些技艺一直沿用至今。

杨柳青木版年画的题材广泛,形式多样。大致可分为历史典故类、民间神话传说类、戏剧人物类、风俗时事类、风景名胜类、仕女娃娃类、花鸟鱼虫类、吉语喜庆类等。还有一种特别的风筝纸类,套色印刷,专供糊制风筝的艺匠使用,但品种不多,只有少数年画作坊印制,如"木兰从军""西游记""鹰鸟"等。

杨柳青木版年画最丰富、最精彩的是戏出年画。"画中要有戏,百观才不腻。"随着清代戏曲文化的繁荣发展,戏曲艺术成为大众文化生活的重要组成部分,传统年画随之也出现了大量以戏曲剧目为题材的作品,因一个独立剧目叫"出",故这类年画被称为戏出年画。戏出年画着力表现戏台上的角色形象及剧目情节。民间画师多为戏迷,经常会亲临现场观戏描摹,往往将戏台上最精彩的一幕定格在画面上,画中人物扮相、功架与舞台上几无二致。戏出年画相当于把受时间、空间限制的舞台演出转化为可长久欣赏的平面艺术,寻常百姓将其张贴于家中,睹其形如闻其声,足不出户便可时时感受戏曲之精妙。

杨柳青镇地处京畿要冲,受到京城梨园文化的浸润,画师可借地利之便到京津两地戏园现场摹绘,因此能如实描画台上角色的衣着扮相、身段姿势等。再加之杨柳青木版年画采用印绘结合的技艺,套印出主要颜色后,还要经过手绘"开脸",所以人物的眉眼五官极为细腻传神。流传下来的杨柳青戏出年画样多达数百种,涵盖了文戏、武戏、唱工戏、做工戏、群戏、折子戏等多种戏曲演出形式,内容都是当时人们耳熟能详的经典剧目。

仕女娃娃类也是杨柳青木版年画中独具特色的一类。仕女类年画如"渔妇""沉鱼落雁""闭月羞花""十美画八仙""玉美人画风筝""春游仕女图"等;娃娃类年画更有百种之多,取"百子图"的祥瑞之意,都是两幅一对儿(也可单用),有很强的装饰性。各种图案运用恰到好处,构图饱满匀称,以器物或背景(如莲、蝠、鹿、桃、鱼、戟、磬等)谐音或比喻,形成吉祥用语。如"连年有余""连生贵子""福寿绵长""子孙万代""加官进禄""五子夺莲"等。这些娃娃体态丰腴,活泼可爱,象征吉祥美好,是杨柳青木版年画中最经典、最有辨识度的形象。《连年有余》中的娃娃,一手握莲(谐音连),一手抱鱼(谐音余)。在宋代,七夕节就有孩童执荷花的风俗,天津博物馆即藏有一件金代的《磁州窑白釉红绿彩持莲童子立像》。

冯庆钜作品《鲤化千年》

沥粉贴金也是杨柳青木版年画的一种独特技法。杨柳青进贡宫廷的沥粉贴金门神像,高六尺,宽二尺八,专供皇宫、王府悬挂。以金银入画是传统绘画的技法之一,宋代的门神画便使用金装饰了,宋袁褧、袁颐《枫窗小牍》载:"靖康已前,汴中家户门神多番样,戴虎头盔,而王公之门,至以浑金饰之。"沥粉贴金是传统壁画、雕塑及建筑装饰常用的一种工艺技法,用来表现武士的铠甲,人物的衣饰头饰、锦纹等。

唐宋时期的壁画和雕塑上有大量的沥粉贴金装饰。其具体做法是用胶和粉调制出黏稠的液体,用特制的工具将液体挤压在画面上,就能形成高于平面的线条,晾干后再在其上贴金、贴银、上色,就能得到有立体感的装饰线条。山西元代的永乐宫、北京明代的法海寺壁画中,均有精美的沥粉贴金装饰。清代的建筑也有丰富的沥粉贴金装饰,在梁架、护板、斗拱等处的彩画上都可以看到。杨柳青木版年画中的沥粉贴金,是沥粉贴金技艺在绘画上的表现,这也是杨柳青年画技法丰富性的表现。

冯庆钜完整地继承了杨柳青木版年画的传统彩绘工艺,并对彩绘技法进行了积极探索和完善,在从事年画绘制工作的五十余年中,他创作出众多优秀的年画作品。

冯庆钜的绘画生涯

冯庆钜1944年生于今天津市静海区唐官屯镇,从童年起,他就表现出对绘画的浓厚兴趣。小时候,过年时家里买年画、贴年画是他最感兴趣的事情。过完节以后,他会小心翼翼地把年画揭下来,反复临摹。父母知道他要保留年画,所以就不贴得那么实,只在年画的四个角点上点儿糨子,以方便孩子揭下来,保存和临摹。

真的是"念念不忘,必有回响"。1960年初,杨柳青画社要招学员。春节刚过,年仅十六岁的冯庆钜就告别父母,背着行李独自踏上征途。因为考试地点设在杨柳青镇,与唐官屯镇相距上百里,需要坐火车前往。几轮考试过后,冯庆钜顺利通过考核,如愿成为杨柳青画社的第一批正式学员。冯庆钜在新成立的画社里,师从张兴泽和潘忠义学习年画绘制技艺,得到两位老师的亲传。

张兴泽是天津杨柳青画社的前身——杨柳青年画生产互助组的发起者之一,在美术界享有很高的声望,是中国美术家协会会员,曾作为行业代表参加了全国文教群英会。

杨柳青木版年画根据绘制的精细程度分为"粗活"和"细活",细活运笔细腻繁复,描摹精巧,用工较多;粗活则用笔果断,动作洗练,风格粗犷爽利,两者各具艺术特色。冯庆钜刚开始时先学画粗活,即基本的技法,抹薄色、抹人头、抹小红脸、抹水印等,然后由粗到细,由普及品到精品。粗活只需要大面积刷染,称之为"卫抹子",在彩绘这一工序上,用的工时不是很多。这类年画一般都是普及品,是老百姓经常购买的。细活为工笔细描,是杨柳青木版年画制作中最复杂、最细致的一道工序,这类年画在古代一般作为贡品,所以质量要求很高。

冯庆钜跟随师父张兴泽学粗活,粗活是流水作业,有时画娃娃,有时画弓箭。冯庆钜说:"那时候一个组五个人,一个人平均十张,就是五十张,从上到下画。粗活出了线也不要紧,刚开始动笔时还琢磨琢磨再下笔,到十张、二十张以后,这手甚至比脑子还快,脑子还没想到,手直接就过去了,就这么熟练。"

冯庆钜对绘画技巧掌握得很快,他在技术上的进步被画社领导和几位老师傅看在眼里。没过一年,画社领导通知冯庆钜,他被另一位彩绘老画师潘忠义挑中,准备调他到潘师傅那里学画细活。潘忠义是杨柳青画社细工创作部门的负责人,保留了很多过去秘而不传的年画画诀。冯庆钜说:"领导找到我说,潘师傅看上你了。就这样我到潘师傅那里了。正式拜见了潘师傅后,才知道他选的两个人是作为关门弟子的,师姐是北京的赵玉娥。"

当时杨柳青画社有一间画细活的创作室,他们师徒三人每天都在创作室分工作画。冯庆钜回忆这段学习经历说:"我们师徒三人配合得相当默契,画稿来的时候都是白坯儿,我们要给画稿设计颜色。师父先给人物做脸,师姐负责穿衣服,我的特长是染活,就是给画稿配天地水的颜色,最后剩下不好解决的部分就交给师父来处理。画稿做出来后,一部分留给资料室,一部分送到车间当画样子。这样的画稿我们不知画了多少。"

俗话说"师徒如父子",潘忠义年事已高,没有家室,将两个徒弟当作亲生儿女看待,而冯庆钜和赵玉娥也在跟随师父学画的同时,对老人的生活起居尽心照料。冯庆钜说:"师姐很细心,对师父的日常生活照顾得无微不至。而我离家在外,平时工作之余就和师父作伴,师父卧病在床时都是我在身边伺候。师父时常念叨我们两人的好处,在困难时期每月还用自己的津贴买肉给我们改善伙食,我们相处得像一家人一样。"

1962年,天津市精简城市人口,凡是从农村进城工作的人员都要被送回原籍。冯庆钜说:"当时画社领导找我谈话,说你师父舍不得让你走,他离不开你,你学艺也离不开师父,所以画社特批让你留下来。多亏师父的帮助,我才能有幸继续自己的绘画之路。"在学徒的数年时间里,冯庆钜较完整地继承了杨柳青木版年画传统彩绘技法,并在其后的艺术创作实践中不断发展和完善。

正当冯庆钜技艺逐渐成熟,准备艺成出师时,"文革"开始了,杨柳青画社的年画创作和生产被迫中断,年轻的冯庆钜也在这一时期参军入伍,离开了他心爱的绘画工作岗位。但是,冯庆钜的绘画道路并未就此停止。在部队期间,他始终随身珍藏着一支自己在杨柳青画社使用过的画笔,仍旧坚持用这支画笔在军营做宣传工作。

"文革"后期,在周恩来总理的特别指示下,杨柳青画社开始恢复年画的创作生产,由于包括潘忠义在内的很多老艺人因年龄原因已相继离世,画社人员极度缺乏,此时刚刚从部队退伍的冯庆钜成了重新振兴杨柳青画社的中坚力量。虽有波折,但冯庆钜最终没有离开自己喜爱的绘画事业。

这个时期的杨柳青画社,不仅高手云集,还有王树村、李可染、叶浅予、黄胄等艺术大家经常来讲课、参加笔会并指导创作。在这里,冯庆钜一面如饥似渴地跟着老艺人们学习手艺,一面还参与了民间画作的搜集、复原、整理、绘制、出版等工作,对年画的认识与思考日益加深。

作为杨柳青画社第一批学员中的技术骨干,冯庆钜被画社任命为年画彩绘工序车间主任,开始重新组织人员恢复生产。由于"文革"期间画社的生产工艺和设备被严重破坏,冯庆钜需要对彩绘工序的所有工艺技术环节重新设置并亲自把控,甚至在画笔选择、颜料研制、矾胶勾兑、画门子制作等细微之处都要亲力亲为。冯庆钜说:"不管你有多大的本事,没有得心应手的工具都出不来效果,所以我对工具的制备要求特别严格。"

冯庆钜作品《门神》

　　杨柳青木版年画给人最直观的感受就是颜色纯正鲜亮,并且经久不易褪色,这要求在颜料的选择和制备上精工细作。冯庆钜说:"选用的植物性颜料都是由我自己采摘,再通过传统方法炮制而成;矿物性颜料则要买来原料后重新研磨澄清后方可使用。"

　　冯庆钜在全面继承杨柳青木版年画彩绘技法的基础上逐渐形成了具有鲜明个人特色的绘画艺术风格"冯氏技法"。冯庆钜说:"1981年,书记找我谈话,他说小冯啊,你出趟门。我说行啊,上哪去?他说你去趟美国,人家邀请艺术家。那个团一共七个人,一个是画杨柳青年画的,两个烹饪的,一个刺绣的,还有一个做风筝的,再加上团长和翻译。这次展览效果挺好,我们带过去的展品后来都卖了。我们去了美国的三个城市,华盛顿、纽约、费城。回来时又去了比利时。去了不少地方,外国人对咱杨柳青年画的印象还是不错的。"

回顾自己在杨柳青画社的绘画生涯,冯庆钜感慨地说:"我从十六岁起进入杨柳青画社直到退休,前后总共五十二年,可以说我这一生都与画社息息

冯庆钜加工画笔

相关。从20世纪70年代起我开始带学生,为画社培养了一批批后备人才。我希望能将老前辈们传授给我的彩绘技艺毫无保留地传承给下一代,让杨柳青年画得到更大的发展。"

笔下春风

木版印的线条与绘画技法相辅相成、相得益彰,形成了杨柳青木版年画的独特韵味,但最耗时间、最显功力的,是在后期的绘染上。点染精巧的画面,体现的便是画师用笔用色的技巧,冯庆钜有自己的独门绝活。

"冯氏技法"包含了用笔用色的技巧,但是工具和颜色也是很重要的。俗话说,三分手艺,七分工具。冯庆钜用于绘染的笔大大小小加起来有一百多种,有些笔是自制的,有些笔是买来再加工的。冯庆钜使用的颜料以矿物颜料居多,选料精益求精。颜料买回来后,他要自己再加工,研磨、加胶、沉淀,选出上乘颜色,用来绘染画面。

冯庆钜面对画门子上一幅套色印好的画坯子,用自制的笔吸吮自调的色,再晕染于人物、花鸟之上,笔下如春风徐徐,赋予面前的线条颜色和生命。

杨柳青木版年画的笔法

冯庆钜的作品《鲤化千年》,画面上的娃娃怀抱鲤鱼,脚踏莲花,背衬仙桃,令人见之便心生喜悦之情。生活并不温柔,但是我们应该像这些娃娃一样认真而热烈地把每一天过得欢愉。

"转脸"是杨柳青木版年画的一种特殊笔法,也是杨柳青木版年画的一个标志性特点。冯庆钜说:"我们这个扁头笔特新鲜,尤其是那个渐变过渡的过程,一支笔就能出效果,我们叫'一锅出',这边蘸色,这边蘸水,晕好了笔以后,一笔就得,又帅又干净。"

杨柳青木版年画印的墨线是形象的骨架,必须得着力保护。冯庆钜说:"不要用覆盖力特别强的颜色,把线条都盖死了是不行的。我们用的颜色,是要自己加工一下的。必须还得研,别挤出来就用,研完了以后再清,颜色要厚实,但是还得透亮,墨线还得透出来。"

"开脸"是绘染里的核心技艺,一般是由老师傅来做的。关于开脸,冯庆钜说:

"粉研完了以后,用浮头的膘先打个底儿,然后再染脸,别求一步到位,可以反复地染,染的次数要多,还得快,慢了不行,慢了以后纸要涨,再染就会出来一绺一绺的。刷一笔,如果不到位,打住,等它干透了、干平了,再来一回,到位了,就打住。然后再勾脸、烘脸,然后再罩,起码要罩两遍,才显得厚实。如果不打底儿,就显得有点儿薄气。罩的时候为了达到那个厚实劲儿,就得多罩几遍。罩,就像搽粉似的,粉嘟嘟的,把瑕疵、笔触都给盖住了,这就是罩脸。眼睛分好多道工序,小号的眼睛有开死眼的,上眼皮一笔,眼球一团,然后下眼皮再来一下。再大一点儿的是二级娃娃,他那个眼球可以团一个圈儿,点一个点儿。大娃娃的眼睛就复杂了,起码相当于重复做脸的过程了。"

除了创作,冯庆钜还努力提携后辈,将杨柳青木版年画的每道工艺和"撒兰花""堆金沥粉"等绝活毫无保留地传授给年轻的年画工作者。在同行们纷纷退休、转业、成立私人作坊的情况下,他始终坚守着这门古老的技艺,坚持将完整、正规的年画制作工艺传承下去。

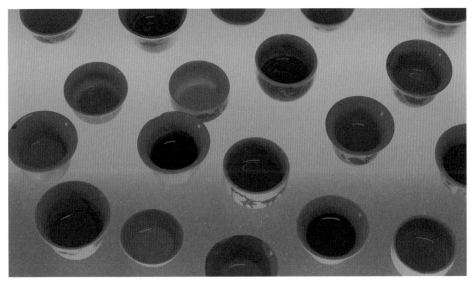

冯庆钜所使用的颜色大多是自己制备和加工的

冯庆钜虽然年事已高,但一提起杨柳青木版年画,他的眼睛里总是闪烁着光芒,他的生活除了吃饭、睡觉,就真的只有年画了。

年画是历史、生活、信仰和风俗的反映,也承载着人们对未来的美好憧憬。杨柳青木版年画丰富的内容涵盖了中国人一年中所有的重要传统节日,体现了人们祈盼平安吉祥生活的愿望。

年画上画的是人们的愿望,把年画贴在墙上,仿佛这些愿望就都能够实现。为我们绘制愿望的人,笔下生春风,点染着吉祥如意的中国年。

寂寞中的剪刀：

汪秀霞与医巫闾山满族剪纸

杨秋濛

汪秀霞

　　汪秀霞（1947—　　），满族，辽宁北镇人，国家级非物质文化遗产代表性项目剪纸（医巫闾山满族剪纸）代表性传承人。汪秀霞出生于一个满族文化积淀深厚的村庄，经常听村民讲满族民间神祇崇拜的故事，深受满族自然崇拜、祖先崇拜习俗的熏陶。她剪纸技艺纯熟，各种取材于万物神灵和自然万象的图案通过她的创意和想象信手剪来，具有强烈的艺术感染力。其剪纸作品展现着原始文化所蕴含的民间信仰，具有鲜明的主题，代表作品有《柳树妈妈》《九乳妈妈》《山神》《生命树》等。

遥远的山村

一个女人坐在炕边

她注视着手中的红纸

拿起了剪刀

一剪,两剪

纸屑纷纷落下

剪掉了她的烦恼

剪出了她的世界

古朴的剪纸蕴含着永恒的文化

医巫闾山，这座位于辽宁省锦州市的大山，一直充满着神秘的色彩。我国地理上有"五岳五镇四海四渎"的说法，五镇中北镇即为此山。《周礼·职方氏》记载："东北曰幽州，其山镇曰医无闾。"相传舜时将全国分为十二州，每州各封一座山作为一州之镇，医巫闾山就是北方幽州之镇山。

历史上医巫闾山地区是汉族与北方少数民族融合之地，东胡语称这座山为"伊克奥利"，汉语是"大山"的意思，这是一个明显带有神山崇拜意识的山名。流传于游牧民族和山林民族之间的关于自然崇拜、祖先崇拜、生殖崇拜的原始文化积淀成为医巫闾山深厚的文化根基。代代相传的祭祀典仪、口耳相授的民间传说，以及来自不同民族的文化习俗在这里彼此交融，慢慢汇聚成医巫闾山地区独特的民俗文化。几千年前，山民就以剪纸和用纸制作图腾形象来冥祭，也会用木材、石料雕刻制作祖先与神明的神像用于拜祭。

医巫闾山地区特殊的地理位置、

小知识

五岳五镇四海四渎，你知道分别都是什么吗？

五岳：东岳泰山、西岳华山、南岳衡山、北岳恒山、中岳嵩山。

五镇：东镇沂山、西镇吴山、南镇会稽山、北镇医巫闾山、中镇霍山。

四海：东海、西海、南海、北海。

四渎：长江、黄河、淮河、济水。

自然环境和历史沿革，使医巫闾山的人们继承了原始文化的内容和神偶造像艺术。医巫闾山的人们笃信万物有灵，口耳相传的民间讲述和融入血脉的图腾敬畏，逐渐演化成心底的希冀与手工的技艺。随着世代交替演进，人们用各种各样的剪纸作品向神山表达着崇敬之情，终于成为当地独有的艺术形式。医巫闾山满族剪纸有两个系列：一类是原始文化系列，剪纸作品有《嬷嬷人》《拉手人》《柳树妈妈》《通天树》《青牛白马》等；另一类是满族民俗风情系列，主要是对满族及北方各民族的婚丧嫁娶、衣食住行、庆典娱乐、祭祀活动等生活的描绘。医巫闾山满族剪纸呈现出多民族融合的文化样态，记载了医巫闾山人们的民族文化，蕴含着世代相传的民族情感，独特的地域性和鲜明的文化符号使其成为珍贵的民间艺术宝藏。2007年被认定为我国首批国家级非物质文化遗产代表性传承人的汪秀霞，就是医巫闾山剪纸艺人的杰出代表。

困苦的日子与剪纸为伴

汪秀霞出生在满族文化积淀深厚的辽宁省北镇市广宁街道张代村，受母亲和姥姥的影响，剪纸成了她小时候的爱好。她从四岁起就跟随母亲学习剪纸，几年后，她就能用妈妈的大剪刀剪出《九个石榴一个桃》《拉手人》《嬷嬷人》《小秃孩儿》等不太复杂的作品。她用小棍儿一夹，找两块儿石头，把剪纸夹在石头缝中，在窗台上一摆就是一排。除了母亲和姥姥，汪秀霞剪纸艺术的领路人还有村里同为汪氏家族的汪德印。汪德印在村里的小学任教，他和他母亲都热爱剪纸、画画、刺绣等工艺。汪秀霞经常去汪德印家串门，在他做手工时一言不发地站在旁边，静静地学习、观察。她还喜欢坐在汪家的大门前听村民们讲古老的传说和故事。就这样，汪德印家成了汪秀霞学习艺术的课堂，影响着她剪纸艺术的内容题材和创作技法。

不幸的是，汪秀霞九岁时父亲去世了，她与母亲相依为命。那时候正赶上国家的困难时期,不想挨饿的母亲选择带着汪秀霞姐妹改嫁。然而继父并没有带给她们幸福美满的生活,她们娘仨总是吃不饱饭,有时还会挨打挨骂,小秀霞只得在一天夜里跑回了张代村。十三岁的她独自一人艰难

汪秀霞剪纸作品《小秃孩儿》

地生活在原来汪家的一间小屋里。小屋年久失修,屋门也坏了,她就把门堵上跳窗户进出,炕塌了她就睡在窗台上。亲人离别的痛苦和生活的重担一下子全都压在了她的身上,让她透不过气。吃不饱穿不暖的生活一直持续了好几年。十九岁的时候,汪秀霞嫁到富屯乡新立村,本以为这是新生活的开始,不承想这里的生活条件更为艰苦,不但粮食、生活用品紧缺,炕席和住处更是破败不堪。她与丈夫和婆婆的关系也非常紧张,很长一段时间汪秀霞过着捉襟见肘的生活,心里的憋闷也无处发泄。

每当汪秀霞感到忧愁翻涌而来的时候,她就跑进医巫闾山。在风雨、树木、鸟兽的陪伴下,与大山为伍、与自然为友,在山上一坐就是一天。在特别烦闷的时候,汪秀霞就拿起剪刀,看到鸟兽,就剪鸟兽的图案,看到花草,就剪花草的图案,看到虫鱼,就剪虫鱼的图案。当一幅幅美丽的剪纸作品在她手中绽放的时候,她突然感到心里的重担减轻了,心情也逐渐平复了。自此,剪纸成了汪秀霞最亲近的朋友,替她"排忧解难"。

以剪纸寄托美好祈愿

岁月也许并不静好,但时光还是在慢慢流淌。汪秀霞从当年在妈妈怀里学做

剪纸的孩童,历经岁月磨砺,走过人生悲喜,从嫁为人妻到为人母亲,一生都与医巫闾山满族剪纸相伴。汪秀霞的生活经历使她对母爱具有强烈的渴望,对陪伴她的山林鸟兽格外信任与亲近。带有植物图腾崇拜意味的《柳树妈妈》是汪秀霞最爱剪的图样,不管走到哪里,她第一个想到的就是剪这幅作品。柳树妈妈头顶柳叶,手拿柳叶,身穿柳叶,脚踩柳叶,柳叶里包着小虫,那些小虫活灵活现、生生不息,是生命的象征。在人类万物起源的神话中,柳树崇拜和女性崇拜观念是紧密相连的。汪秀霞介绍,柳树妈妈的形象来自满族的一个民间故事,在过去没有人烟的时候,柳树是当地的母亲神,可以繁衍后代。相传有一年虎尔哈河发了大水,肆虐的大水将虎尔哈河几乎变成了虎尔哈海,大水把神造的小泥人纷纷淹没,只剩一个还在拼命挣扎,这时候突然漂来一根柳枝,小泥人赶紧去抓,柳枝瞬间变成了一个大姑娘,把泥人救起来带到石洞里和他成了亲,生育后代,所以柳枝便成了当地的母亲神。刚开始,汪秀霞剪的柳树妈妈脑袋上仅有几条柳枝,并没有其他复杂的设计,后来经过创新,加入了鸟兽鱼虫等其他生命物象。作品中的柳树妈妈有的胳膊挽着两条鱼,意味着吉祥如意、年年有余,身子底下是一条河,就是传说中的虎尔哈河,有的穿着鹰裙或大袍,这些都是她慢慢创新的结果。对于汪秀霞来说,所有的剪纸作品都不是一成不变的,根据纸幅的大小和当时心情的不同,可以自由发挥剪出不同样式的作品。要是纸叠得宽了,就加上一双翅膀;要是叠得窄了,就去掉翅膀添只小鸟;纸要是长了,身上可以加上袍子,可以露脚也可以不露,可长可短,样式各异。剪的方法也非常灵活,有时候从头开始剪,有时候从柳枝开始下剪刀,都是她随心所欲不用打草稿就可以完成的,这也是汪秀霞剪纸作品的魅力所在。

汪秀霞剪纸是带有情感温度的信物。除了《柳树妈妈》,《九乳妈妈》《牛首树神》《嬷嬷人》《山神爷爷山神奶奶》等也是充满生命图腾意味的作品。这些剪纸图案凝重古朴,创作大胆粗犷,不仅有约定俗成的祈福之意,还能明显地感受到一股来自大山深处的神秘气息。汪秀霞的剪纸大部分是祈福作品,少部分是表现生活方面的,如《掰虫儿》《回娘家》《赶大车》《拉庄稼》等。小幅作品,汪秀霞基本不用画稿,只用一把小剪子随手剪即可。但那些大幅的剪纸作品,就需要用钢笔先勾勒出结构和形状,再开始下剪刀,通常需要花费几天的时间才可以完成。很多剪纸艺人有时用刻刀来进行细节处理,但汪秀霞从来不用,即使很小的局部细节也全是用剪子尖儿一点儿一点儿地抠着完成的。汪秀霞回忆,剪《生命树》这幅作品的时候,连续剪了半个月。这是一幅很大的剪纸作品,中间有一棵苹果树,树下有四个人在摘苹果,那些小苹果非常不好下剪刀。还有一幅名为《闾山风光》的剪纸作品,上面的人物结构十分复

汪秀霞剪纸作品《九乳妈妈》

杂,汪秀霞足足剪了三个月才完成。汪秀霞剪纸的工具和用料都非常简单,既没有专门定做的剪刀,也没有昂贵的纸张。她随手拿起炕头上的剪刀就可以开始创作,手随心动,剪随手动,大千世界与神异图形便出来了。作品展开的瞬间,神木枝丫舒展,山神神态威严,显露出汪秀霞对自然万物的无限情怀。

遇到生命中的贵人

艺术的美总是需要被人发现才能绽放更耀眼的光芒。1997年,汪秀霞等来了她人生旅途上的贵人——民俗学家王光。王光从20世纪80年代起就开始系统研究医巫闾山满族剪纸,走访过八十多位当地优秀的剪纸艺人。汪秀霞回忆王光第一次来到她家的情形,她那时正处于生活最困难的时期,穿着一件单布衫、一条满是窟窿的单裤、一双已经破烂的夹鞋,站在家门口等着王光的到来。汪秀霞夫妇住

在一个传统的地穴式民居里，这座低矮阴暗的小土房中，除了干菜、粮食、农具，其他什么都没有，灶间黑黢黢的山墙上布满了冰霜。迈进小小的里屋，王光却看到泥墙上贴满了各式各样的剪纸，她一下子惊呆了。因为汪秀霞的剪纸与王光以前看到过的那些剪纸风格很不一样，汪秀霞的剪法保留了医巫闾山满族剪纸最基本的特征和最传统的文化符号，但又充满了强烈而鲜明的个人风格。王光看着这些神奇的剪纸，又回头看看这位质朴的农妇，眼泪一下子夺眶而出，直到临走的时候还在落泪。王光回去之后托人给汪秀霞寄了好几包衣服，汪秀霞回忆说，这是她第一次感到了温暖。

王光发现了汪秀霞的剪纸后，二十多年持续对汪秀霞的作品进行深入研究和推广，现在她只看一眼剪纸者的手的画面便能准确地断定画面中的手是不是汪秀霞的手，画面中的剪刀是不是剪纸用的剪刀。在王光的帮助下，汪秀霞的剪纸艺术受到外界关注，而王光也与汪秀霞建立了真挚的友谊。当王光带着摄制组第一次来到汪秀霞家里进行拍摄的时候，汪秀霞的内心非常感激。在王光的带领下，汪秀霞开始与外界互动和沟通，她的作品也越来越多地被送到各种艺术展进行展示。汪秀霞还参加了锦州市群众艺术馆举办的培训和讲座，第一次听到王光、赵志国、王记等老师讲课的时候，她瞬间被生动的讲课风格和新鲜丰富的内容吸引，一下子入了迷。她

王光与汪秀霞（一）

王光与汪秀霞(二)

对王光老师在课上讲的"灵感来了就用剪纸演化出来"非常有感触。她认为,剪纸是过去老一辈人留下的艺术,以前人们将剪好的窗花贴在窗户上装点生活,现在剪纸经过装裱后成为传递文化的艺术作品。她想把自己看到的、想象的,用剪纸的形式表达出来。汪秀霞的徒弟蔺心宇评价她的剪纸特点:"她的作品总能给我带来内心的舒展和放松,因为她完完全全地把生活和自然联系起来,不受传统的限制,不局限于固定的思维,这是别人的作品所不具备的。"汪秀霞的作品因生活的改善、心境的豁达发生了很大的变化。早期生活条件窘迫、家庭关系破裂,汪秀霞天天以泪洗面,对生活失望至极,那个时候的作品呈现出粗犷豪放的感觉,她通常采用大线条不加修饰地剪制一些神灵作品,几剪下去就能完成。后来由于经济状况得到改善,对生活和美也愈加关注,汪秀霞开始对剪纸作品进行细腻的雕琢,使之变得生动传神、清新脱俗,这时她更想表达对生活的满足,传递一种美好的情感。

2006年,汪秀霞受邀参加了首届杭州国际剪纸艺术节,她的剪纸作品在展览上引起了巨大的轰动。在参展的一百多位剪纸艺人中,汪秀霞脱颖而出,获得了"优秀民间艺人"的称号。据汪秀霞回忆,她当时的心情非常激动,很多专家来到她的展位前，她的剪纸作品大受好评。那是她第一次从大山里走出来，来到大城市杭州。杭州的花草、树木、老建筑启发了汪秀霞的创作灵感。后来，她先后在上海、沈阳、葫芦岛、都江堰等地进行剪纸艺术的展览展示。观众看到她的剪纸作品，都被这种单纯、美好的艺术所感染，纷纷购买收藏。去大城市参加艺术展，获得各项荣誉，听取各路艺术家的意见，也包括经济收入的大幅度提高，这些对汪秀霞来说都是前所未有的人生体验，在创作上也是一种考验。王光回忆，在一次剪纸艺术展上，有人向汪秀霞提出："你的剪纸是不是有点儿简单？应该在'九乳妈妈'的左边加一条龙，右边放一只麒麟。"汪秀霞想了想后对王光说："这样是不是有点儿俗气了？"汪秀霞有着最质朴的情感，不媚俗，也不迎合，下剪没有杂念，用真诚去捍卫这个以信仰为根基的纯粹独立的艺术形式。汪秀霞总说："越古老的就越好。""古老"就是一种朴素的思想、朴素的生活、朴素的心灵，唯其如此，才能创作出那么多朴素的作品。这种朴素之美才是最珍贵的，它剔除了很多名和利的限制，所以她的剪纸才会那么吸引人。

　　现在，她的作品被许多博物馆收藏，北京民俗博物馆收藏了《佛陀妈妈》，杭州的一个博物馆收藏了《柳树妈妈》《九乳妈妈》《山神》，青岛市博物馆和右玉县博物

王光（左）、汪秀霞（中）及其外孙女王雪娇（右）

馆也收藏了她的剪纸作品。剪纸成为汪秀霞主要的经济来源。生活改善了,她的精神放松了,也越来越爱剪纸了。汪秀霞始终保持着最初的淳朴,每到年节,北镇市的一些民俗活动需要展出剪纸作品的时候,汪秀霞总是很大方地剪个十幅八幅的祈福作品送过去。北镇市几乎所有的画家和研究者手中都有她的作品。逢年过节朋友到她家探望时,汪秀霞也会剪几幅作品送给他们。她总是这样慷慨大方、不计报酬,只求通过剪纸为人们送上吉祥如意的祝福。

把医巫闾山满族剪纸传承下去

民间记忆的复兴与发展,终究还是要回到真正的民间去心手相承。2007年,汪秀霞被认定为国家级非物质文化遗产代表性项目剪纸(医巫闾山满族剪纸)代表性传承人。自从非物质文化遗产保护工作开展以来,汪秀霞靠着剪纸成了当地的名人,她对自己的剪纸越来越有信心,剪得也更

汪秀霞剪纸作品《山神》

起劲儿了,年逾古稀的她开始将手艺传授给更多的徒弟。外孙女王雪娇从很小的时候便跟随汪秀霞学习剪纸,一有时间就到汪秀霞家里学。小姑娘有耐心、有灵气,学得很快,对剪纸这门古老的艺术非常感兴趣。现在王雪娇上了大学,学的还是剪纸专业,这让汪秀霞非常欣慰。儿媳妇吴秀梅生活很困难,白天在外打工,晚上回来的时候汪秀霞就到她家里教她剪纸。吴秀梅一点儿一点儿地学,一天一天地练,现在已经出徒,可以独立完成作品了。她剪得非常熟练,大幅的作品已经能

够出售换取酬劳了。除了儿媳、外孙女,还有蔺心宇、韩嘉欢、陈思涵等徒弟,跟汪秀霞学剪纸的人不胜枚举。周边村镇的美术老师、爱好手工的普通妇女,一有时间就都聚拢在汪秀霞的身边跟她学剪纸。汪秀霞进城买碗时碰到一个四十多岁的妇女,过年的时候,这个妇女跑到她的家里向她求教,汪秀霞不顾自己身患疾病,陪伴了她很多天,让她学会了很多简单的样式。每次放暑假,汪秀霞的小孙子就带着一群同学围在炕头上一人一把小剪刀学着剪嬷嬷人。盘山县有个搞竹雕艺术的人,找她找了三天才找到,只为登门求教学一学心仪已久的剪纸技法。汪秀霞虽然身体不好,时常病痛缠身,但她从来不会拒绝上门学艺的爱好者,不论学习的时间长短,她总是耐心、认真地把自己的手艺和绝活教授给他们。

如今,汪秀霞最爱去的地方还是学校,北镇市新区小学、北镇市第三高级中学、北镇市中等职业技术专业学校、辽宁工业大学都有汪秀霞的身影。当孩子们凝神下剪的时候,当一张张饱含童趣的剪纸徐徐展开的时候,汪秀霞感到,通过自己的讲授,剪纸文化进入了孩子们单纯的内心,关于自然和祖先的记忆在医巫闾山脚下这些孩子们身上得以延续。汪秀霞总想利用有限的时间尽量去传授剪纸技艺,她希望将来有一天她不在的时候,这些手艺能够不失传,这些作品还能留下来。所以,她决心把她知道的、看到的都毫无保留地传授下去,将老一辈留下来的东西都传给后人,她表示这是她作为传承人的责任,也是她作为医巫闾山满族文化传递者的义务。

汪秀霞用剪纸的方式传达着她对自然的热爱、感恩,通过剪纸让医巫闾山的民间艺术走出了大山,走向了全国,最终站上了世界的舞台。医巫闾山满族剪纸是历史悠久的原生态文化,展现着医巫闾山人博大深远的精神世界。而汪秀霞用手中的剪刀坦诚率真地记录着这片土地的自然万象、民间风俗。在科技飞速发展的今天,在人们越来越疏远曾经亲近的大自然的时代,还有汪秀霞这样一位古朴的剪纸艺人,用一方方小小的剪纸记录着人类与自然千丝万缕的联系,传承着祖先对万物神灵最真挚的感恩与敬畏。

汪秀霞给学生们上剪纸课

又回到了那个偏僻的山村

又坐上了熟悉的炕头

她再次拿起了剪刀

注视着手中的红纸

这次有些不同吗

没有

还是那孤独的剪刀

还是那神秘的图案

寂寞

平静

窗外的医巫闾山,安之若素

喜怒哀乐在偶中：

徐竹初与漳州木偶头雕刻

张弼衍

徐竹初

　　徐竹初(1938—2022),福建漳州人,国家级非物质文化遗产代表性项目漳州木偶头雕刻代表性传承人,生前享受国务院政府特殊津贴,曾任中国艺术研究院民间艺术创作研究员。徐竹初出身于木偶头雕刻世家,为家族木偶头雕刻的第六代传人,一直从事木偶头雕刻艺术的研究、教学、创作工作。其木偶头雕刻属北派木偶,取法于汉剧的风格模式,强调人物表情和性格。他在继承祖辈优秀雕刻手法的同时,形成了自己的独特风格。他创造的木偶造型多达六百余种,生、旦、净、末、丑各行当齐全、神态各异、生动传神。代表作品有《老翁》《雷万春》等。目前,徐竹初的儿子徐强坚守并积极传承着徐氏木偶头雕刻技艺。

漳州木偶,享誉世界

不仅因为牵动它的手

还因为雕刻它的人

只有亲眼见过它

才明白什么叫逼真灵巧

什么是生动传神

那是双手塑造的生旦净丑

那是一生琢磨的喜怒哀乐

福建木偶戏始于唐而盛于宋,历经元、明、清,直至近现代,历久不衰。流传至今的有提线木偶戏、布袋木偶戏、铁枝木偶戏和幔帐木偶戏等。清代以后,闽南等地的木偶戏不仅流行范围广,演出的声腔也日益丰富,出现了泉州提线木偶戏、漳州布袋木偶戏等分支。

漳州布袋木偶戏属于北派掌中木偶戏,流行于泉州、漳州等地。其特点是艺人将手伸进木偶中的布袋式内套,用五个手指操纵木偶表演动作。它以灵巧的操纵技艺、淳朴的艺术风格和生动的木偶造型,在国内外艺坛享有很高的声誉。

作为布袋木偶戏的精髓,木偶头雕刻的优劣,直接关系到木偶表演的成败。因此,长期以来,木偶头雕刻在传统木偶表演艺术中都是至关重要的环节。明清以

传统漳州布袋木偶戏台

来，漳州民间从事木偶头雕刻的艺人为数不少。而说到当代漳州木偶头雕刻最杰出的人物，则不得不提徐竹初。

徐竹初1938年出生于福建漳州，是徐氏木偶头雕刻的第六代传人。他的祖上早在清中期就开设了木偶头雕刻作坊，从太高祖徐梓清的"成成是"到父亲徐年松的"天然"，都是闽南家喻户晓的手工作坊。

"徐竹初"这个名字系弘一法师所取。1938年，厦门被日军占领，弘一法师应漳州佛教界的邀请，于当年5月来漳州说法，住在祈保亭佛祖庙的阁楼上。当时因市中心经常遭日本飞机轰炸，徐家临时搬到了徐竹初的外祖父家，就在佛祖庙附近。徐竹初的外祖父是当地有名望的中医，父亲又是雕刻佛像、木偶头的高手，因此与住在佛祖庙的弘一法师颇有交往。这年9月，徐竹初出生了，请弘一法师起名，法师沉吟片刻说："就叫'竹初'吧，'初'有头胎的意思，'竹初'是竹子的初期，寓意孩子像新笋那样茁壮成长。今后，家族事业会像雨后春笋那样兴旺发达。"

浸润在传统文化里的多彩童年

徐竹初从懂事开始，就喜欢看戏。过去在漳州，每逢节日，例如春节、元宵节、端午节、中秋节，尤其是农历七月的中元节，都有戏剧在不同的街道轮流上演，涉及

徐竹初的漳州木偶头作品《京剧脸谱》

的剧种也多种多样，有潮剧、木偶戏、歌仔戏，还有京剧。年幼的徐竹初就整天走街串巷地跟着人群看戏，一看就是大半天。

漳州有好几个书场，徐竹初也常常跑去听故事。《水浒传》《西游记》《封神演

义》是书场的经典节目,一个节目有时候能说半个月甚至一个月。徐竹初总是乐此不疲地跑去书场,常常听得入了迷。

　　小孩子进书场是不收费的,徐竹初利用这个便利条件,在书场做起了小买卖,卖花生、菱角、香蕉,以补贴家用。到了盛夏的六月至八月,徐竹初还喜欢到郊区抓蝉来卖,在那个营养缺乏的年代,烹饪后的蝉成了一道进补的佳肴。有时,徐竹初还会跑到桥头、赌场等人多的地方做买卖,边卖边观察各类人物的神态。此外,因为父亲在庙宇修复佛像,徐竹初很早就走进寺院,观察佛、菩萨、罗汉等雕塑,揣摩他们的形态姿势、动作神情。这些观察和思考为徐竹初日后塑造栩栩如生的木偶打下了基础。

徐竹初的漳州木偶头代表作品《关公》

　　由于家境贫寒,徐竹初十岁才上小学,在校期间开始学习雕刻木偶头。他利用课余时间,特别是晚上来做木偶头,常常专注得忘记了吃饭。晚上光线很暗,徐竹初为了看清楚,有时把头压得很低,凑到小煤油灯下,好几次都把头发烧焦了。刚开始雕刻,他技艺尚不娴熟,时常会滑刀,把手刮破,鲜血把木偶头染成了"关公"。功夫不负有心人,经过几年的努力,徐竹初就能独立雕刻木偶头了。

参展获奖的光荣少年

　　小学毕业后,徐竹初考入了漳州一中。此时,他刻制的木偶头已经小有名气了。1955年，为参加全国少年儿童科学技术和工艺品展览会，徐竹初雕刻了三个木偶头——小孩儿、老人和花脸。徐竹初花了很大力气塑造这些人物。为了刻画小孩儿的形象，徐竹初在周末的傍晚，邀来五六个小孩儿聚在一起，给他们讲一些滑稽幽默的故事，还特地准备了糖果，提前告诉小孩儿们："今天听故事，谁表现得好、笑得好，我就送他几颗糖果。"故事讲完，大家听得哈哈大笑。于是，徐竹初通过观察小孩儿们的面部笑容，塑造出了一个有两个酒窝儿、露出两颗小牙齿的天真活泼的孩童形象。在塑造老人形象的时候，徐竹初就去观察那些进城卖东西的农民，有些人是驼背的，有些人脸上的皱纹很明显、颧骨很突出，有些人还长着白色的长胡子，这些特征也都表现在了木偶头上。在做花脸的时候，徐竹初参考了很多脸谱，最终雕刻出了一个青花脸。

两个月后，传来消息，徐竹初的三个木偶头作品获得了展览会的特等奖。郭沫若先生观看了他的作品后非常喜欢，还在留言簿上题词赞扬"木偶头神情逼真生动"。当时的报纸对此进行了报道，中国少年儿童出版社出版了《灵巧的双手》一书，专门介绍了徐竹初的才艺。同时，电视台也为他拍摄了专题片《少年雕刻家徐竹初》。

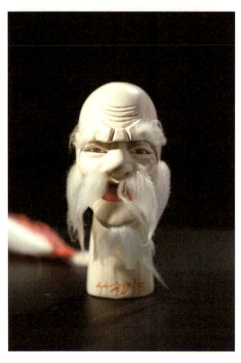

徐竹初复刻当年的木偶头作品《白阔》

此后，徐竹初每天都能收到上百封信。寄来祝贺信的有军人、老师、工人等，也有很多记者慕名前来采访。甚至有人看了报道，知道徐竹初家境贫寒，还寄来钱物和雕刻木偶头的材料。后来徐竹初在《福建日报》公开回信，感谢大家的关怀和支持。获奖之后,徐竹初的名气慢慢提高了,对木偶头雕刻的兴趣也更加浓厚了,他感到这辈子就注定做这项事业了。

为生活所迫的奋斗青年

1957年,徐竹初初中毕业。当时,中央美术学院发函给学校,要保送他前往深造,但这一年他的母亲因心脏病去世了。他作为长子,家里还有六个弟弟妹妹需要照顾。徐竹初的父亲加入了当时的漳州工艺美术合作社,固定工资很低,不足以养活七个人,有时还要出差,急需一个生活和工作上的帮手。徐竹初考虑了很久,在激烈的思想斗争后,他最终决定不去念大学,留下来继承父业,把木偶头雕刻这门手艺传承下去。

当时家里很困难,徐竹初连住的地方都没有,便住在朋友家。徐竹初在合作社的工资也很低,大部分还要补贴给家里。他不抽烟、不喝酒,除了吃饭基本没有别的开销,一件衣服能穿好几年,一双鞋子穿得十个脚指头都露出来了。

1958年初,漳州市南江木偶剧团要到各省巡演,准备排练新节目,需要大量木偶和道具,于是徐竹初被临时调入剧团工作。当时剧团演出很受欢迎,但因为没有配备专门的木偶制作师,要经常去工艺美术合作社订货,很不方便。剧团领导便请示上级,让徐竹初的编制固定在剧团,成为剧团的专职木偶制作师。1958年3月,徐竹初随团跨省巡回演出,先后去了江西、湖南、湖北、广东等地,回来的时候已经将近年底了。1959年3月,漳州市南江木偶剧团与漳浦艺光木偶剧团、漳州艺校木偶科合并成立了龙溪专区木偶剧团,也就是后来的漳州市木偶剧团,集中了一大批优秀的布袋戏艺术家。徐竹初的木偶头雕刻技艺也有了大显身手的舞台。

徐竹初为人忠厚,对工作负责,经常不计酬劳的加班加点,多次被评为省先进工作者、市建设社会主义先进工作者。大家佩服他的工作能力,但还是有人看不起他的家境。到了适婚年龄，熟人给他介绍的女孩子，一打听他的家境，就立即放弃了。甚至有女孩的家长说："嫁给这样一个穷鬼，以后会受苦受累的。"

幸运的是，作为劳动模范和先进典型，徐竹初的照片和事迹在当地的展览上展出时，一位在展厅当讲解员的年轻女孩郑淑香，对他产生了倾慕之情，并通过一位阿姨牵线与其相识。女孩的母亲不在乎徐竹初家贫，表示："只要他人品好，别的都不要紧，他们俩愿意吃苦就行。"两个年轻人便开始正式交往。

1959年除夕，徐竹初与郑淑香结婚，租住在漳州市祥和新村。1961年4月，他们的大女儿出生，当时徐竹初因剧团公务繁忙，需要去上海出差，只在医院匆匆看了一眼妻女，就背上行囊赶往火车站。妻子为了照顾孩子，把工作辞掉了，在剧团帮忙做一些纺纱、装饰木偶的手工活儿，赚一点儿小钱，勉强维持生计。

深耕木偶制作技艺

《大名府》中徐竹初木偶作品守门官钱如命

1960年，剧团受邀参加在罗马尼亚举办的第二届国际木偶、傀儡戏联欢节，并获得了特等奖。这份荣誉里也有徐竹初的功劳。徐竹初制作了出国演出节目《大名府》和《雷万春打虎》中的木偶。这两部剧至今仍是木偶剧团的保留节目。

《大名府》取材于《水浒传》，武艺高强的卢俊义被抓进了监狱，武松、鲁智深等英雄好汉要进城营救，他们企图化装成卖艺人混进城里。徐竹初为该剧目制作的木偶——守门官钱如命，最抓人眼球。徐竹初想，这个守门官头脑简单，喜欢吃吃喝喝,应该是一个体形稍胖、呆头呆脑的形象。于是他把守门官做成光头,下巴圆胖,笑时露出一排牙齿,眼睛眯成一条缝,两条倒撇眉,一个白鼻头的形象。鼻子中间还描成圆形钱币的形状,代表钱如命嗜钱如命。老艺人们看到这个形象都拍手叫好,认为他很符合人物特点和剧情需要,性格鲜明,很有感染力。

另一部作品《雷万春打虎》主要叙述书生钟景期赴京赶考,路遇老虎和土匪,英雄雷万春舍身相救的故事。徐竹初塑造的雷万春形象,方脸、眼角上挑,两条眉毛像两把剑一样,有着侠士的气派。故事中,雷万春喝了一点儿酒,徐竹初就让他脸上微红,嘴巴呈工字形,带着一丝坚毅。

1963年9月至12月,受印度尼西亚政府的演出邀请,剧团带去了《大名府》《雷万春打虎》等剧目,受到印尼人民的欢迎。印尼总统苏加诺的夫人对演出的木偶非常感兴趣,徐竹初就把这些木偶全部送给了她,回国后又制作了新的木偶。随后,剧团又接到中央的任务,参加澳大利亚国际木偶节,前往墨尔本、悉尼、堪培拉等城市巡回演出,得到了当地观众的喜爱和好评。后来,剧团还接到去美国、加拿大等国家的演出任务。徐竹初依然承担相关的木偶制作工作。从此,传统的木偶雕刻

木偶剧《雷万春打虎》剧照

徐竹初在制作漳州木偶头

技艺得到了恢复。

　　1964年,中央开始提倡发展现代戏,徐竹初所在的剧团排演了《各族人民歌颂毛主席》《送皮包》《歼虎记》《智破平峰城》《椰林战歌》等现代题材的节目。在塑造《各族人民歌颂毛主席》中的木偶人物时,徐竹初选取了一些有民族特色的人物形象,比如朝鲜族、维吾尔族、苗族、壮族等,并在传统木偶的基础上,根据少数民族的风格特点进行造型、装饰。在表演中,木偶们伴随着少数民族的音乐翩翩起舞。大家感到非常新鲜,剧目也很受欢迎。1965年,剧团到城市、乡村、部队演出,经常座无虚席,有时候观众们还要排队买票。这是木偶剧团建团以来,演出最受观众欢迎的一个时期。

　　"文革"期间,剧团主要演一些革命样板戏。1978年以后,剧团开始恢复传统的剧目。以前的经典剧目《大名府》《雷万春打虎》,已经有十几年没演了,要恢复这些传统节目,必须先要有相应的木偶形象。但是,由于十几年的停滞,许多木偶雕刻师老了,年轻人又接续不上。这时的徐竹初已到中年,他想,如果自己再努力一下,还可以在抢救传统的东西上有一些作为。由于照片、资料都没有了,他只能凭借记忆去恢复这项技艺。

让更多人感受木偶艺术

1987年,徐竹初参加了在香港举办的"福建木偶艺术展"。他的木偶作品在香港三联书店展出了十几天。香港的各大电视台、报纸纷纷前来采访,博物馆也收藏了他的作品。在香港展览期间,著名的武侠小说家金庸先生还专程接待了徐竹初,并称赞他的木偶艺术"体现了中国的传统艺术,非常了不起"。1988年,金庸邀请徐竹初再次赴港,带着剧团去演出,受到了香港群众的热烈欢迎。

1992年,装饰一新的中国美术馆也迎来了徐竹初的木偶专展,一楼东南方向五百平方米的展厅里摆放了近二百件木偶头。展览开幕当天十分热闹,前来观展的

1992年,中国美术馆徐竹初木偶雕刻艺术展开幕式

1996年,徐竹初在新加坡国家博物馆举办个人木偶专项展的部分作品

人络绎不绝,中央电视台等媒体的记者也都前来采访报道。美术馆还临时开放了一个接待室来迎接外宾。徐竹初没想到木偶展会那么受欢迎,有这么多人对木偶艺术感兴趣,他感到由衷的欣慰。这次展览原来预计展出半个月,没想到之后又延期了一周。展览结束后,中国美术馆收藏了徐竹初的几十件木偶作品。

1994年初,徐竹初受邀在台湾举办了个人艺术作品专项展览,观展的民众都对徐竹初的艺术作品给予了高度赞赏。

徐竹初在台湾的木偶专展是两岸文化交流的一次破冰之旅,此后,海峡两岸包括木偶艺术家在内的人员交流更加频繁。徐竹初认为,木偶的根就在福建,木偶戏和木偶制作技艺经由漳州传到台湾,两岸在文化上是同宗同源的。

1996年,徐竹初受新加坡教育部部长、新加坡福建总商会会长邀请到新加坡国家博物馆举办个人木偶专项展。这次展览办了一个多月,成为当地的一个旅游景点,美国使馆人员、法国外宾等都前往观看。新加坡政府想促进文化多样化发展,于是,教育部、文化部、艺术部组织学生观看了徐竹初的个人木偶专项展,让他们认识中华民族的艺术。一些学生看了展览,对木偶艺术表现出浓厚的兴趣。还有一些老华侨骄傲地说:"有实物摆在那里,这是对中华文化最好的宣传了。"当时新加坡副总理李显龙也观看了展览,对来自中国的木偶文化艺术表示支持和认可,认为这是中华民族的优秀文化。新加坡当地的报纸、电视台也纷纷报道。展览结束后,新加坡留下了徐竹初参展的木偶作品,还建立了徐竹初木偶艺术馆,收藏了《白蛇传》《秦香莲》《红楼十二钗》《三国演义》《西游记》《封神演义》等一百多件传统木偶戏中的木偶作品。这是国际上第一次为徐竹初木偶艺术专设的场馆,成为海外中华文化教育的重要基地。

传承木偶艺术的波折与愿望

1996年,徐竹初快退休了,那时经常有中国台湾和海外的朋友到漳州来,找他交流或购买木偶艺术品。当时,徐竹初的家才六七十平方米,既要住人,又要做工,房子被挤得满满的,客人来都没有地方坐,木偶作品更没法展示。为了更好地对外交流,徐竹初觉得必须开辟一个专门的场地,于是他想和儿子自筹资金办一个艺术馆,把收藏的木偶作品展示出来,与大家交流互鉴。经过请示,上级文化单位批准建馆,徐竹初木偶艺术馆的建设便启动了。

徐竹初投入了自己的积蓄,把祖屋和房产卖掉,买下了位于延安北路花园大厦的写字楼，有二百平方米左右，作为木偶艺术馆。过了一段时间，考虑到既要做工、陈列，又要演出，徐竹初觉得这个馆面积不够用，于是向政府申请了一块地来建一个真正的艺术馆。1997年，漳州市政府审批了位于漳州新区迎宾路南侧的一块三亩多的土地，作为徐竹初木偶艺术馆用地。然而，建楼不是一件容易的事儿。在这期间，徐竹初遇到了一些问题，建馆事宜推迟了几年。虽然最后大楼建成了，但由于各种原因未投入使用。徐竹初生前曾惋惜地说："在建馆的过程中，我们有苦有甜，有悲有喜，到现在事情还没了结。就像《西游记》一样，唐僧师徒取经经历了八十一难，而我们经历了几十难，现在还没取得真经。"

徐竹初建馆是要弘扬和发展木偶艺术，同时使其进入市场。他认为，木偶艺术的发展，不能仅仅依靠政策扶持，因为经费和补贴是不可持续的。"找市长不如找市场"，艺术的传承最终需要进入市场，进入寻常百姓家。找对市场，产品有出路，老百姓喜欢，艺术才能真正得以持续发展。

以前，木偶只有两大用途。一是供给戏班用作演出道具。戏班买一套木偶可

徐家三代人：徐强、徐竹初、徐年松

以用几十年，旧了再翻修一下，花不了多少钱，而且漳州只有固定的几个戏班，因此木偶销路有限。二是给小孩儿当玩具。当时小孩儿没什么玩具，你买张飞，他买关公，大家买几个木偶，自己缝制一些衣服，就能凑起来讲故事了。但是木偶的销售一般有时间限制，在寒暑假、春节、中秋节等节假日才有人买。

现在，木偶的用途比较广泛。除了作为戏班道具和小孩儿玩具，木偶还可以用作教具。老师用各种木偶人物给小孩儿讲解，更形象生动，也容易让孩子们产生兴趣。徐竹初的木偶，各地的幼儿园就买了几万件。木偶还能满足老百姓之间礼尚往来的需要。现在弘扬中华传统文化，大家很喜欢传统的人物形象。比如，新店开张，可以送关公的木偶，因为人们奉关公为财神爷；老人祝寿，可以送寿星的木偶，寓意福寿延年；新人结婚，可以送一对儿状元夫妇的木偶，讨个好彩头；乔迁新居，可以送镶金线的木偶，象征吉祥如意。此外，木偶也可以作为装饰品、陈列品放在客厅、卧室等地方。木偶更大的销路是变成旅游产品。木偶凝结着中国民间的传统手工技艺，出国的时候当作礼物送给外国友人，他们会很喜欢；外国人来漳州旅

徐竹初指导徒弟制作漳州木偶头

游,将代表当地特色的木偶买回去,也能作为永久的纪念。

徐竹初创作的五六百种木偶形象,在上百个国家做过展示,广受赞誉,并被各国博物馆、艺术馆收藏。他深知,漳州木偶艺术取得的成绩,获得的地位和荣誉,离不开国家对民间传统手工艺的重视和扶持,离不开广大群众的支持和期望。徐竹初生前最大的愿望是把漳州木偶头雕刻技艺好好地传下去,创作出更多具有中国特色的木偶形象,不仅在中华民族内部传承,还要更广泛地传播弘扬,让中华民族优秀的木偶艺术在世界范围得到发展,让世界更加了解中国文化,让木偶艺术之花开得更加鲜艳。

一片丹青在玉壶：

王习三与衡水内画

宋本蓉

王习三

　　王习三(1938—)，原名王瑞成，河北阜城人，国家级非物质文化遗产代表性项目衡水内画代表性传承人，中国工艺美术大师，衡水内画创始人。王习三高中毕业后考入北京工艺美术研究所，拜著名内画艺人叶晓峰为师，成为叶派内画的第一位外姓传人。他把国画的皴、擦、染、点、勾、丝等技法引入内画，还兼收并蓄其他姊妹艺术的营养，首创如今被内画界广泛使用的金属杆勾毛笔，并开创油彩内画技法。其代表作品有《百子图》《清代皇帝皇后系列肖像画壶》《美国历届总统系列肖像鼻烟壶》《中国十二朝代名君国宝图》等。

提笼架鸟,揉着核桃

怀里再掏出一个鼻烟壶

这样的一个人向你走来

你的耳畔一定会响起

老北京胡同里的鸽哨声

没错

鼻烟壶是典型的京韵文化

老北京人最爱鼻烟壶

老北京人爱鼻烟壶。鼻烟壶是盛放鼻烟的专用容器,是老北京人的"时尚单品",是身份的标识,更重要的是它有极好的把玩感。一物在手,似手握乾坤,自在自得,因此在彰显自我的同时也形成了专门的学问。

鼻烟壶虽然是握在掌心的小小玩物,但是在其内壁绘画,宛如打开了一扇新世界的大门,自此,鼻烟壶就从材质的比较,进入了内画功夫的争奇斗艳上。王习三就是一位鼻烟壶内画大师,他和鼻烟壶厮守了一辈子,深谙鼻烟壶的内里乾坤。

鼻烟壶的由来

依据文献记载和实物遗存分析,中国最早的鼻烟壶应出现在清康熙年间(1662—1722),从宫廷造办处开始,逐渐流转到民间。

清代陆耀《烟谱》记载:"烟草处处有之,其初来自吕宋国,名淡巴菰,明季始入中土。"明万历年间,鼻烟传入中国,在磨得极细的烟草末中加入麝香、薄荷、花露等香料或药材,并置密封蜡丸中陈化多年后制成。闻鼻烟是嗅其芬芳之气,借以提神醒脑。鼻烟有一定的药用价值,能治头痛、开鼻塞等。《红楼梦》第五十二回,宝玉便是用鼻烟给晴雯治鼻塞的:

> 宝玉便命麝月:"取鼻烟来,给他嗅些,痛打几个嚏喷,就通了关窍。"麝月果真去取了一个金镶双扣金星玻璃的一个扁盒来,递与宝玉。宝玉便揭翻盒扇,里面有西洋珐琅的黄发赤身女子,两肋又有肉翅,里面盛着些真正

汪恰洋烟。晴雯只顾看画儿,宝玉道:"嗅些,走了气就不好了。"晴雯听说,忙用指甲挑了些嗅入鼻中,不怎样。便又多多挑了些嗅入。忽觉鼻中一股酸辣透入囟门,接连打了五六个嚏喷,眼泪鼻涕登时齐流。晴雯忙收了盒子,笑道:"了不得,好爽快!拿纸来。"早有小丫头子递过一搭子细纸,晴雯便一张一张的拿来醒鼻子。宝玉笑问:"如何?"晴雯笑道:"果觉通快些,只是太阳还疼。"

传入中国的鼻烟是用盒装的,随着闻嗅鼻烟流行开来,盛放鼻烟的容器也渐渐被中国人改革,产生了鼻烟壶。

鼻烟壶是中国发明的、专门用来盛装鼻烟的容器。鼻烟壶携带方便,不仅仅是盛放鼻烟的容器,更是供人玩赏和显示身份地位的佳品。清代,鼻烟和鼻烟壶是"时尚单品",上至皇亲国戚,下至平民百姓,争相追捧。在京城,互相赞美对方的鼻烟壶是最时髦的交际方式。李调元咏鼻烟诗云"达官腰例佩,对客让交推",唐仲冕《琥珀鼻烟壶记》云"大凡友朋会聚,各出鼻烟以通款洽,必先誉其壶",升寅《戈壁道

在鼻烟壶内壁作画

中竹枝词》写闻烟品壶习尚亦云"也学都门时样子,见人先递鼻烟壶",可知玩赏鼻烟壶是当时生活习惯。

清康熙三十五年(1696),康熙皇帝设立了玻璃工厂,专门制作鼻烟壶,赏赐给王公大臣和外国使节。康熙的御前大臣王士禛在《香祖笔记》中记载:"近京师又有制为鼻烟者,云可明目,尤有辟疫之功,以玻璃为瓶贮之。瓶之形象,种种不一,颜色亦具红、紫、黄、白、黑、绿诸色,白如水晶,红如火齐,极可爱玩。以象齿为匙,就鼻嗅之,还纳于瓶。皆内府制造,民间亦或仿而为之,终不及。"制作鼻烟壶的材质琳琅满目,但是其中半透明的材质最为特别,因为半透明的鼻烟壶可以在内壁作画。

鼻烟壶内画就是在玻璃、玛瑙、水晶等透明或半透明材质所制鼻烟容器的内壁作画,"内画外看""反画正看",令人啧啧称奇。据说鼻烟壶内画出现的时间是在清嘉庆末年至道光初年。

作家邓友梅在小说《烟壶》中讲述了内画的故事:一个破落子弟,嗅鼻烟成瘾,哪怕在狱中也不能舍下,眼看着鼻烟所剩无几,只能用烟签去掏刮粘在烟壶内壁上的粉末,结果内壁上形成的道道划痕,恰似一幅图画。他惊喜万分,以为是神助,逢人便让其看他神奇的鼻烟壶内的图画。此后,便有人尝试在鼻烟壶内壁上绘画。同样的故事有不少的版本,只是主角换成了文人、和尚、商人、官吏等。由此可见,鼻烟壶是当时人们喜闻乐见的爱物。

晚清时,京城出现了一批内画大师,有周乐元、马少宣、丁二仲、叶仲三等。周乐元早年以画宫灯为生,山水和花鸟有文人画的意蕴。马少宣的作品以肖像和书法见长,其作品一般是正面肖像,反面书法。叶仲三绘制了一大批故事题材的作品,《三国演义》《封神演义》《聊斋志异》《红楼梦》都是他创作的来源。丁二仲的作品以山水居多,此外书法、治印、竹刻也是他擅长的。内画鼻烟壶从京城开始流行,人们竞相求购、把玩、赏鉴,逐渐形成了京、冀、鲁、粤、秦五大流派。

冀派内画即衡水内画,主要分布在河北省衡水市及周边地区。王习三就是衡水内画的开创者。王习三满头银发,不笑的时候眼神也总是含着笑意,笑起来的时候,便是一脸阳光。唯一严肃的时候,便是拿起画笔开始在鼻烟壶内壁作画的时候,似乎他一面对鼻烟壶,便立刻进入了另一个时空。

叶派内画的第一位外姓弟子

其他鼻烟壶是以材质取胜,内画鼻烟壶是以画面取胜。周乐元、马少宣、丁二仲、叶仲三等内画鼻烟壶名家,比的是画工。那时候马少宣的肖像烟壶,就像现在顶尖的国家级非遗传承人的作品一样价高且难求。叶仲三的叶派内画另有风采,除了擅长绘画,叶家还掌握一种绝技叫"古月轩",也就是料胎画珐琅。手艺不外传是这一行业的传统规则,王习三能成为叶派内画的第一位外姓弟子,实属不易。

1957年,自幼喜爱绘画的王习三高中毕业,考入北京工艺美术研究所,被分配到内画组学习内画鼻烟壶技艺。内画组的两位师傅便是清末内画四大名家之一的叶仲三的后人,分别是其二儿子叶晓峰(叶菶禧)、三儿子叶菶祺。叶晓峰擅长画《红楼梦》《聊斋志异》中的人物,叶菶祺擅长画花鸟。二位叶师傅是北京工艺美术研究所内画组的负责人。当时有五百人报名,三百人考试,最终选了三人,王习三便是这三人之一。王习三进入北京工艺美术研究所之后,研究所的领导说:"咱们国家对文化艺术很重视,而老艺人们都年事已高,国家为了保存艺术,配给老师学徒把艺术传承下去。你们是从三百个人里面挑出来的,很不容易,你们要珍惜这个学习机会。"

就这样,王习三成为叶派内画的第一位外姓弟子。师徒如父子,王习三跟叶师傅第一次见面,就跪下磕头。叶师傅说:"现在不兴这一套仪式了。"说罢,叶师傅赶紧把他扶了起来。谦虚礼貌是王习三给叶师傅的第一印象,正式学艺时,他更是勤快周到,八年多的学徒时光,两位叶师傅把压箱底的手艺都教给了他——家传的内画技法、磨壶方法，还有料胎画珐琅的绘画及烧制技艺。

初学内画时，王习三是通过临摹两位叶师傅的作品来学习章法的，师爷叶仲三留下的折页也是他学习的范本。内画与传统绘画有相同之处，因此王习三迷上了故宫里的藏画。一到休息时间，他就跑到故宫看画，一直到闭馆时才恋恋不舍地离开。故宫的工作人员也慢慢熟悉了他，临下班的时候，便提醒这个少年回家。后来故宫的工作人员专门到北京工艺美术研究所，给王习三带去了一份特别的礼物——专门为他定制的腰牌（故宫之友证），以后王习三就可以自由出入了。

内画鼻烟壶的神器是竹笔，叶仲三及叶晓峰、叶菶祺使用的都是竹笔。叶派的竹笔独具特色：选用老竹削成细的长竹签，一端削得如同针尖并弯成钩状。竹笔的持久性很好，而且画出的线条很细，在当时内画工具中首屈一指。但是，叶家的竹笔也有不足：由于竹笔特意保留竹子的外皮，而外皮很硬，不吸墨，便需要经常蘸墨、蘸色。另外，叶家还有一种柳木笔，柳枝柔软，专门用来画苔点和树叶。叶家的竹笔传到王习三的手里，他做了小小的创新，正是这小小的创新，打下了冀派内画的天下。

叶家的内画，调色主要是用胶来控制，比如石青、石绿等难调的颜色，必须得掌握好胶的用量。尽管老师口传心授，但学的时候还是有一定难度。鼻烟壶内侧必须经过磨砂处理，笔伸到里边看不到笔尖，还要画得精准，这全靠日积月累的功夫、千锤百炼的手感。王习三勤奋学习，很快便掌握了叶派内画的基本技法，逐渐掌握了竹笔的制作和使用，以及调色的诀窍，并开始创作作品。

年轻的王习三喜欢猫，他想画出小猫毛茸茸的感觉，但是那时候用的是竹笔，竹笔画出的线条粗且硬，无法表现出小猫绒毛的细腻和柔软的感觉。他尝试把竹笔的笔尖劈开，还尝试在竹笔的笔头上绑几根猪鬃，但是效果一直不能令他满意。1959年，牙雕大师杨士惠引见他拜访画猫名家曹克家，他学习了曹先生画猫眼的方法和画猫毛的"撕毛法"。经过反复实践，王习三终于在内画鼻烟壶上呈现出猫毛茸茸的感觉。这令他在内画鼻烟壶圈中崭露头角。

王习三作品《猫蝶图》

冀派内画的创始人

20世纪60年代,王习三返回原籍——河北省阜城县砖门公社杨庄村,接受劳动改造。杨庄村多盐碱地,靠天吃饭,村民一年辛勤劳作,也难吃上几顿饱饭。回到家乡的王习三努力适应地里的农活,靠挣工分养家。生活的困顿,更令他惦记起内画技艺。他想,难道自己钟爱的内画技艺从此就和自己无缘了吗?

半夜里,他拿出层层包裹的粗布包,里面是他带回家乡的三个内画壶坯。月光下,三个壶坯散发着柔润的辉光,他终究舍不得,想继续画,便决定豁出去冒险一试。第二天,他找到村干部,希望画鼻烟壶为队里搞副业挣钱。村干部抱着试一试的态度批准了,但是要求他不能耽误劳动,只能在夜里画。

夜晚,劳作了一天的王习三点亮油灯,打开那个粗布包裹,轻轻拿出壶坯,把一根笤帚枝削成竹笔,蘸着墨汁,开始重拾画心。落笔时,他百感交集,手都有点儿颤抖。

他把三个鼻烟壶画完,便打算送到外贸公司去卖。得到村干部的允许后,他赶到了外贸公司。风尘仆仆的王习三打开包裹,拿出三个内画鼻烟壶。当看到憨态可掬的熊猫、清新秀美的兰竹时,营业员立刻被吸引了。外贸公司立刻特批了十个壶坯,让王习三拿回去继续画。

王习三珍惜这来之不易的机会,他暂住在天津的小旅馆中,拿起画笔,忘记了白天黑夜,忘记了吃饭睡觉。仅仅用了二十天,他就画完了十个鼻烟壶。当他把作品交到天津工艺进出口公司时,公司立即付给他二百多元的加工费,并与他签订了长期的加工合同。

当王习三把钱和一批新的壶坯带回村里时,村干部难以置信,却又激动万分。村干部当即决定把村委会的房腾出来三间,并把老式的木格纸窗换成明亮的玻璃窗,安排几个年轻人跟王习三学画鼻烟壶。就这样,王习三带着几个人,农忙时下地干活,农闲时在屋里画鼻烟壶,虽然辛苦,但也觉得生活有了盼头。

一年时间很快过去了,到1967年底,王习三的鼻烟壶副业为村里带来了三千九百七十二元的收入。村里轰动了,几个年轻人农闲时画鼻烟壶的副业收入相当于全村人一年种粮的总收入。对于辛苦劳作一天,只能挣八分钱的乡亲们来说,这笔

1978年,王习三(左)在研究鼻烟壶

王习三自创的金属杆勾毛笔

钱无异于天文数字。村里用这笔钱打井、买化肥、修水利、选良种。王习三也因此得到了乡亲们的信任，十里八村的人络绎不绝地来参观学习。

在这段时间，王习三革新了内画所用的笔，制成了金属杆勾毛笔。有了这支金属杆勾毛笔，内画技艺进入2.0时代。这次小的创新，启发他的居然是一截被剪断的电线头。他把电线的铜丝砸平，做个小窝，把毛笔头用松香固定在窝内。金属笔杆的弯折度增加了，也就意味着更自由灵活了，能画到以前竹笔画不到的地方；毛笔头的使用技艺更接近绘画，表现力也就提高了。绘制工具的小小革新，正是日后衡水内画技艺兴盛的开始。王习三收徒传艺，陆续培养出众多出色的弟子，在家乡开宗立派，让冀派内画全国闻名。

生活总是一波三折，但是坚持梦想的人，总能找到前行的路径。1972年，国务院发布了关于艺人归队的文件，阜城县委书记张荫昌把王习三调到阜城县地方国营综合厂工作，成立内画车间，让他带徒传艺。1977年，为了让家乡富裕起来，王习三在政府的支持下创建衡水地区特种工艺厂并担任厂长。到20世纪80年代，衡水的冀派内画，发展为从业人员近四万人的文化产业，与北京的京派内画、山东的鲁派内画、广东的粤派内画并称内画四大流派。1979年8月16日，四十一岁的王习三出席全国工艺美术艺人、创作设计人员代表大会,成为被授予中国工艺美术家称号的最年轻的艺术家。

　　新的挑战带来新的发展。1980年,王习三接到一个特别的订单:一位国外鼻烟壶收藏家要求定制一件画有耶稣像的内画鼻烟壶。王习三思考再三,决定尝试用油画颜料来画耶稣像。但是油画颜料颗粒不够细腻,因此他用当时给黑白照片涂色的照相油色来画。但是油色与金属杆勾毛笔"八字不合",效果不理想,王习三把

王习三作品《夏景色山水》

目光投向了叶师傅传给自己的竹笔上。经过多次实践后,他终于在国画色、油画色与金属杆勾毛笔、竹笔的通力"合作"下,完成了一件焕发着新光彩的油彩人物肖像内画鼻烟壶。之后,油彩人物肖像内画鼻烟壶成为冀派内画的代表作品之一。王习三创作的一系列作品,获得了各种荣誉,《美国历届总统系列肖像鼻烟壶》荣获中国工艺美术最高奖项百花奖的金杯珍品奖。

　　办学校,出书,建馆,王习三一直在忙碌着。1988年,成立衡水市习三内画艺术院;1995年,成立习三内画艺术学校(1996年经河北省教委考察后批准为中等专业学校,更名为习三工艺美术中等专业学校);2002年,创建习三内画博物馆;2005年,主编《中国内画图典》(由河北美术出版社出版)。为了扩大冀派内画的影响,2010年,他又在石家庄建成河北习三内画博物馆。鉴于王习三在内画艺术上的卓越贡献,中国工艺美术学会2010年授予王习三中国工艺美术终身成就奖。王习三还是河北科技大学的客座教授,在河北科技大学成立了冀派内画研究中心。

　　王习三带出了一大批徒弟。2005年5月24日,在纪念叶仲三逝世六十周年大会上,冀派内画举办了拜师仪式,王习三为三十八位弟子颁发了证书。

王习三作品《美国历届总统系列肖像鼻烟壶》(部分)

2006年,衡水内画列入首批国家级非物质文化遗产代表性项目名录。王习三说:"从事一项艺术得到国家的首肯,得到国际的首肯,这体现了我一生的人生价值。其实鼻烟壶很小,但是它承载了中国的历史文化。"

王习三形容自己创立冀派内画是"无心插柳柳成荫",他自己都没有想到,当年自己为了改善生活、增加村里收入的那个小小愿望,在若干年后,竟然发展为开宗立派,桃李满园。

除了开宗立派,王习三还是中国鼻烟壶内画的传扬者。鼻烟从明万历年间由意大利传到中国,在中国却发展成为一种艺术,又从中国传至世界。

1981年,王习三与京派内画名家刘守本、鲁派内画名家李克昌共同发起创立了中国鼻烟壶研究会(现中国工艺美术协会鼻烟壶专业委员会),任第一届理事长。1982年,王习三的代表作品《清代皇帝皇后系列肖像画壶》被美国收藏家阿加莎·爱伦森收购。1983年10月,国际中国鼻烟壶学会第十五届年会在加拿大多伦多召开,王习三的作品《美国历届总统系列肖像鼻烟壶》吸引了各国收藏家的目光。

王习三在培训学校授课

王习三曾经写过一首诗：

蹉跎度半生，

只求技艺珍。

呕心育杰秀，

唯愿玉壶春。

壶里乾坤大，人间岁月长。小小的鼻烟壶也是喜爱它、制作它、使用它的人们心灵安居的地方。

在很多文艺作品中，提笼架鸟、玩鼻烟壶被看作不务正业，成为晚清没落公子哥的标配。其实清朝国运衰微是人的错，不是鸟的错，更不是鼻烟壶的错。工艺品没有对错，关键是看在谁的手中。找对了人，玩鼻烟壶不但不会玩物丧志，还能成就一番事业，王习三就是如此。

与众不同的人生,必然用全力以赴的努力做背景。没有人能随随便便成功。

王习三留下了一批杰作,也获得了很多荣誉。但比杰作更精彩的,是对丹青的热爱;比荣誉更珍贵的,是锲而不舍的心。

造像的家族：

杨栖鹤与杨氏家庭泥塑

谢忠军

杨栖鹤

　　杨栖鹤（1930—2016），宁夏隆德人，国家级非物质文化遗产代表性项目泥塑（杨氏家庭泥塑）代表性传承人。杨栖鹤继承祖业，潜心研究传统泥塑，将集泥塑、绘画、木刻、章雕、剪纸、烫花于一体的杨氏家族艺术发扬光大。其代表作有甘肃平凉崆峒山彩塑文物修复及混元阁造像、宁夏固原须弥山石窟复原造像、宁夏青铜峡南海观音寺千手观音造像、甘肃静宁兴隆寺道教造像等，以及《人老三代学大寨》《马社火》《鹤鹿同春》等小型泥彩塑作品。

黄土为伍

泥水相伴

上承曾祖祖父父亲

下传儿子孙子重孙

古老的技艺在家族里传承

庄严的神像在庙宇中伫立

开山鼻祖杨魁山

只要说起家族的泥彩塑技艺,杨栖鹤总要说到过去四百年间杨氏家族的祖先们。据《杨氏家谱》记载,明崇祯三年(1630)的一天,杨氏先祖从山西省杨家寨出发,迁到甘肃省庄浪县东门的杨家大河,后又迁到一个叫杨家老庄(今宁夏回族自治区固原市隆德县温堡乡老庄村)的地方。清同治年间,因宗族人口增多,加之兵祸迭起,杨氏家族弟兄三人分别带家眷安居于邻近的今温堡乡的三个村庄,扎根繁衍,亦耕亦读,并成为以泥彩塑技艺闻名的手艺家族。

与家谱所记相比,更鲜活的是来自口头的记忆。杨栖鹤生于1930年,是家族技艺的第四代传人,同时传承着家族记忆。他不仅塑造了千百尊宗教塑像,也把杨氏家族四百年的风雨沧桑装在心里。直到生命的最后时刻,他仍然清晰地回忆、讲述着过去四百年间家族的迁徙和历代先人的经历,把这份融于生命的记忆,托付给了儿孙。

多年前,在杨栖鹤的厅堂和院落里,常常有这样的情景:已是白须飘飘,膝下重孙成行的老人,面对这些"00后""10后",讲述着自己太爷少年远游、拜师学艺的事情。幼小的重孙们可能一时难以想象太爷的太爷是一个什么样的人,但是从小就听太爷讲他的父亲、爷爷、太爷,对他们中将要成为家族泥彩塑技艺传人的人来说,意义尤为深远。因为太爷口中的爷爷、太爷,将潜移默化地影响他们的从艺、为人和处世。这是一份普通的天伦之乐,也是一种精神和家风的灌注。这些"00后""10后"的孩子们听着太爷的讲述,早早地就熟识了这样的词汇:崇祯、光绪、民国、山西

老年杨栖鹤

杨家寨、甘肃庄浪、陕西凤翔、武秀才、上口外、平凉府城隍庙塑像、新疆天山铁瓦寺关圣像、崆峒山混元阁。这些频繁出现的词汇，正是祖先们所处时代留下的作品与足迹。杨栖鹤口传心授的家族记忆浓缩了时间、压缩了空间，似书籍，无字却有声，像画卷，不着笔墨却卷帙浩繁，云淡风轻地从孩子们耳畔飘过，最终却沉淀在心底，化为文化的底蕴、技艺的底色。

杨栖鹤极为重视重孙们的培养，"娃娃从小就要培养呢"，这是他经常告诫儿孙们的话，"玉不琢，不成器，人不学，不知义"，"少壮不努力，老大徒悲伤。"在他看来，如果家族记忆荒芜了，杨氏子孙就会失去立身之本、从艺之要，家族技艺就无法代代相传。

杨氏家庭泥塑技艺的传承，是典型的家族传承。从杨氏家族技艺及杨栖鹤父子对祖先的崇敬和追念中，我们可以清晰地看到中国传统手工技艺的家庭传承机制和相应的家教、家风，以及更多的文化内涵。

杨栖鹤非常感念太爷杨魁山，他是杨氏家庭泥塑技艺的开山鼻祖。是太爷"走悬崖，翻山岭，受尽了辛苦"，才访得名师，学成手艺，为后世子孙开辟了一方立足谋生的福荫。

杨魁山少时家境贫寒，为地主放羊，一次偶然的机会接触到陕西丹青师傅的绝妙技艺，为之赞叹和痴迷，却遭到地主的冷嘲热讽。于是他立志学一门手艺，出人头地。

杨栖鹤说："在太爷的时代，手艺人出去，人家首先就问你的师父是谁，就看你

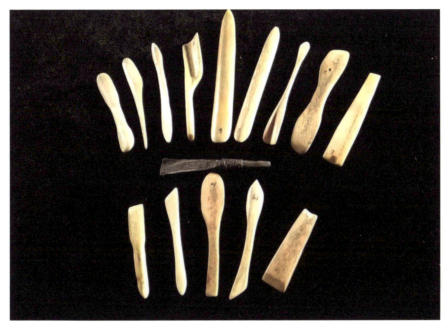

杨氏祖先留下的骨质泥塑工具(现藏于杨氏彩塑艺术馆)

有没有师承,是不是正路出身。"于是年轻的杨魁山丢下羊鞭,远赴陕西凤翔学艺,拜在一位刘姓师父门下,学习宗教塑像及壁画技艺。三年之后,学成回乡,开始了自己的行艺生涯,也开启了家族泥彩塑技艺的百年传承之路。根据《杨氏家谱》记载,清道光十二年(1832)是杨氏家庭泥塑技艺的发端之年。

杨氏子弟至今不忘传授泥彩塑技艺给先祖的那位刘师父,尊称他为"周凤祖",意为居住在周王朝发祥地陕西凤翔的先祖之师、祖中之祖。《杨氏家谱》曰:"族仪泥捏兴,荐其山为头,弃乡访师迹,终觅周凤祖,苦报艺悟深,三载掌门人。"

杨魁山学艺三年有了师承,学到了真本领,掌握了精湛的泥塑技艺,再加上他为人正直和蔼,很快名扬四乡,登门请他塑像者络绎不绝。中年时期,杨魁山父子因成功完成甘肃平凉府城隍庙的雕塑和彩画工程,得到府台亲笔题写的匾额"德艺双馨"。

杨魁山将家族技艺传给杨廷辅、杨廷弼,也就是杨栖鹤的祖辈。兄弟二人继续传承和丰富家族技艺，据《杨氏家谱》记载，杨廷辅和杨廷弼"丹青重彩塑"，曾精心绘制过一幅大型传统宗教绘画作品《万仙阵》，为家藏经典作品。

培根铸魂杨廷弼

杨氏家族是一个亦耕亦读的手艺之家，这个家族在生存发展与传承技艺的同时，也在不断培根铸魂。技艺是手艺人吃饭的家当，而德行、勇气、韧性、胆魄，才是一个手艺人、一个手艺家族生存发展的根本与动力，为家族技艺注入灵魂，使之与时俱进，代有所创，代代相传。杨廷弼便是为杨氏家族培根铸魂的重要人物。

如果说杨廷辅的贡献在于把家族技艺完整地传给了子侄辈，是内传家学，那么他的兄弟杨廷弼则是外闯江湖，让家族获得了更多的勇气和信心。杨廷弼自幼习武，当时，舅舅家所在的童家岔，是有名的武术之乡，所以人们都说他是童家岔的外甥。十九岁那年，杨廷弼的武艺精进不少。附近村子有个狠角色，买了杨家的六七只小猪崽，三年过去了还赖着不给钱。杨廷弼只身前往，斗智斗勇，让老赖知难而退，不得不当众借银元还清了猪崽钱。钱要回来了，还没伤人，也没伤和气，杨廷弼从此名声在外，在家族德艺双馨的荣耀之外，还平添了智勇双全的声望。

杨廷弼后来成为武庠生，人称"杨红顶子"，擅长小洪拳、五尺棍和杨家枪法。

杨栖鹤经常向子孙们讲起自己的二爷爷杨廷弼，他所自豪的不是二爷爷的一次成功讨债，而是二爷爷在家族基业初创时期，勇敢地外出闯荡，给了家族和后代一种迎难而上的勇气和圆融处世的智慧。这种少年时期的勇气和智慧，像血脉一样传了下来，让他的后代即便到了耄耋之年，仍觉受用。可以说，杨廷弼塑造了杨氏家族另一种精神面貌，即敢于迎接挑战的尚武气质、智勇双全、坚韧果敢。杨魁山发愤远游拜师学艺，杨廷弼勇闯杜家堡子，以及此后第三代传人杨维福的上口外，百年家族、百年手艺，靠的就是每一代的每个人一点一滴、一笔一画的积累。

杨栖鹤经常对儿孙们说："我到今天，想起我的爷爷、太爷，你们听了可能觉得没味道,但是在我这一辈,他们做过的事、说过的话、留下的东西,感觉像神一样,在你们的身上都应验了。"祖先的经历已经化为杨栖鹤的为人之道、从艺经验和生命本身,他已经把祖先当成了神圣。

杨栖鹤常用太爷、爷爷、父亲留下的一些话,教育子孙做人要厚道。比如,"要吃一点儿亏,吃亏不死人,吃亏是福。与人打搅儿(打交道),当你晚上睡不着的时候,是对方高兴的时候(说明你吃亏了);当你最高兴的时候,是对方睡不着的时候(说明你得便宜了)。宁可你睡不着,不要让别人睡不着"。

这些话,他的子侄辈,无论从事手艺还是从事经营和企业管理,都始终铭记。

杨维福重续家族技艺之脉

杨廷辅、杨廷弼将衣钵传给家族第三代人杨维福、杨全福,二人继承祖业,刻苦勤奋,在塑绘刀马人物方面尤其突出。杨维福是杨栖鹤的父亲。民国初年,社会动荡,战乱频仍,受社会思潮影响,宗教雕塑进入衰落期,杨氏家族的泥塑技艺处境艰难。二十多岁的杨维福,面临着比他的祖辈、父辈更艰难的生存和传艺之路。他听说新疆能淘金、挖玉石,想去碰碰运气,改变家庭窘迫的经济状况。于是,他约上同族兄弟,于民国三年(1914)十月初三,启程上口外(新疆)寻求出路。上口外是中国西北民众的一条谋生之道,类似于山西、陕西地区的走西口,山东地区的闯关东。

他们怀揣着淘金梦,每人拿一根鞭杆,两身旧衣裳,几件从艺用具,褡裢里背些炒面、干醋,从甘肃东部的黄土塬出发了。他们还带着画笔,原本想着一路西行,沿途塑画,挣点儿路费,可是直到他们翻过整座黄土高原,穿越整条河西走廊,也没有找到这样的活计。到了敦煌,他们听说当地有很多庙宇,以为香火旺盛,需要塑画,到了才发现,莫高窟人迹寥落,也不需要塑像。尽管如此,莫高窟的主事者一听杨维福他们是塑像的匠人,很是尊敬,管吃管住,给了他们一些修复塑像的活计,杨维福等人得以和莫高窟近距离接触了半个多月。敦煌的洞窟、塑像、画像,给了杨维福远比所得报酬丰厚得多的收获,这成为他人生的奇遇,也为家族技艺带来了宝贵财富。

他们接着由敦煌出发,进了新疆,民国四年(1915)到达哈密。为了安身和挣点儿盘缠,他们一行在哈密一边筑土块,一边伺机奔向乌鲁木齐。从哈密到乌鲁木齐不但路途遥远,而且土匪猖獗,交通阻断。最后他们筹划了多半年,靠加入官方送邮包的驼队和马车队,经过了十八个戈壁驿站,才安全到达乌鲁木齐。

一路西去,他们历尽千辛万苦。到达乌鲁木齐后,他们先后干过抹斗(古代粮油行售卖粮食的工作)、挖药材、擀毛毡等工作。由于种种原因,他们没有找到金矿和玉矿,但是在天山挖药的时候,他们邂逅了天山深处的铁瓦寺,以及寺里的关圣像。

铁瓦寺位于天山天池旁边,相传是为纪念长春真人丘处机在此讲道而建的一座道观,因大殿屋檐使用铁瓦而得名。由于铁瓦寺位于天山之上,海拔二千五百多米,也被称为西北第一高观。杨维福在观内看到一尊关圣像,威严神武,但是彩绘已经脱落得不成样子。杨维福自荐能塑能画,但观中道士不信,就先派了一个小活让杨维福干,最后道士终于确认,杨维福的手艺不错,随即让他塑造一尊夜观《春秋》关圣像。

这是家族历史和技艺承续中的一件大事。一个被生活所迫上口外谋生的年轻手艺人,经过一年多的徒步跋涉和一次次的生死考验,沿途行艺的计划已经落空,淘金梦更是显得不切实际。就在他与众人失散,沦为挖药人的时候,就在他都快忘记自己还是一个手艺人的时候,峰回路转处,他邂逅了天山铁瓦寺,发现自己站在一尊破败的关圣像前。像是口外关圣像,人是天涯沦落人,像与人如此相遇,对彼此都意义重大。这一次相遇,让杨维福重新拾起了塑像技艺,天山就是他挥洒笔墨、捏土成像的宏大幕墙,杨维福重新塑画之后的夜观《春秋》关圣像,威武庄严,与天山互彰,而塑画关圣像之后的杨维福,续上了濒临断绝的家族技艺之脉,使之脱胎换骨。从此之后,塑造关圣像,成为杨氏家庭泥塑的看家技艺。

杨栖鹤在逆境中守正创新

2006年,已经七十六岁高龄的杨栖鹤,在四子杨佳年的陪护下,来到甘肃武威市博物馆复原省级文物文昌帝君造像。其间,杨佳年接到宁夏回族自治区文化厅的电话,说在新疆天山有个庙宇,要在遗址上重修重塑道教神像,因别人没塑好,新疆天山旅游部门听说宁夏杨氏家庭泥塑技艺高超,才特邀前往补救。杨佳年接到电话,将甘肃武威的文物造像主体完成后就直接上了新疆。杨佳年说,当时他想着这次去新疆,能不能去天山看看爷爷塑的关圣像。

到了新疆才知道,需要补救的正是天池铁瓦寺内的圣像,而且除三清殿、娘娘殿、八仙殿的造像外,竟然还包括了关圣殿的关圣像。当然,天山铁瓦寺历经时代变迁,早已面目全非,关圣殿里的关圣像早已不是杨维福塑造的了。

爷爷之前有幸上了天山,在铁瓦寺塑了夜观《春秋》关圣像,如今自己又有幸上了天山,为铁瓦寺重修圣像,可以说是累世奇缘。铁瓦寺方面想把三清殿、关公殿、八仙殿全部承包给杨佳年整修。可是杨佳年了解到,关圣像已经有匠人团队在做了,杨佳年想起父亲说的话:匠要顾匠,不能鼓(威吓)匠。在铁瓦寺方面的再三央求下,他去现场做了很多圣像修复的指导工作,也算圆了他修复关圣像的梦想,最后他只专心塑造了八仙殿内的八仙群像。

从铁瓦寺回来以后,杨佳年把自己的天山奇遇告诉父亲杨栖鹤。杨栖鹤说最后为像上色时一定要去新疆,走一趟天山铁瓦寺,走一走父亲之前用双腿走过的路、到过的地方,看一看父亲积下的功德、结下的善缘。

从铁瓦寺回来的第二年,杨佳年陪着杨栖鹤从兰州坐火车去了新疆。一路上,杨栖鹤一直坐在卧铺车厢窗边的小凳子上,看着窗外的戈壁滩,走了一路也看了一路,也不睡觉。他对杨佳年说:"就想多看一眼这么长的路你爷爷靠两条腿是怎么走的,咱们俩坐火车已经两天两夜了啊!"在天山铁瓦寺,老人专注凝望了很久⋯⋯

这时三代人的人生轨迹和艺术追求交汇在一起,家族血脉与国家文脉交织在一起,百年奇遇,百年传承,杨栖鹤父子悲欣交集。

杨栖鹤读过私塾,十一岁开始随祖父、父亲学习泥彩塑、壁画、木雕等家族传统技艺,成年后又多方拜师学艺,技艺日渐精深。然而,随着时代的变化,较少有地方兴建寺庙,一身本领的杨栖鹤一时无事可做。为了谋生,杨栖鹤带领儿女们做纸货(纸艺),做戏服、戏帽,维持着十八口大家庭的生计。道不冤人,艺不压身,杨栖鹤与儿女们在逆境中守持祖业,博采众长,吸收了木刻、樟雕、剪纸、烫花、刺绣等民间艺术的特点,丰富了以泥塑和彩绘为主题的家族技艺,大大提升了家庭泥彩塑技艺的文化和艺术内涵。

1979年,彷徨半生的杨栖鹤迎来了人生的转机,他的一身技艺终于有了用武之地。经甘肃崆峒山郭道长引荐,他与次子成年、四子佳年承担了崆峒山为期五年的彩塑文物修复工作,修复在"文革"中被损毁的各朝各代的宗教造像。

为了能按时赶到崆峒山,父子三人从隆德出发,昼夜步行。虽然他们脚上磨出了水泡,疼痛难忍,但心里却无比欢畅,终于又可以做泥塑了!

从1980年开始,杨栖鹤父子先后修复了崆峒山老君殿、雷祖殿、子孙宫、香山寺等处的塑像与装饰。

崆峒山是道教名山,自古有"西来第一山""道源圣地"之誉,传说中华人文始祖黄帝曾登临崆峒山,问道于广成子大仙。崆峒山最高峰称混元顶,取"元气始于混沌"之意,宋初建有混元阁,阁中供奉混元老祖及道教诸神,清同治年间,混元阁毁于战乱。

2009年,旅美华侨谢政达捐资重修混元阁。凭借丰富的家藏文献资料、恢弘的艺术构思和精湛的雕塑彩绘技艺,杨栖鹤中标崆峒山混元阁造像、彩画工程,此后历时三年多,杨栖鹤带领子孙及三十多名工匠,完成了混元阁五层、共六百余尊造像的雕塑和彩画工程。从盘古开天辟地到黄帝问道崆峒,从天罡地煞到六十甲子,从八仙过海到魁星财神,这些雕塑和彩画塑造了一座中国道教文化的艺术殿堂。

　　混元阁造像集中体现了杨氏家庭泥塑的技艺内核，即按照传统寺庙造像法度，遵循宗教塑像仪轨，运用祖传泥塑技艺，为道教人物造像。仅塑像仪轨就有取土、取水、做桩、立桩、装藏、绑草、塑形、压光、上彩、开光、上供等重要步骤。这些仪轨都是口传心授，需要"拳不离手，曲不离口"，方能掌握。

　　杨氏家庭泥塑的主要工艺有二十多道，其中最核心的是打桩立骨架和塑形定神。塑像的造型参考人体比例，以头部尺寸为单位，一般遵循"行七、坐五、蹲四、盘三半"的法则，根据实际情况调整。而每一种神态的塑造也都有对应的口诀，如"愁像眼瞪把眉拧，心舒情悦手捻须；富释道，穷鬼判，辉煌眼睛是神仙"等。

　　杨氏家庭泥塑还有很强的地域色彩。比如，在敷彩设色方面讲究以石色为主，在基础造型的制作方面讲究"一钉、二扎、三调整、四压、五按、六收紧"，在制作的过程中，在立桩、上粗泥、上细泥、重点造型的刻画方面都有一整套技法，这是家族一代又一代人经过长期实践总结出来的。

　　杨氏家庭泥塑受宗教造像影响，形成不同于其他泥塑艺术的风格特征。与惠

杨栖鹤带领儿孙和学徒塑造神像

杨栖鹤在塑造神像中的专注神情

山泥人相比，写实性更强；与天津泥人张相比，又多了一分写意、抽象性。在色彩方面，相较凤翔动物题材泥塑的色彩艳丽夸张，杨氏家庭泥塑更柔和雅致。

混元阁造像，成为杨氏家庭泥塑及杨栖鹤本人最重要的代表作品。也是在这项工程中，孙辈传人持续得到杨栖鹤的亲自指导，快速成长。同时，杨栖鹤打破"传里不传外，传男不传女，传德不传庸，宁可失传，不可轻传"的艺术传承家规，面向社会招收了德才兼备的外姓人，学习杨氏家庭泥塑技艺。第五代传人杨佳年、杨成年，第六代传人杨贤雄、杨贤龙、程建平、杨贤麒、朱宝军等都是泥塑艺术中的佼佼者。

从传家到传世

杨栖鹤也尤为重视对后代的教育培养。杨贤麒的儿子杨文才、杨贤龙的儿子杨文渊尤得他的喜爱，经常被他叫到膝前悉心教导。四百年的家族历史，近二百年的家族技艺史，得失成败，兴衰荣辱，都在曾祖父的口中娓娓道来，在孩子的心中播下了种子。

在杨栖鹤看来，家族的历史、祖先的遭遇和求索，是杨氏家族技艺取之不尽的技之源、艺之本。了解家族的历史，牢记祖先的教诲，是杨氏子弟学艺、从艺、做人、行世的第一课。

杨氏家族技艺的传承，见证了一个传统中国家庭近二百年的生存、生产、生活和求索历程，也是中国非物质文化遗产世代相传的典型缩影。2008年，杨氏家族的泥彩塑技艺以"杨氏家庭泥塑"之名，入选国家级非物质文化遗产代表性项目名录。以家族命名一项国家级非遗项目充分彰显了家庭(族)传承对非遗延续的重要作用。

杨佳年是家族技艺的第五代传人，也是国家级非遗代表性传承人，他上承祖先留下的传统技艺，下传子侄辈即家族技艺的第六代传承人。同时，他还在多个方面与时俱进，把家族技艺发扬光大。

2008年，宁夏隆德杨氏彩塑文物艺术有限公司正式成立，这是杨氏家庭泥塑技艺的一件大事，此举不仅让家族技艺得到生产性保护，得到更广泛、更有影响力的传播，而且其经济价值也逐渐被激发出来，与技艺的保护传承并行不悖，并成为带动一方百姓增收致富的产业。

杨栖鹤与重孙杨文才

　　同时,杨佳年还带领子侄辈创办了杨氏彩塑艺术馆,为家族技艺的传承、传习、保存、展陈和传播开辟了一方阵地。如今,该艺术馆已经成为固原市乃至宁夏回族自治区的一张文化名片,参观考察者络绎不绝。2019年,庆祝新中国成立七十周年暨"保护传承非遗文化·展现彩塑艺术辉煌"全国彩塑艺术邀请展在杨氏彩塑艺术馆举办,集中展出了杨氏彩塑自晚清以来历代传承人的代表作、手稿、粉本及各种泥彩塑制作工具等展品三百多件,同时还展出了十三个省(区、市)三十多位传统彩塑传承人的一百多件作品。此次展览盛况空前,使杨氏彩塑声名远播。

　　这些年,杨佳年还做了一件事:在此前整理记录家族历史的基础上,挖掘村庄记忆,整理古迹遗物,推动杨坡村成功申报中国传统村落。他了解到,自己的村子崇文尚武,是典型的传统村落。村里先后出过好几位"顶子"(武庠生),有"杨红顶子""杨蓝顶子""杨白顶子",他们都是族中的先贤才俊。杨蓝顶子的重孙前两年才去世,老人生前言必称太爷,口不离顶子,可惜没有更多信息了,杨佳年只找到一个顶子帽盒子。同时,杨佳年也从家族记忆和村庄记忆中吸收创作的养分。比如,他的族曾祖、武庠生杨廷弼擅长舞春秋刀(关公刀),杨佳年便与宁夏一位传统武术传承人合作,完成了关公刀法四十三式彩塑作品。杨佳年说,他的家族技艺传承之路始于记录。从1982年开始,他跟随父亲学艺整整三十四年,他始终通过各种方式记录着家族记忆和家族技艺的点点滴滴,光为父亲杨栖鹤录音,他就用坏了三支录音笔。

　　对杨栖鹤的记录工作从2016年开始。宁夏回族自治区非遗保护中心组建团队先后去拍摄了四十五次,行程七千多千米,记录下了杨栖鹤毕生所学、所成、所传、所藏、所念。

　　为了支持拍摄团队现场拍摄,八十六岁的杨栖鹤重访海拔二千二百多米的崆峒山。杨佳年说,父亲上山下山,没说一句他走不动的话,还不让扶,坚持要自己走。老人的一言一行让子孙们和拍摄团队人员都深受感动。2016年12月27日,在记录工作完成之际,老人溘然长逝。

2018年杨佳年在国家级非遗代表性传承人记录工作展上与展出的父亲照片合影

杨栖鹤的慈祥、智慧,以及他对国家的忠诚、对子孙的慈爱、对技艺的坚守都深深地打动了观众。2018年,在国家图书馆举办的首届国家级非物质文化遗产代表性传承人记录工作成果展映月"活动中,该项目纪录片被观众评选为"最喜爱的三部影片"之一。已是国家级非物质文化遗产代表性项目泥塑(杨氏家庭泥塑)代表性传承人的杨佳年,在受邀参加该展映月活动时,看到了父亲杨栖鹤的综述片。这是父亲辞世两年后他第一次看到父亲的音容笑貌,听到父亲的殷殷嘱托。在随后的发言中,他几度哽咽地说,父亲的离世让他很长时间无法面对,两年来他不敢看父亲的照片和影像。杨佳年在发言中说:"父亲常说的一句话就是'人活一世不容易',做人做事一定要做好,父亲最大的心愿就是把家传的手艺留在世上,为社会、为人类留点儿东西,让杨氏家庭泥塑由传家变为传世。"

一个家族

一门手艺

两个世纪

已经说不清

究竟是你选择去塑造神祇

还是神祇选择了由你塑造

花开花落,生生不息

尘埃落定,造像屹立

把心刻入石中：

贡保才旦与泽库和日寺石刻

张弼衍

贡保才旦

贡保才旦（1937—2020），藏族，青海泽库人，国家级非物质文化遗产代表性项目石雕（泽库和日寺石刻）代表性传承人。贡保才旦十四岁时拜藏传佛教宁玛派寺院和日德敦寺石刻艺人宁龙仓、哇布旦等为师，初步掌握了石雕、唐卡、绘画、堆绣、壁画、泥塑、刺绣等艺术的基本技能，并逐步学习石刻造像和石刻经文的各种技艺。在重建青海省级文物保护项目和日石经墙的过程中，贡保才旦作为总策划和设计者，雕刻石经墙主要石雕佛像并刻写佛教经文，逐渐成为当地最著名的石雕艺人。其代表作品有《唐东杰布》《四臂观音》《不动佛》《绿度母》等。

在他的一生中

雕刻了无数精美的石刻

他只将石刻

送往向往之处

赠予有缘之人

石刻是造型艺术的一个重要门类，在中国有着悠久的历史。古代石刻种类繁多，工匠们广泛运用圆雕、浮雕、透雕、减地平雕、阴刻、阳刻等技法创造出风格各异、生动多姿的石刻艺术品。特别是北朝时期的佛教石刻，更是气势雄浑、生动精美，在中国古代雕塑史上占有独特的地位。与之形成鲜明对比的，是藏族聚居区的石刻艺术。藏族石刻，承载着藏传佛教文化的内涵和美。

美丽神秘的石书、石画在我国的藏族聚居区随处可见，这与藏族人民的信仰密切相关。自古以来，藏族工匠们一凿一錾地把经书、佛像镌刻在石头上，其目的是让经书和佛像保存得更久远，同时获得保佑和祝福。

石书奇观：和日石经墙

和日石经墙用数十万块刻有藏语经文的石板垒砌而成，是藏传佛教保存佛教经典的一种独特形式，也是藏族石刻艺术的代表，字体工整，清晰秀丽；图像构图准确，线条自然。和日石经墙位于青海省黄南州泽库县城以西七十多千米和日寺的后山。石经墙高三米，厚二点五米，长二百米，加上另外三堆石经，总长度近三百米。经文内容是藏传佛教大藏经《甘珠尔》《丹珠尔》各两套，另有《般若波罗蜜多心经》《贤劫经》等五部，经文字数有两亿之多，用去石料三万多块。和日石经墙还有千余幅佛教故事石刻画，如《释迦牟尼》《药师佛》《无量光佛》《莲花生》《唐东杰布》等。这些石刻画分段排列在石经墙上，像是镶嵌在墙上的颗颗明珠，成为石经墙不可分割的部分。和日石经墙相传从清嘉庆年间开始雕刻，和日寺三世德尔敦迎请石刻艺人刻制经文和佛像，其后经过了罗加仓活佛和几代民间艺人的传承，至今已

贡保才旦在和日石经墙下

有逾二百年的历史了。石刻工程浩大，是海内外罕见的人文景观，被誉为世界"石书奇观"。

　　和日寺石刻为藏学及藏族艺术的研究提供了弥足珍贵的资料，不仅具有很高的历史文化价值，还具有相当的艺术审美价值。和日寺石刻包括经文雕刻和佛像雕刻两大类型，有线刻、浮雕、圆雕等技艺形式。它工艺精湛，图案精美，形象生动，字迹清晰，刻成的作品质地细腻润滑，经文字体清秀工整、遒劲有力，佛像造型舒张丰满、线条流畅，带有鲜明的藏传佛教艺术特色。和日石经墙的石材，是取自附近山上的优质青绿色石板，平整细腻，厚度基本为一至五厘米。使用前要经过反复的油浸和火烤，进行软化处理，以适宜刻字，并防止断裂。上好的石材，加上工匠高超的技艺，成就了出神入化的和日寺石刻艺术。

　　和日石经墙是按藏文经籍版式垒叠而成的，每函石经码得像一本本长条藏文经书，保持着纸经书的形状和风格。每函都有书名，外面用木板包装成书箱状，再用精美的图案石板隔开。石经墙两面每隔一段都有一座精致的佛龛，里面供有石刻佛像。这样，信众就能随时朝拜。石经墙雕刻完成后，成为和日草原乃至整个安多藏族聚居区佛教信众心中的圣地，来这里朝拜的人终年不断。照藏族的说法，在这里转经，就等于把这里所有的石经书都诵念了一遍，福祥无量。从此，人们不断向这里敬献各种经石，一代代传续。和日石经墙，成为信众的一种精神图腾。

"文革"中，和日石经墙两度遭到破坏，许多经石散佚，有些至今无法找回。虽然历经劫难，但今天石经墙在新一代的石刻匠人手中恢复了昔日风采。改革开放之后，和日石经墙得到重建，石刻艺术大师贡保才旦作为重建工程的总策划和设计者，雕刻了石经墙的主要石雕佛像，刻写了重要佛教经文，使石经墙重返兴盛。今天，无论我们拿起哪一块儿经石板，都会发现上面雕刻的经文字体依然娟秀工整、清晰明了、毫无破损。而且，经文字体风格多样、笔力遒劲、横平竖直、相当精致。那些石刻造像作品，构图比例紧凑得当，量度精准，技法简拙古朴，显示出工匠高超的绘画技艺和娴熟的石刻功力。贡保才旦由此也逐渐成为当地最著名的石雕艺人，他使和日石经墙成为驰名中外的藏传佛教景观，吸引了海内外众多游客驻足观光。

石刻缘起：活佛预言

石刻艺术具有许多与众不同的特点，与唐卡、刺绣、堆绣等其他艺术种类相比，石刻作品具有持久的特点。在藏族聚居区强烈阳光的曝晒下，石刻艺术品在野外仍然能够长期保存，不易毁坏。

藏族聚居区地域辽阔，尤其是牧区地广人稀。过去，这里的很多牧民都过着逐水草而居的游牧生活。由于长年累月、循环往复地迁徙，携带更多的佛教用品很不现实，牧民们就创建了信仰中心，并以便于收藏的石雕佛教用品作为信仰的主要载体。此外，在交通不发达的时代，修建大型寺院不是一件容易的事，寺院的法物供品也非常有限，唯独石雕佛教用品最为实惠。一方面石材极为丰富，可以就地取材；另一方面高僧活佛极为重视石刻工作，引领周边信徒从事石刻行业，一些藏族群众潜心于石雕石刻的实践,石材才得以雕刻成形,因此,石雕石刻工艺品取代了修建佛寺和经堂的巨大工程。藏族聚居区有很多像和日寺石经墙这样大型石雕石刻艺术品中心,比如玉树的嘉那玛尼石堆、拉萨的药王山摩崖石刻等,都是辈辈扩建、代代相传的佛教艺术精品。

和日深厚的雕刻传统文化孕育了许多优秀的石刻大师,贡保才旦就是在这种文化氛围的耳濡目染之下,渐渐对石刻技艺产生了浓厚的兴趣。

1937年,贡保才旦出生于青海省泽库县西部现泽库县宁秀乡境内,他从很小的时候就对佛像雕刻有着浓厚的兴趣。据贡保才旦回忆,活佛曾经对他说:"金刚岩之石林中,妙耕善行永葆世。"其大致意思是,泽库这个地方盛产石材,要在这里给来自四方的学徒传授文字和佛像的雕刻技艺,就像星星之火,耕种雕刻技艺的种子。贡保才旦就是在这样的精神驱动和思想引领下,为石刻艺术事业奉献着。

技艺与仪式:石刻师的修行

十四岁时,贡保才旦拜藏传佛教宁玛派寺院和日德敦寺石刻艺人宁龙仓、哇布旦等为师,初步掌握了唐卡、壁画、泥塑等藏族传统艺术,后来又拜师学习石刻造像和石刻经文的各种技艺。1958年,贡保才旦进入青海民族学院深造,进一步提高了文学方面的修养,为此后从事雕刻行业奠定了良好的文化功底。20世纪60年代,他回乡参加牧业生产。在劳作之余,他自制雕刻工具,把原来单线阴刻刀法和斜着刻线、平拖抛光的简单工艺提升为采用刻、雕、凿、钻、打磨、镂空等较复杂的多种技法。贡保才旦的雕刻作品以浅浮雕或高浮雕的形式为主,构图上在继承传统的散点透视和分层布局法则之外,还融合了线描和影形等技法,形成了自己独特的艺术风格。

藏族聚居区拥有诸多不同的画派,贡保才旦并没有偏向于某一特定的画派,而是始终强调佛像的度量。他说:"按照我的经验,想雕刻一幅精美的作品,就要熟练

贡保才旦在家中

掌握度量的尺寸,不能随意想象,不能不按度量雕刻。假如按照人体的结构随意创作的话……那样会成为笑话。"贡保才旦的石刻艺术正是抓住了藏族聚居区佛像造像的基本准则,不仅与诸多流派和而不同,独树一帜,而且旁通于其他艺术创作,正如他所说:"其实熟练掌握了佛像的度量,无论是石雕还是唐卡的绘制自然就都会了,连建造房屋都非常简单,那是熟能生巧的原理。"

　　在雕刻佛像的过程中,贡保才旦提倡要做好充分的前期准备。首先在开采石材时,需要结伴而行,独自取材较难,以前用牦牛,现在是用机器运送。适宜石刻的石材有青板石、河卵石、普通或劣质玉石石块。一般在海拔较高的地方有岩矿,在泽库附近的岩石山体上有一种小孩儿也能掰碎的叫"其噶雅玛"的岩粉,把覆盖在山体表面的粉末状岩粉拨开之后,就会逐渐显露出厚重的青板石。石刻选料考验石刻师的经验和眼力,要根据作品的规格大小、做工繁简、陈放条件来选择不同产

贡保才旦在泽库县南巴滩采石场

地和石性的石料。比如雕刻一尊佛像，需要依据佛像是站佛还是坐佛，是单佛还是双佛，来选择石材。取材的时候，一要看，看石料的横断面有无裂缝，没有缝隙的就是好石材，如有裂缝说明表层的废物还没有去除干净。二要听，用铁锤轻敲石块，声音清脆则表明石质较好，声音沉闷则表明石质较差，可能有裂隙。

开采石料还需要举行取材仪式，活佛或僧人随同石刻师一同前往开采现场，随后举行煨桑等仪式，同时要念诵祭祀山神的久恩经等。

取材完成后紧接着要裁边，然后在石板上画出轮廓。开始雕刻的当日，要念诵所雕佛像的咒语，同时供奉那尊佛像的原型。对于一般的雕刻师来讲，可能达不到这些条件，但最起码要信奉佛教，在雕刻过程中尽量做到干净卫生，用虔诚的心进行雕刻。

雕刻佛像作品的顺序是从底部向上雕刻，这样已雕部分不会被现雕的凿口覆盖，最后雕刻首部及上部的天空、光环、祥云、日月等。在雕刻的过程中除了石板的裁边，最重要的环节是按佛像度量绘制轮廓。先把总体轮廓画出来之后，在雕刻过程中还要反复修正,再按照具体情况不断重描改线。比如在雕刻一尊护法神像的过程中,最难雕刻的是佛像的面部和首饰。雕刻神像面部表情的成功要素一是要有高超的技艺,二是要有一个安静舒适的雕刻环境,便于静心细雕。

雕刻完成后,要对佛像进行打磨和装藏。装藏完毕后可以进行清洗、熏香。上述工序全部完成后,最后要进行开光加持。举行开光仪式之后,佛像就可以用来供奉参拜了。

言传身教:培育石刻技艺的种子

慕名向贡保才旦学习石雕技艺的学徒很多,包括长期学习的和短期培训的,全部加起来大概有三四百人,大部分是泽库本地的,也有少数是外地来的。

贡保才旦常说,无论如何,他给徒弟们的口授诀窍只有一种,那就是要熟练掌

贡保才旦和徒弟们

握绘画基础及度量尺度，这是雕刻佛像的基本功。熟练掌握了度量尺度，各种佛像的绘制就能自然相通。掌握三种佛像的度量尤其重要，一是掌握了释迦牟尼佛的度量，就能通晓所有喜乐类佛像的度量；二是掌握了一个愤怒类佛像的度量，就能知晓所有愤怒类佛像的度量；三是熟悉了度母的度量，就能知道所有女性类佛像的度量。喜乐类佛像的脸部是圆形的，而愤怒类佛像的脸部轮廓是四方形的，女性类佛像的脸部则应该设计成鹅蛋的形状，这些关键的区别要掌握，其他就要靠自己的手工技艺了。

　　贡保才旦认为，在石刻雕塑中，只有局部的雕刻方法打下坚实的基础之后，才能综合起来进行整体雕绘。学习者最初入门的时候，要练习手臂的画法和雕刻，同时单独练习脸部、双足等的雕刻。有了一定的基础之后，才能把它们组合起来雕刻。

贡保才旦在指导徒弟

此外,对于一个雕刻佛像的人来说,还应该具备一定的文字基础,至少也应该会念诵《莲花生大士心咒》和《莲花生颂》等一般的经文,这样才能更好地理解雕刻的内容和深意。

贡保才旦的教授指导是以聊天的形式进行的,在徒弟雕刻作品时答疑解惑,对雕刻的不妥之处及时指正。贡保才旦认为,指导少量徒弟的教学方式更有成效,一次教学过程学员不宜太多。贡保才旦的爱徒斯德在他身边学习雕刻长达十六年,技艺精湛。贡保才旦的生活起居也主要由斯德照料。贡保才旦说,他并没有刻意教授斯德,因为在一起生活,斯德是在潜移默化中锤炼了技艺。

贡保才旦对他的学生不但不收任何学费,而且鼓励他们说:"你们来这里学习是一件好事,我可以尽量满足你们的学习要求。"在他的慷慨教授下,许多藏族群众开始专职从事石刻、石雕事业,泽库周边的石刻师基本上都是贡保才旦的学生,他们雕刻着佛像,传承着贡保才旦的石刻技艺。

贡保才旦说:"我从小就想着尽量把佛像刻好,自己的兴趣在哪儿,就会出哪方面的成果,不感兴趣的事情不会出成果。之后我成为一位比丘僧,我觉得雕刻许多佛像是一种积德。所以,我不顾一切地向别人传授雕刻佛像的技艺,目的也是这个。"

潜心造诣:是作品也是灵物

自20世纪五六十年代以来,贡保才旦坚持修习自己钟爱一生的石雕艺术,利用劳动间隙或夜深人静时偷偷练习技艺,在实践中不断探索,举一反三,对石雕艺术有了独特的感悟。通过不懈的努力,60年代初,他的处女作《勇猛上师橛》终于问世了。他以藏族人民特有的智慧和对佛教艺术的虔诚,创作出了一个个富有艺术生命力的佛教人物形象,得到了群众的认可和美术家的高度评价。在"文革"时期,贡保才旦的所有作品都被封、被砸,再也无法展现在世人面前。党的十一届三中全会

贡保才旦作品《四臂观音》

后,贡保才旦的艺术创作潜能和激情再一次被调动起来。他先后多次设计制作《松赞干布》等大型藏戏的舞台布景、人物造型、服装道具,修补寺院残缺壁画,恢复石经墙原貌,还为寺院刻制大型浮雕石像,创作了大量具有地域特色和民族风格的石雕佳作。他不顾自己已经年老体弱,积极投身保护和修缮和日石经墙的工作。受前密乘至尊上师德甘仁波切的重托,他肩负起了和日德敦寺的修缮重建责任,整修厅梁、重塑佛像、彩绘唐卡,一砖一瓦都付出了他极大的心血,先后绘制壁画、唐卡、墙裙、图案、装饰彩绘三百余幅,为和日的佛教文化和民间传统文化承续发扬做出了重要贡献。

贡保才旦的许多作品被高价收藏,同时也得到了广大僧侣的敬重和爱戴。他创作的石雕作品《唐东杰布》《四臂观音》《不动佛》《和睦四瑞》《绿度母》《莲花生大士》《龙砚》等被中央电视台及省内外多家电视台宣介,《热贡艺术》《青海日报》《青海藏文报》《黄南报》、黄南电视台等多家媒体进行了专题采访报道,许多作品多次参加省、市(州)、县各级展览,并先后获奖。

贡保才旦的石刻作品以佛像为主,除此之外也有一些反映藏族风土人情的题材,比如吉祥八宝、轮王七宝、和睦四瑞、牦牛等。这些题材虽然与宗教有关

贡保才旦的作品《石刻转经筒》

联,但更贴近生活,为藏族群众所喜闻乐见。人们按各自的需求收藏贡保才旦的石刻作品。

贡保才旦说,自己从来没有通过出售石雕作品来赚钱或者积累财富的想法,也并不提倡用机器雕刻佛像。他认为,使用机器唯一的优点就是雕刻速度快,但长此以往,人工雕刻技艺将会失传,传统技艺传承将会中断。他说:"我的一贯做法不是那种轰轰烈烈的,我只要有一把凿子和一个小锤子就够了。"

淡泊简朴:愿做游方僧

贡保才旦一直过着普通人的简朴生活,过游方僧的生活是他的最终理想。他说,由于杂事缠身,没有过上半天的游方僧生活。虽然没能过上游方僧的生活,没能坐禅修行,但为了石刻艺术,他日夜操劳,也是在修炼德行,弘扬佛法。

晚年,贡保才旦最大的遗憾是,由于视力下降,未能在刚问世的黑色石材上雕刻作品。他说,护法神的唐卡都是黑色的,非常有灵气,若能在黑色石板上刻一幅护法神就好了,它会像黑唐卡一样美丽!

贡保才旦始终心系石刻艺术,始终追求和向往真、善、美,在他的眼里,石刻不是商品,而是信念。他将石捧在手上,将心刻入石中;艺术是无价的,心更是无价的。

来自金色谷地的画家：

西合道与热贡艺术

张弼衍

西合道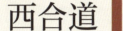

西合道（1946—　　），藏族，青海同仁人，国家级非物质文化遗产代表性项目热贡艺术代表性传承人，中国工艺美术大师，中国美术家协会会员、青海省非物质文化遗产保护工作专家委员会委员，中央美术学院设计学院"民间手工艺体验"课程教授，热贡艺术协会名誉副会长，热贡艺术鉴定委员会副主任。西合道五岁进寺院做阿卡（寺院僧人），七岁至拉卜楞寺学习佛学经典，并师从著名艺僧厚日加·尕藏学习唐卡画技。从事唐卡艺术创作将近七十年，学养丰厚，技艺精湛，创作了大量精美绝伦的热贡唐卡，享誉海内外。其代表作有《十明图·声明学》《释迦牟尼》《无量光佛》《八马财神》《释迦牟尼金唐卡》《四臂观音》等。

悲悯、神秘

法度庄严

画家画出的不仅是美，而且是神圣

画在哪儿

藏族人民心中的安定就在哪儿

那是来自金色谷地的画家

那是他笔下金子般的唐卡

青海省黄南藏族自治州同仁市隆务河畔的热贡地区被称为"金色的谷地",沿岸村落在群山环绕的平缓促狭的田野上散落着,湛蓝的天空和铺满大地的青稞小麦相互映衬。热贡唐卡上的天蓝地绿鲜活地反映了现实中的色调。这里是热贡艺术的发祥地,著名的"藏画之乡"。当地居民几乎都是藏传佛教的忠实信众,数百年来传承着佛教绘塑艺术,几乎家家有画师,户户画唐卡。

热贡艺术的渊源与传承

热贡位于藏彝走廊与河西走廊的交会处,东出河州、天水,北上祁连、敦煌,南下阿坝、康定,西进玉树、拉萨,是藏传佛教文明和中原华夏文明的交会之地。由此,热贡在艺术上淬炼出以汉藏风格为主的表现形式。热贡艺术发源于西藏,有三大源流:一是藏拉多的年智合尖措三兄弟在尼泊尔学画后到安多热贡定居,使得佛画艺术得以传播;二是在四五世纪时萨迦派的智合那哇及其徒弟们在热贡地区传播佛画艺术;三是1710年桑俄才培修建拉卜楞寺时,他的曼唐派画法传入热贡地区。14世纪初叶,从西藏来的藏族画师和从中原及滨海来的汉族移民,来到了同仁市(2020年撤县设市)的年都乎、郭麻日、尕赛日、脱加和吾屯五个村落,并把画艺带到了这里,形成了集绘画、图案、木刻、雕塑、堆绣和建筑装饰等多种艺术之大成的热贡艺术。一代代高僧大德、文化大师以其风骨和气魄为底色,绘制和书写了以唐卡为代表的热贡艺术的华彩篇章。唐卡大师西合道就是其中的一位。

热贡的历史,在藏文经典的表述中,是藏学和佛学精英所铺就的藏族十明文化的发展历程。十明包含大五明和小五明,大五明即工艺学(工巧明)、医药学(医方明)、语文学(声明)、逻辑学(因明)、佛学(内明),修辞学、辞藻学、韵律学、戏剧学和历算学即小五明。十明文化体系皆以佛学的研修为目的。传说故事、格言诗歌、绘画雕塑、音乐戏剧,无不以弘扬佛法为宗旨,甚至人的生活、民俗、节庆也与佛教紧密联系。

因此,绘制唐卡不仅是艺术创作,更是一种宗教仪轨和修习。正如西合道所说,"画唐卡是要讲究比例尺和规矩的",画师为了迎佛像入画,必须按照经书典籍,以固定的比例和技法来绘制,不能妄自创作和调整。对于唐卡画师,每一次的勾线设色、颜料调制、开脸开光都仿佛一次修行,如同遵循戒律一般,借幻修真,以洁净的身躯和排除杂念的心灵进行实践。唐卡的绘制讲求"人好,画才好",以画师的德行为依归。在唐卡绘制中,画师常常用唾沫润笔,用舌头当调色板,其唾液作为颜料的一部分,成为对佛的供养。画师将本身的修行融入绘制中,从而形成以佛身为主轴,承载神性的唐卡。

深厚悠久的宗教传统是热贡艺术勃兴的内在基础,独特古老的传承体制是热贡艺术兴盛的外在保障。藏传佛教后弘期以来的千余年间,热贡僧俗画师以师徒、父子、叔侄、舅甥的形式薪火相传,以绚烂生动、神秘华美的艺术形象,诠释着玄妙深奥的佛学义理。优秀的唐卡画师在多年的创作实践中,积累了丰富的经验,多有秘不示人的绝活手艺,如色彩的提取、颜色的调制,以及开眉眼的方法等。虽然如此,热贡艺人并不保守,既无"只传本宗,不传外人"的旧俗,也无"传男不传女"的限定。据西合道讲,如果是同村的人拜师学艺,送给师父一个馍馍,如果是外村寨的,再多献一条哈达,仅此而已。这既是热贡淳朴民风的反映,也与热贡艺人将绘制唐卡视作修持功德、将传授技艺视作广结善缘的思想密不可分。

西合道的游学与游艺

西合道1946年12月出生于青海省黄南藏族自治州同仁县隆务镇吾屯下庄。寺院是藏传佛教艺术较为集中的地方,寺院教育是热贡藏族男孩必经的成长过程。

西合道五岁进入村寺院吾屯下庄做阿卡,七岁在姐姐的护送下被送至甘肃省甘南藏族自治州夏河县拉卜楞寺,跟随舅舅——著名艺僧厚日加·尕藏,一边学习经文,一边学习唐卡绘制。其间,他打下了扎实的绘画基础。拉卜楞寺坐落在拉卜楞镇,为格鲁派著名的六大寺院之一。热贡东南部与夏河县接壤,历史上有不少热贡僧人曾在此深造。

西合道回忆起当年清贫的拉卜楞寺学僧生活,仍记忆犹新:清晨四点起床帮助舅舅扫地、擦桌、做饭,早饭就是开水拌糌粑。舅舅亲自教画,还为西合道请了专门的经文和书法老师。西合道上午学画,下午学习藏文、宗教和文化基础知识。西合道还用木棍在叁木札——一种藏族自制的习画板——上练习画佛像的骨架和比例,这是学习绘制热贡唐卡的基本功。西合道反复练习,不厌其烦,直到掌握了所有佛像的骨架和比例。

舅舅厚日加·尕藏常常是吃过早饭、念完经,天一亮就开始画画,一直画到天黑,一天画十几个小时。舅舅画艺高超,曾负责设计和绘制吾屯下寺弥勒殿的壁画和唐卡。西合道在舅舅的耳濡目染下勤学苦练,背诵绘画要领并烂熟于心,逐渐掌握了唐卡的绘画技艺。

西合道在舅舅的严格指导下走上了诵经学画的人生道路。在圣洁的寺院里,伴着浑厚悠扬的诵经声,循着手中画笔的指引,走向神圣的世界,沐浴在洁净温暖的佛光之中,这是唐卡画师共同的艺术创作体验。这种感同身受的艺术体验使西合道在后来的人生历程中,能够从容面对苦难与不幸、挫折与荣辱,在瞬息万变的人生际遇中永远保持着艺人的品格和操守。

西合道十二岁时随舅舅回到吾屯下庄,次年舅舅去世。舅舅去世后,由于家境贫寒,西合道没在家停留多久,就来到甘肃省博拉一带,做了七年流浪画师,走家串户地画唐卡,画技逐渐得到提高。西合道十七岁时才开始在甘肃博拉寺独立画画。当二十岁的西合道在博拉街头巧遇姐姐的亲家,被带回家乡吾屯下庄时,姐姐、姐夫等亲人们都已经认不出他了。西合道的少年时光是在颠沛流离的流浪和孤苦中度过的,而在火热的青春岁月,他又在熔炉般的军营里得到了良好的教育和培养。

1969年冬天,西合道被兰州军区选中,参军入伍。在部队里,西合道自学了汉语,晚上点上煤油灯,能一直学到凌晨。在训练中,西合道的射击成绩特别突出,曾取得第三届全军运动会军事三项比赛第九名的成绩。七年军营生活磨炼了西合道的体格,也历练了他的心性。

1976年,西合道从部队复员,被安置到西宁铁路分局工作。这一时期,根据国家政策恢复重建了一些寺院,西合道开始承揽佛像绘塑工作。随着新时期绘塑工作量的不断加大,西合道回到家乡招募了八十余位画师,一边专心画画,一边传授佛像绘制技艺。他们深入甘肃、云南、四川、内蒙古、西藏等地,在许多藏传佛教寺院里留下了大量的唐卡和壁画。

西合道的唐卡作品《八马财神》(中国美术馆藏)

创作《十明图·声明学》

2017年,中国十位顶级唐卡大师——丹巴绕旦、格桑次旦、颜登泽仁、希热布、娘本、更登达吉、夏吾角、西合道、罗布斯达、阿旺晋美——共同创作了唐卡《十明图》,这是历史上首次用唐卡来呈现涵盖藏族文化方方面面的十明文化。创作题目由抽签决定,西合道抽到的题目是声明学。

西合道认为,声明学的主尊对应的是藏文化里的翻译官,而

西合道创作《十明图·声明学》唐卡主尊吞弥·桑布扎的底稿

藏文典籍中并没有相关佛祖的形象。在西合道的脑海里,声明学的主尊是文殊菩萨的化身,或者接近文殊菩萨。经过慎重考虑,西合道选择了吞弥·桑布扎作为声明学唐卡的主尊。从唐卡的画布制作、底稿勾线到颜料制作、调色上色,再到给主

小知识

吞弥·桑布扎是古代吐蕃王朝的语言文字家和翻译家,藏文的创造者,是吐蕃王朝赞普松赞干布的七贤臣之一,官至御前大臣。公元618年出生于今西藏山南地区的隆子县。15岁时奉藏王松赞干布之命,前往天竺求学,历经七年,学习梵文、语法、诗学和佛学等。回到拉萨后,经过潜心研究,在原有象雄文化的基础上借鉴古印度等国的文化优点,创造并完善了现用的藏文,成为藏族文化发展的一个重要里程碑,促进了社会的发展,也奠定了十明文化的发展基石。

尊开脸，给唐卡开光，这幅《十明图·声明学》唐卡画作的每一步都格外严谨精细，代表了唐卡大师的水准。

唐卡画布的制作很讲究。首先选取织工细密的纯白棉布，然后把画布放进特制的框内，把布拉紧，绷在框上，要绷得平且紧，又稍有弹性。然后用少量的胶和水调和后在白布的正反两面刷两遍，等画布风干后放在平滑的板面上，洒上少量清水，再用光滑的石块儿打磨。反复打磨四五遍，使画布平整光滑。

绘制的第一道工序是取方。西合道在加工完毕的唐卡画布上打边线，根据唐卡的规格和长宽大小，用圆规操作，轻画出边线。首先，用蘸有颜料的长线在画布上打出两条对角线；然后，以两条对角线的交点为中心，以对角线的四分之一长度为半径，用自制圆规画圆，圆与对角线形成四个交点；最后，按上下左右的方向连接这些交点，即可得出画面的中心垂直线和四条边线。这样，唐卡的边框就画出来了。

绘制的第二道工序是绘制底稿。取方之后，西合道拿炭笔打底稿，并反复进行修改。经过打三遍底稿，放上两三天后，再比对唐卡的高低大小、角度斜度。修改完成后，轻轻扫掉炭笔的炭灰后，用墨汁把底稿再勾勒下来。

素描和写字一样，从上到下，从右到左，不能画得乱七八糟。西合道说，一个合格的唐卡画师，草稿起码得画三年，这三年必须要知道比例尺。画佛像的比例应严格遵照《佛造像度量经》《比例学》《唐卡绘图哲学》等。唐卡测定比例的量度单位是锁尔，一锁尔就是一个指头的长度。比如人的脸，从头发到下颌有十二指长，从左耳到右耳也是十二指长，脖子四指长，全部都是有规格的。唐卡的比例绝对不能有丝毫的差错，不然会导致整幅画走样、变形。除了这些硬性的规定，绘制唐卡的画师必须具备丰富的宗教知识和历史知识。越了解佛教法器、法供和佛的动作，就越能准确表现画面的细节。

绘制的第三道工序是调配颜料和上色。西合道说，颜料决定唐卡寿命的长短。唐卡颜料包括矿物颜料和植物颜料。颜料用得好、搭配得好，唐卡寿命可延续百年;颜料用不好,十年八年就会掉色、变色。古人对颜料的调制研究得很多,流传下来的颜料加工口诀"雄黄、雌黄、白粉需要壮汉磨,藏青、石绿、朱砂则需要病妇磨",说的是雌黄、雄黄需要使劲儿磨,而藏青和石绿则要轻磨,用力过猛,温度起来以后就会变色变黑。调制矿物颜料的时候,要先加胶,让胶和颜料融合,再慢慢加水。胶熬制的硬度和稀度很重要,不能太软或太硬。同时,调制所用水的温度也很重要,需用温水,凉水里矿物颜料调化不开。此外,还要注重颜料的调配、使用时间和存放条件。唐卡颜料均要前一天晚上调好,静置一夜,颜料中的杂质可顺着盛颜料的小碗沉下去或是漂到上面。漂到上面的话,第二天拿勺子刮掉,这样颜料就比较均匀,容易上色了。唐卡颜料需要避光储存,日晒后颜料的颜色会发生变化。给唐卡上色,最好一天之内上完一种颜色,因为过一天颜料的颜色也会不一样。唐卡和油画上色的顺序是相反的。唐卡先上浅色,后上深色;油画则是先上深色,后上浅色。给唐卡上色时,唐卡画面中的天地面积较大,先上色。上色大部分都是毛笔横着画,这样颜料从上而下就能被一层层地覆盖了,颜

西合道在绘制唐卡《十明图·声明学》

料会显得比较均匀。

西合道在《十明图·声明学》中使用了大量纯金碾磨的金粉来勾勒主尊、法器等的轮廓。描金时采用了最细的毛笔,他说,因为金粉本身重量重,若笔尖粗,蘸上作画时会感觉不灵便。描金多的唐卡,底色必须要深,否则画面会呈现出灰白色的观感。描金少的唐卡,底色就要相应淡一点儿。

绘制的第四道工序是给主尊开脸,即描画佛像的脸部。开脸是唐卡绘制中最关键的一步,时间一般选取在每月的上旬。首先,用肉色在脸部上色。肉色由白、黄、胭脂、橘黄、绿、黑等混合调配而成。然后,刮去第一遍底色的颜料颗粒,使画布光滑,以便上第二遍底色。接着,用铅笔重新描出被底色覆盖的五官轮廓。最后,用红色勾出轮廓线条。这种红色由朱砂、墨(黑色)、橘黄混合调配而成。

绘制的最后一道工序是装藏和开光。唐卡绘制完成后,西合道邀请两位德高望重的高僧大德,为作品装藏,即在所画佛像的额头、下巴、颈部的背面写上金红色的梵文,并进行开光诵经仪式。通过藏传佛教僧人诵经加持,赋予唐卡灵性,至此,这幅唐卡作品才真正完成。

经过开光的唐卡,不再仅仅是一件艺术品,而成为一件宗教贡品。

绘制完成的《十明图·声明学》,主尊吞弥·桑布扎头戴白色包巾、珍宝耳环垂肩、璎珞绕身、天衣飘逸、慈眉善目,眼神中散发着智慧的光芒。一手握笔,一手持藏文经书,表示敬重佛法、刻苦习修、增长智慧功德。周身青黄龙环绕,更显威严庄重;鲜花满地,象征吉利祥瑞。右侧一摞经书,显示这位藏文字创造者与经文为伴、怡然自在的状态。上界两位坐佛分居两边,神情温和笃定;下界四位坐佛坐姿舒展,面相慈悲安定,体态优美,散发着佛法智慧。整个画面构图饱满和谐,颜色鲜艳纯净,面相造型慈悲庄重,勾线细致,给人一种栩栩如生的感觉。

一幅唐卡作品,承载的是画师几个月、几年甚至一生的光阴。然而对虔诚的唐卡画师来说,时间是没有限制的,佛像"重塑"不可以有一丝马虎和急躁。画师在创作唐卡时,内心充满着喜悦和欢乐,尽心竭力将自己的灵魂注入作品。面对这些佛教艺术品时,观者深感其虔诚的气息叩击着心灵。

修行与信仰

"画唐卡,没什么秘诀,要有熟练度,有悟性,还要有感觉。做一个好的唐卡艺人,要有一点儿天赋,还要有一点儿缘分,而且需要衷心地喜欢唐卡。天赋体现在对佛经中佛的描述,能在你心里形成一个感觉,能想象出合适的比例与形象。最重要的是,要让心静下来,保持一心想画好这幅唐卡的心态。"西合道说。

西合道的唐卡作品《十明图·声明学》

在热贡,寺院艺僧和民间艺人都把艺术创作作为神圣的艺术追求,充满敬仰和虔诚的感情,认为从事艺术创作活动既能坚守信仰又能弘扬佛法、提升技艺,是对人生有重要意义的事业。艺术源自追求与信仰,西合道的唐卡依据传统习俗绘制,反映了虔诚而忠实的信仰。

经过多年的艺术实践,西合道在继承和发扬传统技法的基础上,汲取百家之长,作品画面宏大又不失细腻,构图精细复杂、和谐舒展,色彩鲜艳大气,线条严谨细腻,形象丰富,充分展示了唐卡的独特魅力。他创作出《释迦牟尼》《四臂观音》《绿度母》《白度母》《无量光佛》《文殊菩萨》《莲花生八尊》等令人惊叹的唐卡艺术精品三千余件,不仅获得民间的广泛赞誉,而且得到文化艺术界的肯定。

作为国家级非物质文化遗产代表性项目热贡艺术代表性传承人和全国工艺美

西合道在培训唐卡画师

术大师,西合道有着传承热贡唐卡的责任感和使命感。他为热贡唐卡无比自豪的同时,常常伴随着深深的忧患意识。在颜料的提取调制、颜色搭配、过渡色的调配、上色的技法、磨金的技法乃至传统绘画工具的制作和使用上,西合道都在不断精进技艺,为推进热贡艺术的健康发展而努力。在向徒弟传授传统技艺的同时,他也找来有关唐卡的汉文书籍和藏文经典认真阅读,拓展自己的知识结构。

近些年,西合道致力于家乡的扶贫公益工作,为许多学校、寺院捐助资金、物品等数百万元。目前,西合道依然在热贡吾屯家中静静地作画。

丰富的人生经历造就了西合道无论任何环境都能从容面对的人生态度,独特的经历使他身上洋溢着仁者的善良和智者的超脱。他始终保持着热情、乐观、豁达、自如的心态,无论生活发生怎样的变故,内心深处始终燃烧着一束美丽的火焰,那是对佛法的执着,对承载佛法的热贡艺术的挚爱。

安枕名山刻龙鳞：

林邦栋与乐清细纹刻纸

张曼

林邦栋

林邦栋（1926—2019）浙江乐清人，国家级非物质文化遗产项目剪纸（乐清细纹刻纸）代表性传承人。林邦栋出生于一个民间艺术世家，曾祖父林金贤便是第一代民间艺术传人，祖辈都是在农忙之余靠制作龙灯、刻纸补贴生活，到林邦栋已经是第四代。林邦栋十三岁跟随父亲正式学习制作龙船灯、细纹刻纸和油漆画。1955年，林邦栋加入乐清细纹刻纸小组，历任乐清黄杨木雕厂细纹刻纸车间主任，乐清县工艺美术厂副厂长兼供销科长。1998年，林邦栋获得浙江省工艺美术大师称号。其代表作品有《水浒人物108将》《松鹤延年》《鱼跃龙门》《鱼乐图》《忠孝节义》《金鸡报晓》等，题材涉及人物、花鸟、瑞兽、家禽。林邦栋有着扎实的基本功，又善于创作，刀工细腻，构图多样，其乐清细纹刻纸展现出鲜明的风格。

太阳升起了

晨辉中的高楼

包围着一座老屋

老屋中的老人

手中握着刻刀

在最轻薄的纸上

刻下最细密的线

技法像老屋一样古老

图案像阳光一样灿烂

月亮升起了

老人将几个月里做好的刻纸

全都贴在龙船之上

然后他站在老屋门前

看着游行的人群远去

在篝火边,人们将精美的龙船

连同所有的刻纸,付之一炬

所有的凶厄也烟消云散

仪式像篝火一样热烈

老人像月光一样安然

龙船花与乐清细纹刻纸

说起乐清细纹刻纸，就不得不先介绍乐清首饰龙。据乐清人讲，首饰龙起源于明朝，用于每年春节期间的民间彩灯游艺活动。村民们抬着首饰龙热热闹闹地在各村之间游行，到了指定地点停在香案旁让民众欣赏。等游行结束后，村民们再把首饰龙烧掉，寓意把妖魔鬼怪都收在龙船里烧掉，以祈求来年风调雨顺、事事平安。首饰龙因为造型像龙船，其装饰很多，而在元宵闹花灯游行时又总走在游行队伍的队首，所以大家称之为首饰龙。

首饰龙上有许多楼阁，每层楼阁都有生活场景，例如插秧、划船、打铁、磨面等，

乐清首饰龙

传统乐清细纹刻纸图样

并用绸缎做成相应的人物放在场景之中。首饰龙内部有大大小小的齿轮,连接不同的人物场景,还配有手摇把手,转动把手,相应场景的人物就做出不同的动作,场景十分华美绚烂。除了造型,比较重要的就是首饰龙上贴的龙船花,龙船花起着非常重要的装饰作用。首饰龙的四周贴满龙船花,龙船花刻的是极细的鱼鳞纹。龙船花刻得细不细,会直接影响大家对首饰龙的评价。因为龙船花是一片一片地贴在龙船上的,像龙的鳞片一样,如果龙船花不够细致、精美,那么龙的寓意就没有了。

早期的龙船花大多是一些简单的几何图案纹样,随后才发展出山水、花鸟、人物等图案纹样。随着大众审美需求的变化,艺人们将龙船花越做越细,越来越精美,乐清细纹刻纸就是从龙船花演变而来的。细纹刻纸本身用于首饰龙配套,以前是不会单独展示的。到了20世纪50年代,乐清细纹刻纸的名称才被正式确定。2009年,乐清细纹刻纸列入国家级非物质文化遗产名录。

乐清细纹刻纸因保留了龙船花的三层结构,外层是简单的柳条纹,中间层一般是细腻的几何图形,最内层是主要图案,其内容丰富,美观大方,具有很强的装饰性和艺术性。乐清细纹刻纸刀法非常精妙并且有力,刻出的线条细如发丝,在一寸见方的纸上能刻出五十二根,图案以纤细不烦琐而出名。一幅手掌大小的细纹刻纸作品要十多天才能刻完,十分费力费心。

"名山安枕",技艺猛进

乐清地处浙江省东南部,西北为雁荡山,东临乐清湾,是一座山海城市。在乐清市北白象镇东才村的众多楼房中,能看到一处平房,中间带一个小院子,院子里放着首饰龙的骨架,这便是林邦栋的家。林邦栋就是为了方便制作首饰龙和细纹刻纸,才没有搬到楼房住。以前屋里还挂着"名山安枕"四个字,这四个字是林家的第二代传人、林邦栋的爷爷林嗣明题写的,这房子也是他当时(清朝年间)盖起来的。以前的手艺人挣得并不是很多,都是在农闲之余靠给村里人做些手工艺品维持生活,名气都是靠大家口口相传得来的。第三代传人林松亭制作首饰龙和细纹刻纸的同时也画用油漆作画的油漆画,常见于嫁妆盒上。林邦栋在年幼时便在家人的指导下开始学习细纹刻纸和油漆画。小学毕业后,家里无力再支持林邦栋继续读书,从此他便开始从事细纹刻纸和首饰龙的制作。

1950年,二十出头的林邦栋担任村里的土改队代书员,开始了自己的创作。

林邦栋家的老屋

1955年，在林邦栋二十九岁的时候，浙江省在乐清成立了乐清细纹刻纸小组，林邦栋加入该小组。随后乐清细纹刻纸小组与黄杨木雕生产小组合并，成立了乐清黄杨木雕厂，林邦栋担任细纹刻纸车间主任。

1959年，林邦栋担任乐清黄杨木雕厂副厂长兼供销科科长。担任领导后，他仍积极投入细纹刻纸的生产一线，在做好管理工作的同时埋头搞创作。《农林牧副渔》《欢天喜地》《鸳鸯戏水》《渔家妇女》等作品都出自这个时期。林邦栋为了细纹刻纸能够有需求，工厂能够有市场，他每年都要外出好几次，去全国各地洽谈业务。他希望通过参加展销会和评奖等方式，让人们认识并喜欢上细纹刻纸。功夫不负有心人，细纹刻纸在国内渐渐被市场所接受，并且还销往国外。

1978年，改革开放给中国的经济带来了新的发展。林邦栋也在这年的12月收到北京国际书店寄来的一封重要来信。林邦栋的《水浒人物108将》得到市场的认可，北京国际书店希望他能修改这套作品的人物姿态和背景图案，于是林邦栋依据人物的性格特点，重新设计了动作，配置了山水、花鸟、建筑等背景图案。这套作品得到了专家的一致认可，并且签下了四千套的合同，这对于当时的乐清工艺美术厂来说可是一笔非常可观的订单，为乐清手工艺产品出口做出了很大的贡献。

退休后的刻纸生涯

1981年，林邦栋退休后，有了更多的闲暇时光进行创作。20世纪80年代，随着工业化进程的推进，很多民间工艺品的制作被机械化替代，手工艺品市场逐渐萎缩，传统手工艺进入低谷时期。林邦栋依旧专心从事自己的细纹刻纸事业，在自己的工作室内研究设计图，专心画稿，磨刀刻纸。

1985年，乐清成立了剪纸研究会，林邦栋积极参与研究会组织的各项交流活动，成了核心人物之一。此后他屡屡创作出的新作品，在各大艺术活动中频繁展出，使得细纹刻纸依旧保有知名度。1989年，作品《松鹤延年》《祥龙戏水》获全国首届民间工艺品佳作展一等奖。1991年,作品《鱼跃龙门》获首届中国民族民间艺术大展一等奖。1993年,作品《家乡巨变》获工贸杯中国剪纸大奖赛最高荣誉奖。2000年,作品《八仙过海》被中国美术馆收藏。

2001年,作品《鱼乐图》发表在《浙江群众文化》第六期封面上。《鱼乐图》选用民间喜闻乐见的题材,表现的是八条鱼在水里畅游的情景,以花鸟虫草作陪衬,层次丰富。整个画面给人喜庆欢乐的感觉,寓意是年年有余,非常适合过年的时候挂在房间里。这幅作品在国家博物馆展出后,被国家博物馆收藏。

2001年4月,林邦栋参加了在德国科布伦茨举办的中国民间剪纸艺术展,德国观众在现场产生疑惑,人工怎么能刻出这么细腻线条的剪纸呢?为了消除观众的疑惑,林邦栋现场演示了乐清细纹刻纸的制作过程,让在场的观众和记者惊叹不已。这是林邦栋第一次和国外观众交流,他非常自豪能将细纹刻纸在国外进行展示。

2003年,乐清市林邦栋工艺美术研究所成立,林邦栋从此担起了传承细纹刻纸的重任。

同年,林邦栋创作了《忠孝节义》,作品选用民间喜爱的动物马、羊、虎、狗,并结

林邦栋细纹刻纸作品《鱼乐图》

林邦栋细纹刻纸作品《忠孝节义》

林邦栋细纹刻纸作品《金鸡报晓》

合中华传统文化的内涵创作而成,马代表忠厚,羊代表孝顺,虎代表气节,狗代表义气。此作品在第七届中国工艺美术剪纸艺术博览会上获得金奖。

2005年,林邦栋创作出自己非常喜欢的作品《金鸡报晓》,又称《百鸡图》。图中共有三十多种不同品种的鸡。据林邦栋回忆,当时看到家里的大公鸡总是在树上睡觉,2005年又正好是鸡年,于是选取了"金鸡报晓"这个题材。画面中每只鸡的形态都不相同,整幅作品寓意着百姓生活富足。

2006年4月,中国美术学院为林邦栋举办"细纹神刀——林邦栋捐赠剪纸展"。同年12月,林邦栋被评为第五届中国工艺美术大师。2007年,他被认定为首批国家级非物质文化遗产项目剪纸(乐清细纹刻纸)代表性传承人。同年获得中国文艺界最高奖项之一的"山花奖"。

林邦栋晚年创作出一幅幅优质的作品,获得一个个重量级的荣誉。《松鹤延年》《鱼跃龙门》《鱼乐图》《忠孝节义》《金鸡报晓》等作品都和传统文化结合得非常紧密。他在作品中将阴刻、阳刻相结合,既有传统的味道,又有现代的样貌。

一张细纹刻纸是如何完成的

剪纸在我国种类众多,分布广泛,有用剪刀剪出来的,有用手撕的,还有用火烫的,细纹刻纸则是用刻刀刻出来的。细纹刻纸的步骤并不复杂,起稿、装订、刻制、粘贴、装裱。经过这几步,一幅完整的细纹刻纸作品就完成了。

起稿就是设计图案和形状,细纹刻纸的图案比一般剪纸作品复杂,所以需要提前打好底稿。打底稿又要先打格子,就是用笔或竹片在纸上画好细细的格子。使用铅笔和尺子在纸上画出的就是明格,使用竹片和尺子在纸上画出的就是暗格。初学者一般都打明格,因为明格简单易上手;技艺高超的艺人一般在暗格上就能画出美丽的花纹。打好格子后再在上面画出纹样,以前的作品经常是对称图案,但是现在这一传统已经被打破了,创作者可以根据自己的要求设计不同的图案。

如果用已有作品作为底稿,进行复刻,可以采用熏样的方法。熏样就是用油灯熏出来的图样,这种复制方法在民间广泛使用。一般将图样贴在白纸上,倒扣过来,用柴油灯的烟来回熏图样,尽量使油烟均匀地附在整张纸上。这样把图样揭下来后,留白的部分就是图样内容,黑色的部分为可以剪去的地方。熏样难免会有部分显示不清晰,这时候可以用笔照着图样描一下。

作品设计好后,把底稿和想要刻的纸装订在一起,防止在刻纸的过程中底稿和剪纸错位。以前大多用针线把底稿和剪纸的几个关键点缝在一起,现在工具多样化,也可以用订书器或曲别针代替针线。装订的时候要注意,订针不能遮挡或横穿底稿的图案。

装订好后,就可以开始刻制了。刻制的工具主要有:刻刀、磨刀石、挡柱、油盘。其中,刻刀一般不止一把,根据作品的需要用斜角不同的刻刀。通常,林邦栋按照传统的方法把钢锯条等工具根据需求磨成角度、厚度不同的刻刀。

林邦栋之子林顺奎用熏样方法复制图样

熏样完成

用钢锯条制作刻刀

磨刀石是为了在刻制过程中保持刻刀的锋利。一般要提前准备好两块磨刀石：一块粗颗粒的，一块细颗粒的。刻刀的功能不同，磨法也不同，刻直线用的刻刀适合单面磨法，刻弧线用的刻刀则适合双面磨法。单面磨和双面磨都需要先用粗颗粒的磨刀石磨出刀锋，然后再用细颗粒的磨刀石进行打磨。打磨时要边磨边蘸水。一般细纹刻纸的手艺人都会留指甲，这样可以防止在磨刀的过程中把手磨伤。磨刀需要毅力和耐力，初学者需要经过反复练习才能掌握磨刀的诀窍。

挡柱，顾名思义，就是在刻纸时用于压住纸张的工具，使剪纸与油盘贴紧，以便刻制的线条更准确。挡柱的制作很简单，只要用一根圆木条或筷子，把尖端劈出四十五度的平面，一根挡柱就做成了。

油盘，是很重要的刻纸工具，刻纸时垫在纸张下面，方便运刀。油盘可以反复使用。油盘的制作原料有牛油、香粉、松花粉或草木灰等，一般由使用者自制，油和灰的比例需要制作人自己掌握,因为油过多会使油盘过于松软,灰过多会使油盘过于坚硬。油盘也没有固定的大小,一般根据操作者的习惯来定。刚刚制作好的油盘可能油过多,可以用报纸附在上面,放置于阳光下,报纸便可以吸走多余的油。

磨刀

将装订好的图样放在油盘上,就可以刻制了。刻刀和纸要相互配合,要求是转刀不转纸,因为细纹刻纸一般线条比较细,转动纸张容易使图案断裂。根据图案样式的不同,所用的刀法也不同,大致有方刀法、圆刀法、刀扎法、针扎法。方刀法是运刀时保持刀尖与纸面垂直,直线运刀,转折时为九十度,适合刻方块形状。圆刀法与方刀法不同的地方就是

油盘

运刀时走弧线,刀可以左右转动,刻出的线条圆滑,这种刀法适合圆形或弧形的形状。刀扎法是运刀时一刀一刀地扎刺,留下线条,适合图案中的头发、叶脉等。针扎法与刀扎法的运刀方法相同,但是所用工具一般为刀尖较细、较尖的刻刀,针扎法适合表现花蕊或微小的孔洞等图案。

刻制时要端正上身,一般左手握住挡柱,右手垂直运刀,一点儿一点儿地上下拉动刀具。每刻完一处,刀尖稍微倾斜,轻轻挑出纸屑。整幅作品要按照从上到下、从左到右的顺序刻制。

一幅作品刻制完成后,就可以进行粘贴了。粘贴是为了给作品进行衬色。一般而言,用红色宣纸刻制就选用白色的衬底,用白色宣纸刻制就选用红色的衬底。粘贴时要细心、耐心,用糨糊粘贴重要的几个点即可。现在也可以用胶水粘贴,粘

贴时作品要保持平整，不能用力拉扯。

刻制作品的保存，可以选择夹在画夹或书中，一般要用报纸或宣纸夹起来，避光保存，这样不容易褪色。如有展示需求就需要装裱，一般将剪纸作品贴在硬卡纸上，再装裱在玻璃框中。现在随着技术的革新，有透明的装裱胶膜，可以将剪纸和装裱胶膜热合在一起，简单、方便、防潮、防蛀，非常适用于长卷作品。

细纹刻纸制作完成以后要检查。首先看整幅作品是否连续，细纹刻纸的连续性很重要，图样的设计和刀法的使用，都要考虑到图案的连续性。因为图案不连续，细纹刻纸的有些部分就会掉下来，如果人物没有鼻子或其他五官，就显得不好看。如果装裱的话，要看装裱得是否平整，温州地区靠海，气候湿润，如果在装裱过程中作品出现褶皱或不平整，那么以后还会继续皱起来。

乐清细纹刻纸是易学难精的艺术，步骤并不复杂，学习门槛不高，大家都能学，但是做得好不好、精不精美，就要看个人的能力了。

初心代代传

林家第一代传人是林金贤，第二代是林嗣明，第三代是林松亭，第四代是林邦栋，第五代是林顺奎。

林松亭一直到晚年还在坚持做首饰龙，这种持之以恒的精神对林邦栋的影响很大。在乐清细纹刻纸和首饰龙的制作技艺上，林邦栋下了不少功夫。在继承传统的基础上，他把细纹刻纸做得更精细、更优美，在他手里，乐清细纹刻纸达到了一定高度。

林邦栋有着明确的人生目标和理想，坚持创作的毅力和对民间艺术的喜爱，这些都影响到下一代。林邦栋小时候经常跟在爷爷和父亲身边，看他们认真地做手工艺。等到自己为人父的时候，也喜欢给自己的孩子看看自己的作品，讲讲首饰龙和细纹刻纸。林顺奎便是林邦栋非常赏识的继承人。林邦栋教授林顺奎首饰龙的

林邦栋之子林顺奎在白马象中学教学生刻纸

制作方法和细纹刻纸的技艺,将从先辈传承下来的手艺悉数传授给儿子。1999年父子合作的首饰龙在云南昆明的世界园艺博览会上展示。2018年,林顺奎被认定为国家级非物质文化遗产灯彩(乐清首饰龙)项目代表性传承人。

以前民间艺人的手艺主要通过父子、师徒等方式传承,制作技巧和工艺要求是口头传授,传承和发展都受到限制。林邦栋希望细纹刻纸能够有更好的发展,在传授技艺和培养徒弟方面做了不少工作。

林邦栋所在的黄杨木雕刻纸小组中有的学员不会细纹刻纸,但是愿意学习。林邦栋便耐心地给学员讲授细纹刻纸的技艺,讲授熏样、握刀、运刀的方法和技巧,让学员快速掌握刻纸的技巧和要领。刻纸的技艺很容易上手,但是易学难精,熟练刻出精美的作品需要花很长时间,学艺的路程很辛苦,甚至可以说有些枯燥。林邦栋对技艺好的学员加以鼓励,对学得慢的学员也耐心指导,希望能培养出更多的细纹刻纸传人。

改革开放后,随着社会的发展,乐清越来越多的年轻人选择去工厂打工,学传统手艺的年轻人也越来越少。而且细纹刻纸经常需要艺人长期在案前一刀一刀地刻制,非常费眼睛。晚年的林邦栋因为身体原因,不能再教授学生,也不能再做刻纸,儿子林顺奎便扛起传承的责任。林顺奎多次去当地的学校、社区举办细纹刻纸讲座,培养年轻人,希望细纹刻纸能融入现代生活。

从跟着父亲学习到成为细纹刻纸的领头雁,一幅幅作品都是林邦栋一刀一刀地刻出来的,一张张毫无生命的纸在林邦栋手中变得鲜活起来。七十多年的艺术生涯,林邦栋靠着坚强的毅力和对艺术的追求,一步步成为艺术大师。细纹刻纸成为林邦栋人生重要的一部分,他也为细纹刻纸的传承和发展做出了巨大贡献。

在窗前,在灯下

一位位刻纸艺人

以刀代笔

继续刻着传说,刻着故事

也将他们的企盼和祈愿

刻在瓯越大地之上

刀下留情：

倪东方与青田石雕

张曼

倪东方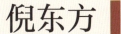

倪东方（1928—2023），浙江青田人，中国工艺美术大师，国家级非物质文化遗产代表性项目青田石雕代表性传承人，高级工艺美术师，浙江省劳动模范。倪东方十五岁时，父亲不幸离世，跟随母亲刻苦学习石雕技艺。1955年，倪东方加入山口镇的青田石刻生产合作社，1961年被任命为青田县石雕二厂副厂长兼创作研究组组长。随后的五十年，倪东方创作了许多石雕艺术品，《谷子》《谷穗》《秋》《秋菊傲霜》《花好月圆》《垂涎》《三蔬两味》《四季飘香》《三友迎春》等被选送到国内外展出，赢得了高度赞誉。

得之于天然,表达于人工

因材施艺,因色取巧

一位大器晚成的雕刻大师

展现出无穷的创造力

刀法细腻,栩栩如生

他把对艺术的心血

都浸到这石头里

青田石雕

在浙江省青田县内，有个古老的传说：女娲在大荒山炼成了36501块石头，她用这些石头补好了天，但是还剩一块石头，这块石头就落在了东海之滨的崇山峻岭中。有一天，一位樵夫上山砍柴，发现了这块彩石，拿回家给妻子做成了项链。青田石就这样被发现了。这个传说体现了青田人对青田石的热爱。

青田石学名叶蜡石，"灯光冻""封门青""夹板冻""封门三彩"是著名的品种。青田石软硬适中，质地细腻，色彩丰富，适合雕刻。青田石雕就是以青田石为材料的传统石雕艺术。雕刻作品的题材常取自花鸟鱼虫、山水人物等。历代石雕工艺家们因材施

青田原石

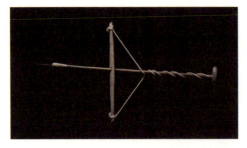

手钻

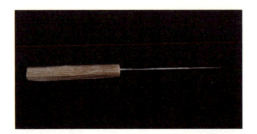

刺条

雕刀

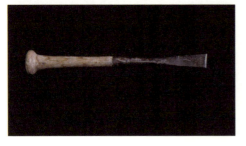

凿子

艺，因色取巧，在青田石上施以巧妙的技巧和构思，积累了丰富的工艺经验。

简单来讲，石雕的工艺分为相石布局、打坯凿坯、放洞镂空、精雕细刻、装配座垫、磨光封蜡等流程。开石后，根据石头的特点进行构思。雕刻前要先打坯，用砍刀大刀阔斧地砍出造型。打坯完成后用手钻在石头上开洞。开完洞，就可以精雕细刻了。作品刻完后，再用砂纸将其打磨光滑。青田石耐高温，所以可以经过火煨再上蜡。火煨后的青田石颜色更鲜艳，硬度更高，上完蜡后，石雕能够长时间地保持色泽。

1992年12月15日，为了展现青田石雕艺术风貌，弘扬中华传统工艺美术，中华人民共和国邮电部发行了一套"青田石雕"特种邮票。邮票全套四枚，选用了四件青田石雕作品，面值10分的为周百琦的《春》，面值20分的为林如奎的《高粱》，面值40分的为张爱廷的《丰收》，面值2元的则是倪东方的《花好月圆》。这件作品雕刻技术精湛，充满生气。造型是一轮皎洁的圆月高挂在蔚蓝

石雕工作台

的天空，右边盛开着一朵朵牡丹花，左边环绕着一簇碧桃花，树枝上有一对儿恩爱的白头鸟欢乐嬉戏。鲜花捧月，巧妙地表现出了中秋之夜家家欢乐的情景。

学艺开始

我有两个母亲，一个母亲是生我养我者，教会我石雕技艺；另一个母亲是封门山，赐给我五彩宝石，才有了我这个中国工艺美术大师。

——倪东方

"青田石雕"特种邮票

倪东方1928年出生于浙江省青田县黄坑底村。青田县俗称"九山半水半分田"，土地资源不是很丰富，大自然把封门山赠予青田，大多数青

倪东方的母亲蒋福杏

田人都靠雕刻为生。民国时期,就有很多青田人带着石雕去国外跑生意,所以青田县也是著名的侨乡。

倪东方刚出生不久,他的父亲就带着石雕和茶叶去法国找出路,母亲则在家中带着倪东方以石雕为生。因为山里没有学校,倪东方十一岁的时候,父亲带他到山口镇住在父亲的朋友家,开始读小学。倪东方很用功,成绩还不错。据倪东方回忆,他曾经考过全班第七名。但是到了1943年,他读五年级的时候,父亲去世了。家里的经济支柱没了,倪东方也失去了读中学的机会,于是他就开始跟着母亲学习石雕技艺,可惜刚学了半年,日军就打到了青田。为了生活,倪东方开始开山,种地,卖柴,挑起了养家的担子。

抗日战争胜利后,倪东方的母亲提议他应该继续学习雕刻,因为石雕在美国卖得比较好,可以成为出口美国的商品,也就是"花旗货"。"只要强一艺,胜读十年书",这句话对倪东方的启发很大,也让他终身受益。倪东方从母亲那里学会了怎么拿雕刀,但是刚开始主要还是学锯石头,因为锯开的石头可以做砚台,砚台很好卖。

倪东方将自己的人生分为三个三十年,第一个三十年本该是人生最好的三十年,但是因为亲人去世、战乱等因素把最好的光阴浪费了。1955年,二十七岁的倪东方响应合作化的号召,加入了山口镇的青田石刻生产合作社,当时林如奎老师是合作社社长。倪东方白天在合作社拉锯开石,晚上在家练习雕刻。经过不懈努力,三十岁时他终于得到了创作组的认可,开始从事石雕创作。创作组内有很多老师傅,倪东方每天提前一个小时上班,为的就是早干完活看老师傅们怎么打坯、挖洞,如何雕刻花卉和山水。

创作高峰

1971年,倪东方四十三岁的时候,他的作品《谷子》参加了全国工艺美术展览会,并刊发在《人民画报》上,一举奠定了倪东方在青田石雕行业中的地位。

后来倪东方担任创作研究组组长,专心从事石雕的创作。倪东方对石雕创作题材的探索,可谓锲而不舍,永不言弃。他充分尊重石头的原始状态,包括纹理、色彩、形状,因材施艺、因色取巧,把审美价值和创作价值巧妙地发挥到极致。1982年,他创作的《秋》获得了第二届中国工艺美术百花奖优秀创作设计二等奖。1986年,《秋菊傲霜》被确定为工艺美术类珍品,由国家征集收藏。1992年,《花好月圆》入选邮电部发行的"青田石雕"特种邮票。1988年,倪东方被评为高级工艺美术师。1993年,他被中国轻工总会授予中国工艺美术大师荣誉称号。2007年,他被认定为首批国家级非物质文化遗产项目青田石雕代表性传承人。他的第二个三十年是奋

倪东方在精雕细刻

倪东方在打坯凿坯

力追赶的三十年,这三十年间他正式步入石雕创作,并迎来了创作高峰。

代表作品

《清香》是成立创作研究组后倪东方的第一件作品,显示了倪东方"俏色运用"的艺术水平。小荷花是黄色的,底座上青田老虎石,呈现出黑、白、黄三种颜色。倪东方巧妙地利用石头的天然色斑,使整件作品显得很素雅。这件作品用封门三彩石制作而成,三彩石在封门石里很珍贵,现在这种封门三彩石已经很难找到了。

因为青田县地处南方,没有谷子,倪东方便让侄子从北方带回谷穗认真研究其形状特征。《谷穗》在1978年全国工艺美术展览会上一鸣惊人,当时有媒体还报道了这件作品。

作品《秋》的主题也是丰收,沉甸甸的谷穗、娇嫩的丝瓜、宽扁的豆荚互相掩映盘绕。石头上的两处褐色,点成了一只叶蛙,一对儿黑蝴蝶停在黄花前,动静相宜,处处体现着秋天的丰收景象。这是倪东方为参评第二届中国工艺美术百花奖雕刻的作品。为了赶时间，倪东方晚上也抓紧时间雕刻。当时山口镇没有电，他就用蜡烛照明，为了看清石头，他在四周都点上蜡烛，用了近八十斤的蜡烛才把这件作品完成。这块石头是青田石南光冻，是以开采出这种冻石的人的名字命名的。这次中国工艺美术百花奖，林如奎的《高粱》、周百琦的《春》、倪东方的《秋》三件作品获得优秀创作设计二等奖，当时还没有发行"青田石雕"特种邮票，这三件作品就是对外宣传青田石雕的"名片"。

提到倪东方，总要提到《花好月圆》。有一天晚上，一个朋友来到倪东方家，拿给他看一块石头。这块石头中间夹了一层"封门青"冻石，厚度不到两厘米，两侧是很厚的硬石头，如果把两边的硬石头敲掉，可能会破坏里面的冻石。这块石头并不便宜，朋友想买又不敢买。倪东方觉得这块石头不错，就买了下来。第二天，倪东方就闭门谢客，专心研究起这块石头来。他细心地去掉两边的硬石后，出现了一片很好的冻石，细腻秀美，中间一大块没有一丝杂质和裂纹。经过仔细观察和研究，

《清香》(1965年，现藏于青田石雕博物馆)

《谷穗》(1978年)

倪东方构思出《花好月圆》的造型：中间雕一个月亮，两边采用镂雕技艺雕刻出牡丹花和桃花，底座雕刻成树梢。

这件作品打破了青田石雕的传统形态，大家非常喜欢。当时青田县正在争取发行"青田石雕"特种邮票，邮电部来青田县考察，邮票专家孙传哲一眼相中了这件作品。因为邮票尺寸很小，如果雕刻得很满，在邮票中便难以展现细节，而《花好月圆》中间圆圆的月亮没有经过雕刻，适合在邮票上展现。邮票的发行提升了青田石雕的

《秋》(1982年,现藏于青田石雕博物馆)

《花好月圆》(1991年,现藏于青田石雕博物馆)

影响力,也提高了山口镇的影响力。

倪东方作品的题名也很讲究,非常有意趣。《垂涎》这件作品,杨梅是比较难雕的,因为杨梅虽是圆形的,但不光滑,表面有凸起,高低不平,而且是一颗一颗的。刻功不好就雕成乒乓球了。倪东方在雕刻杨梅时都是先在小石头上练习,等雕到跟真的一样时,才在正式作品上雕刻。倪东方还给这件作品起名《垂涎》,因为雕刻的杨梅还没熟透,有点儿偏黄,还是酸的,让人看了流口水。这样,杨梅的味道一下子就出来了。

倪东方早些年得到过一块封门黑,石料整体很不错,但是这块黑色的冻石上面有一点儿白冻石。有的专家建议他把白色的冻石砍掉,剩下的黑色部分做成一枚印章。按照当时的市场价,做成印章后能卖到几百万元。但倪东方觉得这是一块好料,舍不得破坏其整体性,觉得这块白色的冻石能利用起来。终于,在一天晚上他构思出一只老鹰的造型,可以把这块白色的冻石用在鹰嘴上,于是便有了《昂首雄威》这件作品。

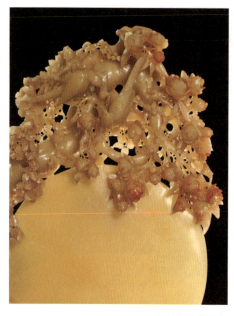

《花好月圆》局部

还有一件作品的原石是倪东方的三儿子买来的，其他人觉得这不是一件上好的金玉冻，因为黄色的部分不纯，白色的部分也不是很好。倪东方拿到石头的时候发现石头从头到尾夹有一条线状的料，质地细腻，觉得里面会有好的石料。倪东方把两边的硬石头敲掉，里面就是一块大的黄色冻石，外面蒙有一块薄薄的白色冻石。但是这层金玉冻很薄，最厚的部分也只有两厘米，就不能用镂雕技艺了，因为太薄了。倪东方最后把黄色的部分雕成一片大枫叶，巧妙地利用了石头的纹理。白色的冻石雕成了玲珑的竹子，再加上一只螳螂，动静相宜。

作品《三蔬两味》，造型是大家非常熟悉的三种蔬菜：辣椒、萝卜、扁豆，两种味

《垂涎》（1993年）

道是辣和不辣，这样作品的内涵就出来了。好的作品离不开生活，更离不开文化。这件作品还用到了青田石雕传统工艺中的带筋技法。带筋像房屋中的柱、梁，起到使作品牢固的作用。因为青田石质地松软，如果没有筋骨，石头就容易被挖得很空，时间长了就容易坍塌，作品就会损坏。《三蔬两味》用了镂雕技艺，所以看起来都是镂空的，同时利用带筋，用细细的筋把萝卜和其他造型连接起来，使得作品看起来很空灵，但是又很结实。在传统的青田石雕中，非常强调带筋，因为带筋带得好，作品的寿命就长；带不好，有些作品甚至在雕刻过程中就会损坏。带筋最好是用传统工具处理。传统技艺采用拉剌，现在多使用雕刻机处理。一般的青田石雕要开三个洞，第一个洞是门洞，这个要大一点儿；第二个洞要比门洞小一些；第三个洞要比第二个洞还小一些。拉剌是从第三个洞

《昂首雄威》（2000 年）

《三蔬两味》（2010 年）

开始，拉刺就是拉出洞的形态，以达到造型的目的。如果用雕刻机就不需要拉刺了，可以直接雕刻。用传统技艺拉刺虽然辛苦，但是能比较好地掌握拉刺的程度，而用雕刻机容易把作品镂空，使得作品不牢固。

传艺带徒

倪东方属于大器晚成的人，虽然生在石雕世家，但是三十岁才开始从事石雕艺术创作。他的作品感情细腻、巧用俏色、造型活泼、富有生气。倪东方讲究一件作品要有"三看"。首先看石头好不好，第二看构思巧不巧，第三才看雕刻的工艺水平高不高。青田石雕讲究三功，屁股功、手功、脑功。做石雕一坐就是两个小时，要是坐不住，出作品就比较难了。技艺要掌握好，机器雕刻比手工更精细，但是机器雕刻转动太快，容易镂空，而手工雕刻的作品牢固程度会更高。脑功就是要有想法、

倪东方与林爱平

有构思。青田石雕构思是用刀而不是用笔,用笔的话颜色会浸到石头里,被浸染的石料就作废了。

石雕艺术给了倪东方无穷的生命力。除了自己不停地创作,他也把技艺毫无保留地传给徒弟。倪东方很注重对徒弟们传统技艺的培养,但也不反对新技术。他的观念是,青田石雕需要继承传统,也需要创新,要把传统技艺基础扎牢,才能继续创新提高。倪东方对待徒弟们很宽容,收徒弟也不讲究出身,只要肯学,他都会认真教授。有些徒弟学到了倪东方的巧雕和少雕的风格,能够做到雕和不雕相结合。

林爱平是倪东方的徒弟之一,曾跟随倪东方学艺三年,现在已经是浙江省的工艺美术大师。倪东方的教学特点是在教授传统技艺的同时,还帮助徒弟提高悟性。倪东方把一个题材或一个图案交给林爱平,让他学会看到正面图案就要想到图案的侧面,因为雕刻家脑子里的图案只有是立体的,才能进行创作。1996年的一个小插曲让林爱平记忆深刻。当时,林爱平雕刻了一件作品《秋曲》,光石料就花费了三千元,用了半年时间才完成这件作品。刚完成后,旁边有位小伙子打招呼,手碰了林爱平的肩膀,林爱平没有拿稳手中的作品,这件作品就掉在地上了。林爱平非常伤心,倪东方得知后对他说:"作品的价值是可以算出来的,但是艺术价值是无法估算的,在这个过程当中,你的艺术和技术水平已经提高了。"

令倪东方比较惋惜的是,由于青田县是有名的侨乡,20世纪80年代受到当时出国风的影响,有好几位手艺不错的年轻人出国做生意去了,许多雕刻好手就这样流失了。

社会担当

倪东方有很强的社会担当,关注家乡发展,支持青田石雕的传承和传播。

1992年,倪东方把自己的工作室改为对外开放的陈列室,雅称惜石斋。后来惜石斋成为展示青田石雕文化的一个窗口，许多人在参观完惜石斋后才真正认识到青田石雕的艺术魅力。

退休后，倪东方在青田县的千丝岩修山路、造罗汉壁、建碑林。千丝岩是一处地理位置优越，树木葱翠、飞瀑垂泻的自然景区。在倪东方的主持下，千丝岩景区得到合理开发。倪东方用二十多年的时间，投入了数十万元资金，为千丝岩修好了山路，建起了凉亭。在千丝岩的峭壁上，摹刻了赵朴初、沙孟海等一流大师名家的题词，在上山的一块空旷平地上，开辟了一片碑林。

倪东方一生都爱读书，提高文学修养，宣传青田石雕文化，享受自在生活。倪东方是个简单的人，他曾说，他能有这些成绩，得益于一辈子只专注于一件事，努力干好一件事。

传统技艺

仙到玉屏留古调：

刘泽松与玉屏箫笛制作技艺

张曼

刘泽松

刘泽松,(1946—　),侗族,贵州玉屏人,国家级非物质文化遗产代表性项目玉屏箫笛制作技艺代表性传承人,刘昆山箫笛社第四代传人。刘泽松从十岁开始跟随父亲刘文忠学习吹奏箫笛,五年级时在家长的协助下第一次尝试箫笛制作,并在学校的比赛中获奖。他十五岁进入玉屏县箫笛厂工作,曾担任技术小组组长,并赴北京、上海、苏州等地学习,得到过制箫名师邹叙生、常敦明等先生的指导。1982年,刘昆山箫笛社恢复生产,刘泽松便离开玉屏箫笛厂,在刘昆山箫笛社从事箫笛制作。同年,刘泽松加入贵州省轻工学会,并当选为理事,10月被中国轻工学会乐器协会吸收为会员。2006年,他制作的龙凤扁箫在多彩贵州旅游商品"两赛一会"总决赛上,获得贵州名创作品入围奖,并成为铜仁地区指定的旅游产品。他多次参加中央电视台节目录制,为推广宣传玉屏箫笛做出了贡献。

玉屏,平溪

丝竹声声,尽入人耳

平箫,玉笛

古调款款,皆出君手

玉屏箫笛

人们常说贵州有三宝，分别是大方漆器、国酒茅台和玉屏箫笛。玉屏箫笛作为一种民族民间乐器，是我国享誉海内外、获得国际大奖的民族民间乐器之一。玉屏箫笛也叫平箫玉笛，从选材到制作都很讲究，造型美观大方，工艺精巧，音色清越。明代就已经有了玉屏箫笛，明清时期被朝廷列为贡品，民间也将其作为礼品赠送。玉屏箫笛1913年在英国伦敦国际手工艺品博览会上荣获银奖，1915年在美国旧金山举行的首届巴拿马太平洋万国博览会（简称"巴拿马万国博览会"）上获得金奖。2006年，玉屏箫笛制作技艺列入首批国家级非物质文化遗产代表性项目名录。

刘泽松制作的F调长笛

祖传技艺

玉屏侗族自治县，位于云贵高原向湘西丘陵的过渡地带，为亚热带季风性湿润气候。当地生长着一种质地极其优良、产量不高的黑紫竹，是制作玉屏箫笛的好材料。关于玉屏箫笛的起源，在当地一直流传着"仙到玉屏留古调"这句话。传说玉屏箫笛的制作技艺是仙人所授，流传版本也不尽相同。传承人刘泽松的版本是郑氏家族的先祖郑芝山在杨坪结识了鹿皮大仙，鹿皮大仙长年周游四方，与郑氏一见如故，于是郑氏邀请鹿皮大仙到玉屏游玩。玉屏有七星叠秀、白水洞瀑布等非常优美的自然景观，鹿皮大仙非常喜欢这里，便在玉屏住了下来。随后鹿皮大仙病了一场，郑芝山悉心照料，并带其到飞凤山散心，鹿皮大仙看到当地的水竹便有了做箫笛的想法，于是将其带回去做成箫笛，而且将制作技艺和演奏方法都教给了郑芝山。后来鹿皮大仙到了京城，箫笛引起了皇上的重视，郑芝山做的箫笛也逐渐被大家所接受和喜爱。

人杰地灵的玉屏出了许多箫笛的制作者。刘泽松的祖父就学习了从祖上传下来的箫笛制作技艺。刘泽松的祖父名叫刘万青，号昆山，于是给自己的箫笛社起名为刘昆山箫笛社，这个名字一直使用至今，刘泽松家里至今还保存着当年"刘昆山箫笛社"的牌匾。新中国成立后，刘泽松的父亲便把玉屏的各家各户组织起来，成立了玉屏箫笛合作社，有十多个师傅。因为箫笛的制作工序很多，一个人完全掌握需要三到五年的时间，而且有些工序有季节要求，所以当时分成三个车间，后来又细分为五个车间。

刘泽松从小看到父亲在一根竹子上面打几个孔，便能吹出很好听的声音，就对箫笛很感兴趣。小学五年级的时候，学校有劳动课，他便在家长的帮助下做成一支笛子，获得了学校的奖励。刘泽松觉得是靠家人的帮助才获奖的，所以坦言这支笛子不完全是自己做的。父亲对他的这种诚实的态度很满意，教导他以后继续保持。刘泽松在初中还没毕业的时候就失学了，失学后的他开过汽车，做过汽车修理工，最后还是根据自己的喜好开始学习箫笛的制作。十五岁时，也就是1961年，刘泽松进入玉屏县箫笛厂工作，从选材、制坯，到雕刻、成品，他都要重新认真学起。

工艺流程

玉屏箫笛的制作工艺流程主要分四步：取材、制坯、雕刻、成品。

先说取材。箫笛的原材料在玉屏县主要有四种，做箫主要选紫竹和金竹，做笛子主要选苦竹和水竹。要到寒冬以后才能砍伐竹子，因为寒冬以后的竹子更加成熟，水分相对较少，加工也方便，做出的箫和笛子不易开裂，还要查看竹子生长的土质、阳光照射时间，考虑竹子的节数、厚度。一般一年采一次原材料，采好的原材料要把弯的部分烧直，再放到库房里，至少存放三年以后才使用。早些年箫笛的原材料大多从玉屏县的飞凤山和太阳山取材，因为这两个地方的竹子质地极优良，产量不高的黑紫竹更是制作箫笛的好材料。立冬后，制作箫笛的师傅进山选材，一般选择向阳生的竹子。这样的竹子竹节修长平顺，首尾大小较一致，表面圆润光滑。将砍回来的竹子根据各种箫笛长度要求截取成段。成段的竹子要晾晒半个月左右，再用火烤出剩余水分，同时用夹板夹直，然后就可以放入库房收藏。库房一般要干

竹料架

把弯曲的部分烧直

将竹节打磨光滑

打音孔

修孔校音

雕刻图案

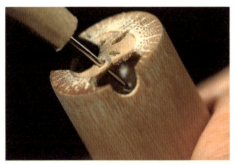

成品装饰

燥通风,同时要避光,入藏的竹材要打上年份的标记,方便以后使用。

　　竹材放置三至五年就可以用来制坯了。先用刨刀刨平竹材的节头部分,刮去外皮,将竹节打通,两端打磨光滑平整。有些竹材不是很平整顺直,需要再次烘烤加热校直,用刨刀刨平。接下来打音孔,为了保证音孔位置的准确,要弹滚墨线定位,然后用打孔机打孔。将半成品放到水中,用水砂纸打磨光滑。然后开始校音,校音一般伴随着修孔,一边吹一边看校音器,若是调低了,就要将孔往吹口的方向再开一些。

玉屏箫笛还有重要的一步是雕刻。一般雕刻前要先确定构图,传统的玉屏箫笛构图一般有龙凤、山水、花鸟等几种。确定好构图后就可以进行雕刻了。雕刻的工具很重要,单刀即一面刃用于刻字,双刀即两面刃用于雕刻图案形状。雕刻属于易学难精的手艺,现在也有机器雕刻,但是收藏家还是喜欢纯手工雕刻而成的箫笛。

雕刻完成后箫笛就基本成形了,再经过烘烤,上锅水,水磨洗涤,填色,揩色,上漆等工序,一支箫笛就制作完成了。

师徒传授

以前拜师还会举行简单而严肃的拜师仪式,选择一个黄道吉日,徒弟及其父母带一些小礼物来到师父家中。在堂屋里,师父坐在左边,父亲坐在右边,师父会问一些简单问题并且嘱咐要注意的事项,简单的拜师仪式就完成了。师父择徒是有要求的,首先要看其是否热爱,只有热爱才能坚持,才会钻研,最后才能成才。师父还会仔细观察徒弟的举动,问问题的时候,观察徒弟回答是支支吾吾,还是爽快利索;还要看徒弟的手脚是不是灵活,以及有没有诚心。正式收徒弟后,师父会倾心相授,把自己所掌握的教给徒弟,用刘泽松的话说,师父和徒弟的关系更像父子关系。

刘泽松刚进厂就从制坯开始学起,跟着师父一起刮皮、打眼儿、调音。领他进门的王金山和王德清两位师父分别教调音和制作。

王金山告诉刘泽松,调音需要先学会校音,练习耳朵。传统的校音需要练习呼吸方法,吸气吸到腰部上方,用手拢住嘴对着点燃的蜡烛吹,如果吹气到位,蜡烛的火焰可以成九十度,如果火焰歪歪斜斜的,说明气息不够稳,还需要继续练习。刘泽松回忆说，师父要求他静下心来，别的声音都不去听，师父会吹出一个调了，要他用心记住，然后要他吹出这个音来，师父来判断他的声音准不准。这样反复练习，既可以锻炼耳朵，又能练习演奏，为校音打下基础。

王德清教制作箫笛的方法，其中刮皮和打眼儿都是有规可循的，不同长度的箫笛，都是有架尺的，可以根据不同尺寸确定每个音孔的位置，然后批量生产。雕刻要学习书法、绘画，讲究一些的还要学习历史文化，了解字体演变，从甲骨文、金文到小篆、隶书、楷书、行书、草书等，一个人很难完全掌握。从调音到雕刻，每种技艺都要学上三五年。

刘泽松还有位师父在苏州，每次刘泽松到苏州，都会特意去拜访。老先生到玉屏，刘泽松也会热情接待。不能忘记传授自己技艺的师父，尊师重教，爱行敬业，这是刘泽松一直坚守的原则。

刘泽松的祖父和父亲都要求家人诚实守信、勤奋负责。刘泽松教授徒弟也是如此。随着社会的发展，以前的师徒传承方式逐渐受到挑战，虽然不少学徒因为各种原因中道打退堂鼓，但只要徒弟肯学刘泽松都会耐心地教。在刘泽松的培养下，有几名徒弟不仅学艺成功，而且还开设了箫笛工作室。

为了扩大玉屏箫笛的影响，刘泽松也会到学校教课，铜仁幼师设有玉屏箫笛制作室，每次学校邀请刘泽松去讲课，他都会认真准备。不论学习的人是想陶冶情操还是想习得一技之长，刘泽松都希望能将玉屏箫笛的历史、制作及演奏方面的知识传授出去。

笋子高过竹

刘泽松刚开始学习箫笛制作的时候就发现，玉屏箫笛存在音调不准的现象，音调高的时候就不准了。经过与师傅们商量讨论，他感觉问题还是出在原材料上。他发现水竹的竹节短，不易弄平整，影响了箫笛的发声。水竹节，大概三十到四十

刘泽松带徒弟

厘米左右,吹 G 调或 F 调完全没有问题,但想吹出 D 调或 C 调就没办法了。俗话说"杭州的笛子玉屏的箫",刘泽松就想要不要去杭州那边取一些原材料回来,厂里的师傅也觉得值得去杭州看看,学习一下那边的笛子做法。于是刘泽松去了杭州的一个乐器社学习,乐器社的顾师傅给刘泽松演示了当地的笛子制作方法,刘泽松发现原材料确实很重要。杭州的乐器社用的是当地的竹子,生产的笛子从外观到音色都很讲究。刘泽松想运一批原材料回玉屏,可惜交通不便,费时费钱,只好作罢。后来,玉屏箫笛社改用当地的苦竹来做笛子,在音色方面有了很大的改善。刘泽松晚年,提议在当地建设一个玉屏箫笛绿林基地,自己动手解决原材料问题。

让刘泽松印象深刻的另一件事,是他被厂里派去广州岭南乐器厂学习。因为存在音调不准的问题,无法适应演奏市场,当时玉屏箫笛厂面临很大困难。这时在苏州和上海出现了调音笛,即每支笛子焊接一个可以伸缩的铜管,通过调节长短,可以适应不同调子乐曲的演奏。当时岭南乐器厂有焊接机,可以做出调音笛。玉屏箫笛厂向岭南乐器厂表达了想要学习的想法,刘泽松满怀欣喜地前往,到了之后也受到了热情的接待。可是他发现对方并不是很想把焊接技术教给他,只是带他参观。刘泽松感到很受挫,回到玉屏后仍不甘心放弃,他找到当地的农具加工厂,一起研究如何伸缩,如何通气,慢慢地,他终于试制成功了,于是玉屏也有了调音笛。这让刘泽松很自豪,觉得自己通过努力给玉屏引进了一项新技术。当时铜和银的焊片都是国家管控的,每次使用都要进行材料报批,而且每次批的量都很有限。在材料紧缺的情况下,他硬是一点儿一点儿试制成功了。

玉屏箫笛厂最开始是国营单位,产品包销,刘泽松等人只负责箫笛的制作,有专门的出口公司负责外销。箫笛生产出来后先转到铜仁外贸进出口公司,再由广州外贸进出口公司销往国外。当时国内和国外对玉屏箫笛的需求和认可度都很高,经济效益很不错。后来,玉屏箫笛厂改为集体所有制企业,需要自己开拓市场,因为以前很少接触顾客,缺乏销售经验,便出现了滞销问题。玉屏箫笛厂由盛转衰,进入了低谷期。

改革的春风吹到玉屏后,刘泽松选择离开玉屏箫笛厂自己创业。过硬的技术再加上刘崑山玉屏箫笛的名气,他制作的玉屏箫笛经济效益好了很多。但是由于没办法获取更多更好的竹子,所以产量不是很高。在玉屏侗族自治县成立三十周年的时候,刘泽松接到一笔订单:玉屏箫笛要作为纪念品发放给来宾。据刘泽松回忆,当时他们拉了两辆皮卡车的竹子,彻夜灯火通明地赶制,做得热火朝天。

做玉屏箫笛的人越来越少,而刘泽松靠着自己的热情坚持了下来。2006年,他亲手制作的龙凤扁箫在多彩贵州旅游商品"两赛一会"总决赛上,获得"贵州名创作品入围奖"。

龙凤扁箫

名气最大的玉屏箫笛应该是龙凤扁箫。刘泽松猜测,首届巴拿马万国博览会上获得金奖的应该就是龙凤扁箫。龙凤扁箫属于玉屏的传统箫笛,箫身扁,节数同,寓意极好。龙凤扁箫最开始是一对儿箫,一支刻有龙的图案,一支刻有凤的图案。两支箫的形状、调式、长短、颜色都是一样的。龙凤扁箫的选材非常讲究,两支箫的原材料要长在一起,因为只有长在一起,受到的光照强度才会一致,做出来的箫颜色才能一致。而且要对节,只能有三节,第一节开吹孔,第二、三节开六个音孔。

龙凤扁箫的制作技艺比较复杂,开叫口、开花窗、贴笛膜尤为关键。

开叫口:叫口即吹孔。玉屏箫和其他地方的箫不一样,杭州箫和苏州箫的叫口近长方形,前面开口小些,后面开口大些,而玉屏箫的叫口是椭圆形的。开叫口讲究叫口的深度和斜度,需要慢慢调整音准,因为孔只能往大了调,不能往小调,所以一旦音调高了就不能再往低调整了。

刘崑山玉屏箫笛商标

开花窗:是在箫的顶端刻上各式各样的图案,常见的有兰花、古铜钱、蜜蜂等。2005年刘泽松在某次箫笛艺术节上看到过一支非常奇特的箫,这支箫的花窗开到了底孔上,

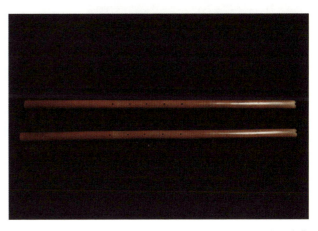

龙凤扁箫

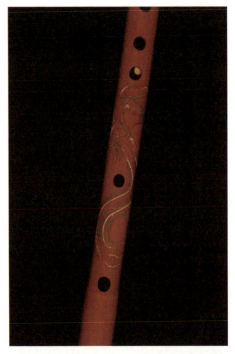

龙纹

凤纹

图案是双古铜钱,上面是通气的,但下面是封口的。刘泽松感叹,这支箫不仅音色好,而且还有巧妙的构思。

贴笛膜:箫,尤其是笛,非常讲究贴笛膜。一开始笛子没有膜孔(叫闷笛),后来才有膜孔的。以前的膜孔比吹孔大一点儿,和音孔一样大。后来,制作箫笛的师傅们在实践中感觉到,如果膜孔太大,笛子的高音就吹不上去了,于是就把膜孔缩小到了比音孔小一毫米。笛膜最好用清明前后采的竹子里的膜。竹膜适合吹低音,但是吹高音声音会脆、会爆,所以笛膜一般用的是芦苇的膜。芦苇的膜很长,大概十到二十厘米,选取中间透明的纹路清晰的那段。笛膜有两种贴法:一种是横向贴法,笛膜和竹子的纤维正好呈十字形;另一种是顺向贴法,笛膜顺着竹子纹路贴。笛膜纹路的多少、细密和松紧程度都可以调整。贴好笛膜,还要通过听力去辨别箫笛的音色好不好,以及高音能不能吹上去。

龙凤扁箫制作比较重要的步骤还有雕刻图案,最具代表性的图案是龙和凤。起初箫笛只刻字,往往和箫笛有关,比如"萧史弄玉",比如"仙到玉屏留古调,客从海外访知音",比如杜牧的诗句"青山隐隐水迢迢,秋尽江南草未凋。二十四桥明月夜,玉人何处教吹箫"。后来才逐渐有了图案,比如龙凤、山水、花鸟等。现在龙凤扁箫往往作为礼品送给新人或者年轻人。可惜的是,开花窗技术几乎快要失传,能做好龙凤扁箫的人并不多了。

对玉屏箫笛的热爱支撑着刘泽松一路走来,虽然中间历经坎坷,做过学徒、开过汽车,也产生过想要考艺校的想法,但最终还是把心思放在了玉屏箫笛上。刘泽松一直致力于打造玉屏箫笛的品牌,有人说玉屏箫笛不好吹,他就从原材料到技术都做到位,保证箫笛的音色和质感;发现精通玉屏箫笛制作技艺的人越来越少,他

花窗

玉屏箫笛上的刻字

就悉心带徒弟,看到好苗子就耐心教授;了解玉屏箫笛的雕刻技艺复杂,学徒入门容易精通难,他就向政府建议多培养雕刻人才。

　　　冬去春来
　　　火烤刀刻
　　　一根根竹材
　　　在他手中焕发新生
　　　日复一日
　　　年复一年
　　　一声声箫笛
　　　在他心中始终如一

国酒背后的那个人：

季克良与茅台酒酿制技艺

岳梦圆

季克良 ▎

　　季克良（1939—　），江苏南通人，国家级非物质文化遗产代表性项目茅台酒酿制技艺代表性传承人。1964年从无锡轻工业学院（现江南大学）发酵工程专业毕业后，季克良与后来成为其夫人的同学徐英一起，被分配到贵州茅台酒厂。1981年，季克良被任命为茅台酒厂的副厂长，1983年成为厂长，1991年任厂长兼厂党委副书记、总工程师，1997年当选党的十五大代表。由他主持制定的《贵州茅台酒标准》填补了国家酱香型白酒技术标准的空白，为酱香型白酒乃至中国白酒事业的传承与发展做出了巨大的贡献。他始终致力于推动企业科技发展及行业技术进步，全面构建了茅台酒科研工作体系，提出并形成了系统的酿酒科学理论和应用体系。季克良的一生经历丰富，他在茅台酒厂几十年的故事连同茅台酒厂自身的发展，已成为中国酒业乃至中国企业发展史上的一个传奇。

儒雅、睿智

束身如玉

从青丝如黛到两鬓苍白

他带领着勤劳的茅台人

取高粱的精

取小麦的魂

再捕捉泥土的芬芳

和河水的甘甜

酿成一座液体的丰碑

集中、糅合、升华

一生匠心，半世沧桑

他把青春和热血都挥洒在这片热土之上

都涤荡在每杯国酒之中

中国的版图上有一条独特的河流,被誉为"美酒河"。它就是发源于云南省镇雄县,流经云南、贵州、四川三省,最终汇入长江上游的赤水河。赤水河两岸山势陡峭,水流湍急,其独特的地理特点和气候条件,形成了上好的酿酒生态环境。中国作为最早酿酒的国家之一,历代以来佳酿无数,以赤水河流域名酒为代表的黔系酱酒便是其中的典范,秦汉以前已有规模化的酿造生产。而今沿河大小酒厂逾千家,汇集了中国60%以上的名优酒厂。在河段中游的仁怀市茅台镇,有我国最著名的白酒品牌,这就是有着国酒之称的茅台酒。

茅台酒的历史可以追溯到商周时期的酿酒活动;唐宋时期出现了以粮食制曲和酿造谷物酒的工艺,开始酿造蒸馏酒;元明之际出现了回沙工艺。正规的酿酒作坊在杨柳湾一带陆续兴建;清代,回沙酱香酒逐渐定型。康熙间,"茅春""茅台烧春""回沙茅台"等已成为中国西南市场的佼佼者。道光《遵义府志》引《田居蚕食录》:"仁怀城西茅台村制酒,黔省第一,""茅台烧房不下二十家,"每年酿酒"所费山粮不下二万石"。咸丰间吴振棫《黔语》称"茅台村隶仁怀县,滨河土人善酿"。历史上,众多诗人为茅台酒写下了许多脍炙人口的诗篇。庙堂之上、国事典礼、亲朋家宴,那些庄重、喜庆的场合,常常出现茅台酒的身影。

茅台酒酒体醇厚,回味悠长,是世界三大蒸馏名酒之一,也是酱香型白酒的典型代表。它独有的酿造工艺并非一朝形成的。在八百多年的酿造历史中,一代代酿酒师根据酿酒的基本原理,结合当地自然条件,吸取其他发酵食品的酿制工艺,经反复实践和传承创新,形成了独特的酿造技艺。这是一套与其他名优白酒和蒸馏酒完全不同的生产工艺,独一无二又科学合理。整个工艺流程包括一年一个生产周期、二次投料、三种香型、三年陈贮、三十天发酵、四十天制曲、五个月踩曲、六

个月陈曲、七次取酒、八次摊晾加曲堆积入池发酵、九次蒸煮,具有高温制曲、高温
接酒、高温堆积、糖化率低、水分低、出酒率低、轮次多、用曲多、粮耗多、辅料少十大
特点。

这个生产工艺中的很多环节被酿酒人秉承和坚持了千百年。比如,在重阳节
时投放制酒主料高粱,便有着悠久的历史。人工踩曲也是一种古老的制曲方式。
正是对正宗酱酒工艺的坚持,使茅台酒酿制技艺在2006年列入首批国家级非物质
文化遗产代表性项目名录。

茅台酒是香气丰富、协调、有层次的复合香型白酒。茅台酒的品质之所以被大
家赞赏,主要是因为茅台酒拥有三种典型体。第一种典型体为酱香,是由芳香族化
合物散发出来的一种香气。气相色谱分析表明,茅台酒所含的芳香族化合物很丰
富,特别是酚类物质,而这些物质成分又主要来源于酿酒原料经微生物代谢后的产
物。如高温制曲就为芳香族化合物的形成提供了大量的前驱物质。第二种典型体
为窖底香,是乙酸和乙酸乙酯及酱香成分浑然一体的香味香气。它是微生物代谢
后的产物,既有浓香型酒的特点,又区别于浓香型酒,香气浓郁,且凸显柔和。第三
种典型体为醇甜香,含多元醇较多,是微生物发酵作用的产物。这种成分在茅台酒
中,不但起到呈甜味的作用,而且能在三种典型体的香气成分中发挥一种奇特的缓
冲作用,形成茅台酒独树一帜的复合香。同时,还可以对其他香型的白酒起到"改
善酒体、覆盖嘈杂、延长后味、提高酒质"的重要作用。

茅台酒历经时间的淬炼,凝聚了代代茅台人的智慧与汗水,以其精湛的制作工
艺,得到了国内外广泛的关注和认可。从距今两千多年的"枸酱引出夜郎道",汉武
大帝饮枸酱酒而"甘美之"的赞叹,到清人郑珍书写出"酒冠黔人国,盐登赤虺河"的
诗章;从1915年巴拿马太平洋万国博览会"香惊四座夺金奖"的佳话,到1935年与
长征的红军结下情缘;从新中国成立后的国宴酒,到1972年为中美、中日建交所发
挥的微妙作用;从多次荣获国际名酒金奖及蝉联中国名酒称号,到纪念香港、澳门
回归、庆祝"神五"飞天成功……可以说,茅台酒以太多的历史殊荣,以独特的历史

地位和作用,体现了巨大的人文价值,弘扬了光辉灿烂的中华文化。

科班出身的酒酿专家

　　说到茅台酒今日的蓬勃发展,就不得不提起一个人。他就是国家级非物质文化遗产代表性项目茅台酒酿制技艺代表性传承人季克良。季克良是江苏省南通市南通县人,原本姓顾,因幼时家庭贫困被过继到季家。虽然他的父母都是农民,也都未曾上过学,但却十分重视子女的教育问题。季克良回忆道:"我的养父一字不识,但每日都会督促我背书。我记得小时候他们叫我背书——我想得太简单,认为自己可以蒙混过去——他们虽不认识字,却用手指头数我背了多少个字,然后再查点书本上的字数,看我有没有'偷工减料'。"在父母的督促下,季克良从初中到高中,都在发奋学习,1959年他成功考入无锡轻工业学院(现江南大学)并选择了发酵工程专业。

　　季克良的大学生涯也充满了坎坷。他刚入学不久,与南通老家就断了音信。原来,他的一个哥哥去世了,母亲生了重病,家里的房子也被烧光了。过了很长一段时间,他才从表姐的来信中获悉了这一切。孤身留在无锡的他,至此完全失去了家里的经济支持,于是,他午饭只吃一份定量的米饭,配一小碗莲花白。莲花白是一种包菜,切碎之后,用水煮熟,一毛钱能买一碗。但米饭和莲花白常常不在一个时间段里供应,季

53°贵州茅台酒

克良只好饭菜分开吃。饭和菜的量都很少,他常常没走回宿舍便已全部吃完。放假的日子在许多学生眼里美好而轻松,但对季克良而言,这是去工地打工的时候。抬石头或拌灰浆,每天能挣一块五毛钱,这是季克良主要的经济来源。工地离家很远,晚上就只能借住在农家未建好的厕所里。饥肠辘辘的求学生涯让他更能体会到每一斤粮票的来之不易,更加珍惜学习的机会。季克良学习格外努力,为了更好地掌握英语,他用打工省下来的三块六毛钱,买了一本《英汉大词典》。

季克良大学里一直担任班长,还担任过班学习委员和系学生会委员。他的一份综合分析试卷,被学校留下来当作标准答案使用。毕业时老师对他严格要求,既让他搞科研又让他写论文,别人都是两人一组,而他却是独自一人,而且由两位老师指导。结果他获得了两个五分,即两个满分。北宋哲学家张载说:"贫贱忧戚,庸玉汝于成也。"生活或许更像是筛选,在一次又一次的摇晃之中,让虚浮的人飘走,让坚实的人留下来,完成自己的使命,让生命迸发出更大的力量。

季克良的使命便是在一个偏远的酒厂做出一番成绩。1964年,从无锡轻工业学院发酵工程专业毕业的季克良,作为一名高材生,与后来成为其夫人的徐英一起,被分配到偏居中国西南一隅的贵州茅台酒厂,从此开启了他与茅台酒的数十年之缘。相较于"春水碧于天,画船听雨眠"的江南温情,位于云贵高原向四川盆地过渡地带的仁怀市原始而豪放。初到茅台酒厂就被派去车间做调查研究的季克良,看到的只有荒凉的厂区和80%左右闲置的生产车间。空气中辣椒水的味道加上当地缺乏水、电等生产生活设施的大环境,让季克良难免水土不服。看到茅台酒厂已经出现的生产量低、经营管理困难等问题的季克良,没有选择撤退,他坚定地告诉自己"做一名优秀的酿酒师是我的梦想"。于是,他从基础的酿造工艺开始实践,从推车、背糟、踩曲、投料,到蒸煮、制曲、堆积、发酵,作为厂里为数不多的高材生,每个环节他都严谨认真地学习和实践。三年时光一晃而逝,季克良一边潜心投入研究茅台酒的工艺改良,一边同工人们一起劳动,一天工作时长达十几个小时。在高温的制曲、发酵、蒸馏环境下,他的衣服从来没有干爽过。一次次磨炼自己意志的过程,使他彻底领悟了茅台酒的精髓。五十多年的茅台时光,季克良把茅台酒每一个工艺细节都融入了自己的血液里。为了保持嗅觉的灵敏,他一直坚持规律、健康的生活习惯,不酗酒、不抽烟、不熬夜、不吃辛辣食物。通过不断锻炼自己的嗅觉,不断地进行分析和判断,季克良只要用鼻子一闻,便能判定酒中的香气成分是否达标,有时候比电子测量仪还要准确。

宝剑锋从磨砺出

茅台酒享誉世界的道路并非一帆风顺,以前茅台酒并不像现在这样受追捧。那时,每天破晓时分,在茅台古镇弯急坡陡的街道上,总可以看到一个人或健步而行,或骑着半旧的女式摩托车,急匆匆地进入茅台酒厂的大门……

命运总是让季克良站在茅台酒厂的困难面前,并且希望他能力挽狂澜。面对各种困难,季克良倾注了自己全部的智慧和汗水。在全国首届名酒技术协作会议上,茅台酒厂的代表宣读了由季克良总结整理的茅台科研组成果论文《我们是如何勾酒的》。这篇论文回答了茅台酒为什么要勾兑和如何勾兑的问题,这是中国白酒生产工艺史上形成的第一个科学理论,在白酒界引起了强烈的反响,成为中国酿酒史上的一个里程碑。

1981年,季克良任茅台酒厂副厂长,1983年升任厂长。1984年,茅台酒蝉联国家名酒金奖。1985年,季克良认为自己不适合做行政工作,主动辞去厂长职务,成为茅台酒厂历史上第一位总工程师。

1994年,在纪念巴拿马太平洋万国博览会八十周年国际名酒品评会上,茅台酒荣获国际特别金奖第一名,牢固地确立了世界名酒的地位。1998年,金融危机及山西朔州毒酒案爆发,中国酒业遭遇了前所未有的冲击和挑战。季克良亲自撰写多篇文章回答公众质疑,如《告诉你一个真实的陈年茅台酒》《国酒茅台:世界上最好的蒸馏酒》等,平息了许多负面信息。当年5月,他被委以重任,集党委书记、董事长、总工程师于一身。

在茅台酒的生产和销售都陷入艰难困境时，季克良意识到不能再依靠国有糖酒公司销售茅台酒。于是，在他的主导下，茅台酒厂由计划经济向市场经济转变，跳出原国有糖酒公司的销售体系，寻找新的酒类代理商，重建销售网络和渠道。与此同时，组建贵州茅台酒股份有限公司，从企业体制上进行根本转变。到1999年底，公司销售收入十亿元。季克良带领茅台人实施了扩产八百吨工程，后来又实施了扩产两千吨乃至万吨的梦想工程。

2001年，贵州茅台挂牌上市，很快成为中国A股中为数不多的百元股之一。2003年，茅台酒产量首次突破一万吨，季克良回忆："这是我一生中最幸福的时刻啊。"

一次又一次的危机，季克良都顶住了压力，最终赢得了各方的支持，使得茅台酒真正成为人们认可的国酒。

茅台酒厂职工将丝带系在酒瓶上

传承不惧创新

退休后的季克良一直关心着茅台酒厂的发展,为酒厂无私奉献着。他常常到酒厂为酒体品质把关定向,到制酒车间指导生产。通过与年轻人不断沟通交流,他将自己的酿酒技艺、经验总结及创新思想,无条件地传授给徒弟和职工,形成了自己独特的传承和教学方法,做到了最大程度地活态传承非物质文化遗产。茅台酒酱香突出,幽雅细腻,酒体醇厚,回味悠长,空杯留香。与茅台酒相伴半个多世纪的季克良老人,也像一瓶醇香的老酒,将胸中的气象万千深藏于心,不动声色地化作严谨、细致、谦逊、平和,并将这种品质点点滴滴浸润到每一位年轻的茅台人心中。

季克良的徒弟杨帆讲述:"季老有三个方面给我留下很深的印象。第一是谦和,第二是敬畏,第三是坚持。他在给酿造师讲解酿造理论的时候,可以搭着别人的肩膀来讲这些事情。对我们基本都是口口相授,讲到关键的地方,他还会手把手地传授。他也经常会通过各种方式给我们布置题目让我们思考。交作业的时候,他也非常耐心地听我们汇报作业情况。我们也经常会一起就一些问题进行讨论。"季克良则说:"我愿意教,你愿意学,就是这样。"还有一种就是在一起工作的时候,季克良和职工把道理说清楚,也没有说是培养,而是工作时的交流,这样也慢慢地形成了传承。

在大家眼里,季克良从来不是一个高高在上的人,他就像一个邻家的大爷。他喜欢喝可乐,出国时也不像很多人一样抱怨吃不惯国外的食物。他会说:"这个没问题,穷的时候都没有东西吃,只要能吃饱肚子就行了,这个好不好吃,那是其次。"工作中,当季克良想让实践经验丰富、但酿酒专业知识掌握较少的职工学习复杂深奥的微生物原理时,他便将微生物学与生活常识相结合,通过生动的比喻提高职工的学习效果和学习积极性。茅台酒厂前副总经理丁德行,也是季克良的徒弟兼老同事,他回忆季克良的鸡汤理论时说:"炖老母鸡放多少水决定着汤好不好喝。他

季克良向茅台酒厂首席酿造师（制曲方向）任金素讲解翻仓技巧

会从专业的角度给我们剖析，我们就感觉记得非常牢，深入浅出嘛。"当时的教学情景历历在目，被人们戏称为山沟里的微生物学。授课之余，季克良常与职工唠家常，聊聊生活中的各种琐事。不知不觉中，他与职工之间的距离拉近了，职工也真真正正地把他当成老师，并随时向他请教。

季克良是一位新工匠，具有典型的新工匠精神。与传统的老工匠相比，他不仅有一颗热爱茅台事业的心，还掌握现代科学技术，拥有科学精神。传统工匠的主要特点是实践经验丰富，动手能力强。而对新工匠来说，刨根问底、不畏权威、勇于献身的科学精神成为关键。一方面要具有怀疑精神，敢于挑战权威；另一方面要通过系统严密的方法来发现和解决问题，大胆提出假设并小心翼翼地求证。季克良来到茅台酒厂之后，调动起全部的好奇心，运用自身掌握的专业科学理论，破解了茅台酒在生产中的谜题。他打破茅台酒厂建厂初期的生产主要靠经验、感觉的传统，在生产中不断总结，提出了提高茅台酒质量的九条经验。他还相继写出了《提高酱香型酒质量的十条措施》《茅台酒传统工艺的总结》《贵州省茅台酒传统工艺标准》等文章。正如中国酒界泰斗秦含章老先生讲的那样"季克良是个全才"；也如茅台集团一线生产工人所说"那老头儿什么都会，你可瞒不住他"。

季克良认为，在传承教学的过程中，应该注意融合理论，联系实际，解决生产中遇到的具体问题，然后尽可能多地与徒弟和职工交流；发挥自己实践经验比较丰富的优势，季克良与掌握较多理论知识的年轻人一起讨论实践怎样与理论挂钩的问题,同时看他们归纳、梳理问题的方法,告诉他们具体应该在什么时候,怎样联系实际。茅台酒厂前技术总工程师、季克良的徒弟吕云怀说:"因为季总本身的性格是谨小慎微的,所以特别适合搞技术。"季克良认为,谨慎并不是保守,而是做每件事情一定要经过论证。虽然可能走得慢一点儿,一年才一个生产周期,有时论证的时间就要花上两三年,但是从长远看,这是非常有价值的。

茅台酒的酿造技艺想要发展,需要的是传承又不惧创新的精神。创新与传承,这两个原则是对立统一的。在茅台酒厂几十年的发展历程中,季克良始终重视处理好两者之间的关系,找到了平衡两者关系的一些方法。例如,几百年来茅台酒的勾兑方法是大酒坛勾兑小酒坛,酒龄长的勾兑酒龄短的,产什么酒就勾兑什么酒,全凭勾兑人员的直觉经验,没有统一标准。而经过两期的试点分析,季克良发现了茅台酒的生产机理,去粗取精,运用科技手段分离细菌和酵母菌等,大大促进了茅台酒的发展进程。创新会对传承起到一定程度的促进作用。不过季克良反对随意创新,强调不通过实验就随意创新,是必定会破坏传承的。

几十年间,季克良对茅台酒酿造技艺一直抱有敬畏感,对他来说,控制茅台酒的生产质量是重中之重。质量不好,产品没有了生命力,品牌也就没有了生命力,

勾兑师先品尝酒样,然后进行微量勾兑勾调

企业就不行了。茅台酒酿造技艺复杂、特殊,绝对不能掉以轻心。酿酒的工艺流程,季克良认为是很完整、科学、合理的,一定要把它的道理弄清楚,才能传承下去。所以他把工作中严谨的、对生产工艺很敬畏的态度,传递给每一个徒弟和一起工作的职工。他会有意地培养一些年轻人,就像自己当年在李兴发厂长的带领下在一线工作一样。季克良回忆说:"我之所以后来在茅台酒厂的发展中能够有些贡献,我感到在他的手下当助手时,学到了很多东西,使我受用终身。1963年评酒结果不好,他就到酒库里去了解所有酒的情况。在这个基础上,他提出茅台酒有三种香型:一种是酱香型,一种是醇甜香型,还有一种是窖底香型。后来我们研究证明,他这样的分法是对的,是科学合理的。我感到后来的好多观点就是那个时候学到的,那三年奠定了我以后在茅台酒厂发展的基础,关于生产上的一些技术问题,我都能解决了。对生产的一些分析,从那个时候,我也开始逐步地积累。"代代相传的不仅是酿造技艺,还是老一辈工人们的优良品质。那种从来都不抱怨、认真埋头苦干、经常照顾他人的精神,直到现在仍然影响着茅台人。

一生匠心,半世沧桑。季克良已将一千多种微量成分浸入茅台酒中,当然注入的还有他全部的青春。"新的工匠精神"虽然只有短短几个字,总结的却是他平淡、杰出又坦然自若的人生。敬畏之心,让农耕文明下的酿酒技艺,顺应时代的发展,活态传承,焕发新生,也让古老的发酵方法与现代科技下的大工业生产完美融合。岁月做证,季克良这个名字,始终与茅台酒的发展与辉煌紧紧地联系在一起。季克良说:"我心灵的陶醉来源于孜孜不倦地寻求茅台酒酿造的真相,这是我一生的主题。"茅台酒未来的路还很长很长,至少季克良仍然认为茅台酒酿造工艺的研究成果还处在宏观层面上,要想真正进入微观研究领域,不知道还有多长的路要走。

眼下,对茅台酒酿造技艺最好的传承莫过于以科学务实的精神,以开拓创新的态度,运用不断发展的科技手段,不断探究,不断前行。因为未来充满希望。

时光佳酿：

王阿牛与绍兴黄酒酿制技艺

王春丽

王阿牛 ▮

　　王阿牛（1925—2022），浙江绍兴人，国家级非物质文化遗产代表性项目绍兴黄酒酿制技艺代表性传承人，全国轻工业系统先进工作者。王阿牛出生于绍兴东浦的酿酒世家，1941年2月跟随父亲从酒坊学徒做起，1952年5月进入地方国营酒厂工作，1954年5月加入中国共产党。1959年10月，他编印了《绍兴酒制作规程》，成为用文字和科学数据记载绍兴黄酒酿制技艺的第一人。王阿牛历任车间主任、副厂长、厂党支部书记、总厂党委副书记，是第三、第四届全国评酒会黄酒评酒委员，被称为"活酒仙""黄酒博士"。1979年和1982年，王阿牛被评为浙江省劳动模范。1991年3月退休，1995年5月王阿牛受聘浙江塔牌绍兴酒厂技术顾问。

夏季做酒药

秋季制麦曲

冬季投料酿酒

春季榨酒煎酒

一年四季

时光流转

冬去春来间

悠悠鉴湖水化成坛坛美酒佳酿

千年古城千年酒

绍兴,古称越州。春秋时期,於越民族以今绍兴一带为中心建立越国。到南宋时,宋高宗取"绍奕世之宏休,兴百年之丕绪"之意,于公元1131年正月初一改元绍兴,升越州为绍兴府,绍兴之名由此而来。

作为我国著名的历史文化名城,绍兴素有水乡、桥乡、酒乡、书法之乡和名士之乡之称。这其中最广为人知,堪称绍兴之魂的便是酒乡。古时,绍兴人家有子女出生时,父母会酿一坛老酒,并写上花好月圆、吉祥如意等祝福的话语,藏于桂花树下,待到将来儿女成家之时再开坛款待宾客。这坛酒,如果生的是女孩就叫女儿红,生的是男孩就叫状元红。酒几乎贯穿了绍兴人的一生:结婚生子时要喝结婚酒、满月酒、百天酒;岁末年终时要喝散福酒、分岁酒、迎客酒;种地的人家要喝春牛酒、插秧酒、庆丰酒;做生意的要喝开业酒、利市酒、财神酒;除此之外,还有上梁酒、谢师酒等。在每一个人生的重要节点,绍兴人都通过喝酒来寄托和表达自己的美好心愿。千百年来,这些文化习俗已经深深地融入绍兴人的血液中,滋养着绍兴人的品性。

绍兴酒早时有"醪""山阴甜酒""越酒""绍兴酒"等称呼,现在多称绍兴老酒或绍兴黄酒。据史料记载,绍兴的酿酒业早在春秋战国时期就很普遍,《吕氏春秋》记载:"越王苦会稽之耻,欲深得民心……有酒流之江,与民同之。"《嘉泰会稽志》记载:"句践……师行之日,有献壶浆,跪受之,覆流水上,士卒承流而饮之,人百其勇,一战而有吴国也。"至今,绍兴城内还有投醪河遗址。五代吴越国时期,绍兴的酿酒事业进一步发展，酒税成为当时的重要税收之一，吴越王特设酒务司专管，绍兴城区的酒务桥便由此得名。宋室南渡后，绍兴老酒发展迅速，到清光绪后期达到鼎盛，年产量曾高达60900吨，仅贮存三年以上的陈酒就有36000余吨。据嘉庆《会稽县志》，当时绍兴酒已被评为十大名产之一，列入贡品，誉满中外，声名远扬，被称为"东方名酒之冠"，创下了"越酒行天下"的辉煌。

千百年来，绍兴人代代口耳相传，形成了夏季做酒药，秋季制麦曲，冬季投料酿酒，春季榨酒、煎酒的一整套独特的古法酿制技艺。依托绍兴得天独厚的自然环境和独一无二的鉴湖水系，绍兴人用自己的勤劳智慧酿制了温润如玉、刚柔并济的绍兴黄酒。2006年，绍兴黄酒酿制技艺列入首批国家级非物质文化遗产代表性项目名录，王阿牛便是这项古老技艺的代表性传承人。

少年困苦，梦想成为一名酿酒师傅

1925年，王阿牛出生在绍兴东浦。东浦位于绍兴西北，鉴湖之畔，稻谷丰盛，是绍兴老酒的主要产地。这里的人都会酿酒，而且善于酿酒，自古便有"酿酒师傅出东浦"之说。在东浦，自家做的酒被称为家酿酒，主要是自己喝。此外，因为东浦境内河流纵横交织，便于运输，所以东浦酒坊林立，大的像汤源源茂记酒坊、云集酒坊、王宝和酒厂等，可谓"村醪处处熟，无处不酒家"。

在十里皆可闻酒香的东浦，王阿牛家也是一个酿酒世家，世代靠酿酒和务农为生。王阿牛出生时家里生活困苦，父亲上半年在田里务农，下半年在酒坊做工。因为没有文化，没法学习酿酒的核心技艺，父亲只能做洗坛、浸米、落

20世纪40年代的王阿牛

2017年,九十二岁的王阿牛与徒弟重回东浦古镇

作等简单的工作,收入很少。王阿牛兄弟姐妹八个,常常吃了上顿没下顿。即便如此,父亲还是坚持送他去私塾读书。在父亲看来,只有上学读书,儿子才能超过自己,摆脱困苦的命运。

十一岁的王阿牛眼见父亲到处给自己凑学费的,非常珍惜来之不易的读书机会。不管刮风下雨,他每天都到学堂跟着先生学习。因为学习认真,王阿牛的成绩提升得很快,不仅认识了很多字,还学会了打算盘和写毛笔字。三年私塾读完,因为家里实在无力承担学费,王阿牛只能辍学,跟父亲一起在田间酒坊日出而作、日落而息。

在东浦古镇,置于家门口的黄酒坛

由于成长在东浦浓郁的酒香中，加之父亲也从事酿酒工作，王阿牛对酒有着莫名的亲切和喜爱。他从小听得最多的故事是1915年云集酒坊第五代传人周清酿制的云集记酒在美国旧金山举办的首届巴拿马太平洋万国博览会上一举夺得国际奖牌。这让少时的王阿牛敬佩、骄傲，能够做个酿酒师傅，亲自酿出美酒是他从小的梦想。

十七岁时，机会终于来了。父亲把王阿牛送进汤源源茂记酒坊当学徒。回忆起学徒生涯，王阿牛笑称自己当时是"三壶先生"。每天早上，王阿牛要帮老板和大师傅准备好茶壶，中午要帮他们准备好酒壶，晚上还要给他们端夜壶。说是学徒，其实就是干杂活的。因为实在学不到手艺，一年后王阿牛又跟着堂兄王阿仙到了沈裕华酒厂。当时堂兄已经是酒厂的开耙师傅了，愿意教王阿牛手艺。

学习开耙技术，十年终成"酒头脑"

进了沈裕华酒厂之后，王阿牛做酿酒工，每天必须洗二百个酒坛、挑二百个酒坛。只要有机会，王阿牛就跑去堂兄那儿仔细观察和请教开耙技术。时间一长就被老板发现了。老板骂他不务正业，气愤地对他说："你要学开耙，还远着呢，要先洗九万九千九百九十九只酒坛，挑九万九千九百九十九桶水和九万九千九百九十九坛酒。你把这些做好再去学开耙，否则基本活没干好，我就让你回去。"王阿牛虽然觉得委屈，但也慢慢体会到老板严苛要求背后的心意。做酒是个慢活，只有洗坛、堆坛、浸米、蒸饭，所有的工序都熟悉了，才能成为一个好师傅。从那以后，他成了酒坊里最勤快的人，每天都超额完成老板规定的工作任务。慢慢地，老板发现王阿牛吃苦肯干、有韧劲儿，就让王阿牛跟着堂兄开始学开耙。

所谓开耙就是用一根长两米左右的木耙在酒缸里搅拌，目的是通过搅拌，调节缸里的温度，给微生物提供适当的空气，使其发酵过程能够顺利完成。这个看似简单的动作，却包含了很多技术。因为不同的微生物发酵对温度的要求不一样，能否掌握不同阶段各种微生物发酵的适宜温度,决定了一缸酒的好坏。因此什么时间开耙和开耙的次数尤为重要。

王阿牛一直记得自己第一次跟着堂兄开耙的经历。那时候没有温度计,要靠手去估计温度。有一次晚上开耙时,王阿牛很自然地将手插在口袋里,堂兄看到后立马说道:"你这样把手藏着,待会儿怎么能估计出缸里的温度呢?"听了堂兄的话,王阿牛想到堂兄每次开耙前都要把手放在冷水里泡泡。从那以后,他更加留意堂兄的动作,并且更加用心地学习开耙技术。

酿酒师傅正在开耙

早期酿酒师傅文化水平普遍不高,老师傅教徒弟都是口头传授,没有文字记录,所以学习开耙的难度就很大,没有十年八年的磨炼出不了一个好的开耙师傅。在沈裕华酒厂的十年里,王阿牛多看多学,因为上过三年私塾,他坚持记录数据,细细钻研,慢慢体悟到了开耙的窍门,成了一名优秀的开耙师傅。回顾十年的学徒生涯,王阿牛说,虽然很辛苦,但在沈裕华酒厂他学会了开耙,也学会了做人。

调任云集酒厂,提升酿酒技艺

云集酒坊始建于清乾隆八年(1743),取名云集,意在名师高手云集。经过周家子孙几代潜心经营,云集酒终于在第五代传人周清的掌管下,风靡全国,远销海外。

后酒坊几经沉浮，于1952年改制成地方国营云集酒厂。

云集酒厂成立后，迫切需要酿酒人才来恢复生产。时任厂长的陈德昌虽是东浦镇人，但对酿酒却不熟悉，他只能通过熟人去寻找到王阿牛。那时，王阿牛因为酿酒技术好，已经成为沈裕华酒厂里数一数二的"酒头脑"。就这样，他进入云集酒厂，成为车间管理员，从一名酿酒师傅转变为生产管理者。尽管角色变了，但王阿牛的工作作风没有变。他每天都要到生产车间去，与工人们一起劳动、一起商讨酿酒技术，把自己在沈裕华酒厂学到的酿酒技术教授给工人们，也将自己多年积累的数据和经验与工人们分享。

俗话说："三人行，必有我师。"靠师徒口耳传承的酿酒技艺更是如此。在教授工人们酿酒技艺的同时，王阿牛仍旧不忘跟厂里的老师傅学习、交流。云集酒厂有一位开耙老师傅名叫章福贵，是远近闻名的"酒头脑"。王阿牛白天管生产，夜里就跟着章师傅一起去开耙。为了钻研开耙技术，王阿牛把铺盖卷儿也搬到了章师傅房里，跟他吃睡在一起，随时交流开耙技术。经验丰富、心直口快的章师傅毫无保留地将半辈子积累的经验都传授给了他。慢慢地，王阿牛根据自己记录的大量一手资料和开耙的实践经验，总结出了一套"一听、二摸、三嗅、四尝"的操作流程，来确定酒缸内的发酵情况，并据此确定开耙时间和开耙次数。

经过多年的钻研，王阿牛的绍兴黄酒酿制技艺已经比较成熟，但多集中在实践经验的层面，真正使他的酿制技艺发生

王阿牛在办公室学习

质的转变是1955年的一次培训。1955年4月,中华人民共和国轻工业部在山东烟台举办了一次为期两个月的酿酒培训班。早年的酿酒师傅完全是靠经验来酿酒,根本不知道这其实是在跟微生物打交道,王阿牛也是如此。尽管这次培训的内容是白酒酿制技艺,与黄酒相比,主要的发酵过程却是异曲同工。两个月的时间里,王阿牛系统地学习了制曲、培养酵母、微生物等酿制白酒的全部工艺和理论知识,他的理论水平得到了大幅提高。培训结束后,王阿牛即筹建了云集酒厂最早的化验室、接菌室和培养室等,使得绍兴黄酒酿制技艺从完全依赖实践经验走向了有规可循、有律可遵的新阶段。新中国成立初期,云集酒厂一百缸酒能开出七十缸不酸的酒,已经是非常好的成绩了。而自1955年王阿牛学习归来,云集酒厂基本能做到95%甚至100%没有酸酒。

1959年王阿牛把自己所学编成《绍兴酒制作规程》,厂里职工人手一本,还被其他酒厂争相用作培训教材。

传统榨酒用的木榨

对绍兴黄酒酿制技艺的改革与传承

绍兴黄酒酿制技艺经过一代又一代酿酒匠人们的传承和发展逐渐成熟。新中国成立后,随着科学技术的发展,绍兴黄酒酿制技艺迎来了新的发展机遇。1956年,"绍兴酒整顿、总结与提高发展目标"项目被列入《一九五六——一九六七年科学技术发展远景规划纲要》(修正草案)。

已经担任云集酒厂生产副厂长的王阿牛从20世纪50年代开始组织工人对蒸饭、榨酒、煎酒等工艺进行改进。黄酒生产的蒸煮,从原来的用土灶,灶内烧稻草蒸煮改为锅炉蒸汽蒸煮,实现了蒸煮工业化。酿酒用水的输送,从原来的工人肩挑手抬改为高位水塔管道输水,实现了酿酒用水自动化。物料的搬运,从原来人工搬运改为车子、传送带运输,实现了物料运输高效化。人工的压榨,工人以前每天要将每块重四十千克的十二块榨石分别举起,每块翻落十五次,还要拎着重二十千克的绸袋在两米高的榨梯上走一百二十次,相当于五十千米的距离。后来逐渐采用绳

工人们将滚圆的酒药入缸培育

索滑轮压榨,再后来采用滤布框板压榨机,实现了榨酒机械化。一系列工艺的改进,极大地减轻了工人的劳动强度,提升了酒厂的生产效率。

对工艺的改进并不是盲目的,深谙绍兴黄酒酿制技艺精髓的王阿牛一直坚持认为,绍兴黄酒酿制的核心技艺必须继承传统,其中之一便是做酒药。酒药质量的好坏,关系到成品黄酒的色泽、香气、口味,也关系到出酒率的高低。现代黄酒酿制工艺中已经没有了做酒药这道工

块曲(一)

块曲(二)

艺,一般都是直接用纯种酵母菌。但王阿牛所在的酒厂一直还用最传统的方式制作酒药。从割辣蓼草、晒干磨粉、与早米粉拌匀、压平切块到最后装坛存储,一套复杂琐碎的工艺流程下来,一颗颗饱含酿酒人期许的浑圆的酒药就做好了。九十多岁高龄的王阿牛给工人讲制作酒药的工艺,仍能详细地说出每一个步骤。他说这是最古老的技艺,谁也说不清楚它到底流传了多久,但时至今日,绍兴酿酒人仍在用这最古老的技艺酿制最甘甜的佳酿。

20世纪70年代,绍兴的黄酒酿制曾因制作麦曲的原料缺乏而陷入困境。麦曲被称为酒之骨,是以小麦为原料,培养繁殖糖化发酵菌而制成的黄酒糖化剂。它不

仅能为黄酒酿造提供所需的各种酶,而且在麦曲制作过程中,因微生物繁殖而积累的大量微生物代谢产物能赋予黄酒独特的风味。绍兴黄酒酿造用的麦曲,一直以来都是草包曲,即把小麦打碎、加水拌匀后用稻草包裹培养而成。后因当地改种矮杆水稻,用其稻草包裹麦曲,效率很低,酒厂的制曲工作一度陷入困境。王阿牛经过多次实验,大胆改革,开始在酒厂推行块曲,即用脚踏曲制成块,然后堆叠培养。这次改革,不仅顺利解决了酒厂的制曲困境,使得整体制曲工艺更加便捷、高效,更为重要的是避免了绍兴黄酒酿制技艺的中断,使之得以继续传承。如今酿制优质绍兴黄酒,仍采用脚踏曲的方式。

严把质量关,不放过一个问题

20世纪70年代,云集酒厂经过数次调整,最终改为绍兴东风酒厂。东风酒厂生产的绍兴老酒品质好、产量大,既是供应市场的消费品,又是对外贸易的出口商品。时任东风酒厂党支部书记的王阿牛一直强调,要坚决把好产品质量关。

1976年冬酿,东风酒厂找来一批新糯米做加饭酒。为了提高产品质量,让口感更加醇厚,厂里决定采用适当加浆水的工艺。可是,投料开耙后酸度有所上升,正在外出开会的王阿牛连夜赶回酒厂,对比过加浆水和没有加浆水的醪醅后,王阿牛判断,这批糯米应该是陈米。于是,当即决定改进工艺,从而避免了这批加饭酒因酸度上升而造成质量事故。

改革开放以后,绍兴大办乡镇企业,最多的时候一共有71家酒厂。这些新办的酒厂,由于技术力量不足,开耙师傅少,产品质量参差不齐。王阿牛受邀跟随绍兴市质量技术监督局对所有的乡镇酒厂进行检查和技术指导。王阿牛至今还记得,在越州酒厂检查时,他在发酵缸中一看、二闻、三尝后,问开耙师傅:"你们一斤米放几斤水?"开耙师傅说:"一斤米放九两水。"王阿牛尝了尝糟坛里的酒肯定地说:"你们放的水不是九两。"开耙师傅一下子脸红了,并说道:"在祖师爷面前讲假话是要被拆穿的。"就这样,王阿牛一家酒厂一家酒厂地检查和指导。20世纪90年代,绍兴市政府在此基础上进行了两次黄酒行业整顿,绍兴黄酒行业从此走上了规范化的发展道路,而这背后离不开王阿牛的贡献。

让黄酒酿制技艺后继有人

2007年,王阿牛被认定为国家级非物质文化遗产代表性项目绍兴黄酒酿制技艺代表性传承人。这不仅是对王阿牛酿酒技艺的认可,也是对他数十年如一日传承绍兴黄酒酿制技艺的肯定。

从最早在沈裕华酒厂做酿酒工开始,王阿牛就每天记录自己观察到的数据,总结规律。除了1959年写成的《绍兴酒制作规程》,他在边学边记边总结的过程中,还写出了《黄酒冬酿淋饭、摊饭的技术操作要点》《绍兴酒半成品、成品技术管理方法》《黄酒感官品评讲义》等专著,以及数十篇技术文章。这些专著和文章成为绍兴几

王阿牛在培训班讲课

王阿牛指导徒弟榨酒

代酿酒师傅学习黄酒酿制技艺的"宝库"。

因为酿酒技术过硬而且有系统的文字记录和理论总结，王阿牛从20世纪70年代开始，跟随绍兴市质量技术监督局走遍绍兴大小酒厂，培训全市的酿酒师傅。他把自己数十年的酿酒经验和技术毫无保留地分享给参加培训的学员们。对大家的提问知无不言，言无不尽。王阿牛笑称，参加培训班的人员都说我是祖师爷。的确，无论到哪个酒厂，都会有王阿牛的徒弟。

潘兴祥，高级酿酒师，浙江塔牌绍兴酒厂副总经理，1980年进入绍兴东风酒厂跟随王阿牛学习酿酒技术。回想当年的学艺生涯，潘兴祥的脑海里总有一幅画面：每年冬酿时节，天还没亮，师父便带着响亮的咳嗽声走进生产车间。他系着一条帆布做的围身，围身上还有很多酒糟。左手套着袖筒，右手的衣袖卷得很高。他走到前一天开出一批酒的酒缸前，伸手抓起一把酒糟闻了闻。此时的潘兴祥站在旁边，内心忐忑。王阿牛嗅完所有酒缸的酒糟，会跟徒弟们讲解每一缸的发酵情况，如果正常,他会给予鼓励,如果异常或不足,他会加以批评,并让徒弟们闻酒香,教他们识别不正常的香气,要求他们改进和提高。潘兴祥坦言,比起师父的肯定,他更感谢师父的批评与指导。跟随师父学习多年,王阿牛正直、勤奋、负责任的品行也潜移默化地影响着潘兴祥。潘兴祥从一名普通工人,逐渐成长为一名优秀的技术管理者和绍兴黄酒酿制技艺的传承人。

除了潘兴祥,另一位酿酒大师陈宝良也是王阿牛的徒弟。他也是20世纪80年代进入绍兴东风酒厂的,跟随王阿牛多年,目前也是黄酒行业非常有名的带头人。王阿牛说,我教过很多人,有的跟了我十几二十年,有的只有几面之缘,但他们都是我的骄傲,他们在继承的基础上改革,为绍兴黄酒的发展贡献着自己的力量。

1991年3月,王阿牛从工作了近四十年的绍兴东风酒厂退休。退休后的王阿牛,并没有离开他热爱一辈子的黄酒行业,他先后担任了绍兴东风酒厂、浙江塔牌绍兴酒厂的技术顾问。每天到酒厂生产车间查看之余,王阿牛有了更多的时间走

王阿牛在家中摘抄笔记

出去，将绍兴黄酒酿制技艺传授给更多的人。2006年，在王阿牛的倡导下，一直坚持传统酿制技艺的塔牌绍兴酒按照古代传统举办了首届绍兴黄酒开酿节。在开酿节上，王阿牛诵读祭文，祈愿佳酿。如今，绍兴黄酒开酿节已经连续举办了十五年，成为公众了解绍兴黄酒酿制技艺的闪亮名片。2010年，王阿牛将自己珍藏了数十年的绍兴黄酒酿制技艺手稿，无偿地赠送给浙江塔牌绍兴酒有限公司，希望酿酒师傅们能最大程度地继承它、利用它、完善它，将绍兴黄酒酿制技艺传承下去。

王阿牛的一生是钻研绍兴黄酒酿制技艺的一生，也是将绍兴黄酒酿制技艺言传身教给后辈的一生。近百岁时，王阿牛大多数时间待在家里看书读报，看到有意思的或跟黄酒行业有关的内容，还会摘抄下来。王阿牛说他要活到老、学到老、做到老。

七月

从割下一把辣蓼草开始

二百七十天的辛勤劳作

酿出一坛好酒

八十年

从清洗一个酒坛开始

数年如一日的钻研实践

终成一代大师

髹出春色，绘出河山：

薛生金与平遥推光漆器髹饰技艺

宋本蓉

薛生金

薛生金（1937—　），山西平遥人，国家级非物质文化遗产代表性项目平遥推光漆器髹饰技艺代表性传承人，高级工艺美术师，中国工艺美术大师，亚太地区手工艺大师。1958年，薛生金进入平遥推光漆器厂，从事漆艺五十多年，在继承传统的基础上，他大胆创新，成功恢复已经失传的平遥堆鼓罩漆工艺，先后创造了三金三彩、青绿金碧山水、堆鼓彩绘、沥金、沥银、沥螺等工艺。他兼取诸家之长，融会贯通，形成了自己独特的流派。

艺术品

是心灵的物质化呈现

法国印象派绘画大师莫奈

有一个与他的画一样美好的花园

漆器大师薛生金

亲手打造了一座花园

给他提供创作灵感的

除了满园的花木

还有

猫和各种动物

他的漆器作品生机勃勃

这朵花在风中摇曳

那只猫似乎刚从花园里跑到画面上来

平遥位于山西省中部,平遥古城街市悠缓安静,明清民宅随处可见,被称作研究中国古代城市的活样本。1997年12月3日,平遥古城被联合国教科文组织列为世界文化遗产。世界遗产委员会评价:"平遥古城是中国境内保存最为完整的一座古代县城,是中国汉民族城市在明清时期的杰出范例,在中国历史的发展中,为人们展示了一幅非同寻常的文化、社会、经济及宗教发展的完整画卷。"

距平遥古城三千米的娃留村,有一处宅院,院内有一座花园,四时花木次第开放;屋子里有精美的家具、屏风、首饰匣等漆器,有人在画着大朵的牡丹、荷花、百合,神话传说故事在屏风上静静地展开,镶嵌在漆面上的螺钿、蛋壳、颜料散发出温润的光芒。这座宅院正是国家级非物质文化遗产代表性项目平遥推光漆器髹饰技艺代表性传承人薛生金的工作室。

从小爱画画

薛生金的父亲在源泰昌漆店当学徒,并一直在那里工作到1937年。漆店是半商半工的作坊,从陕西和山西中条山买生漆,经过自己的加工,然后再卖给各个小作坊,同时,漆店也做一些家具类的漆器。薛生金的父亲靠这份工作养大了孩子们。平遥城里漆店多,薛生金十三岁的时候,到永济漆店做过学徒,这家漆店卖桐油和漆。因此薛生金对大漆和漆器都不陌生。

薛生金自幼爱画画,他印象特别深刻的是五六岁的时候画公鸡。有一次,他跟着母亲串门,看到邻居家的磨砂玻璃窗上画着一只公鸡。回家以后,看到家里的玻璃上有雾气,像磨砂玻璃,他就特别想在上面画画。他爬到炕上,但是怎么也够不

薛生金手稿

到窗户,找来五姐帮忙,踩到她的背上,终于够到玻璃了,他用手指在玻璃上画了一只公鸡。这是他第一次画画,到现在还记忆犹新。

从那时开始,薛生金只要有机会就画,哪怕是坐在地上,把土抹平,用手指在上面画鸡画鸟,也满心欢喜。时间长了,他一画画,街坊邻居就都围过来看,说这个孩子天生就能画,是个天才。薛生金越来越喜欢画画,看见什么画什么,在地里逮住一只小老鼠也拿回去养着,观察作画。

1953年,薛生金十六岁,到平遥文化布景社跟着侯邦昌学画戏剧舞台的布景。薛生金说:"师父画布景都是一丈二高,五幅至七幅的白布,在一个大厅里面,我每天给师父把布钉起来,给师父调颜料,看他画。他前面画了什么,我后面就能学着画了,师父非常高兴。一段时间以后,师父自己把布钉起来,在上面起好稿,让我画,他就回去看书了。"到第二年的下半年,侯邦昌的儿子侯文华带着薛生金去了长治的剧团,到那儿住下来给剧团画布景。画了几天后,侯文华就回平遥了,让薛生金留在长治,专门给剧团画布景。后来,长治的十几个剧团都找薛生金画布景,侯邦昌又派了两个徒弟到长治,协助薛生金画。那时候薛生金十九岁,在画画上就已经小有名气了。

在漆器上画画

1958年,平遥推光漆器厂成立,当时的主要召集人是任茂林。前一年,任茂林参加了第一届全国工艺美术艺人代表会议。回来以后,他把乔泉玉、米修文、尹丽穗等漆器老师傅请过来,在平遥创建了平遥推光漆器厂。

1958年3月,任茂林介绍薛生金进了推光漆器厂,跟着乔泉玉学习在漆器上绘画。乔泉玉擅长画刀马人物画和仕女画,薛生金说:"先看师父画,我后来基本上就画得和师父差不多了,所以师父不用操心。这个行业一般的教授方法就是,师父干,徒弟看,怎样琢磨就是徒弟的事了。徒弟做不来了,可以请教师父。这事怎么做,师父就告诉你了。你不问师父,师父也不告诉你,过去学徒都是这样的。"当年10月,薛生金创作了一件贾宝玉人物画作品,自己起稿、自己涂彩、自己擦色、自己勾金,完成以后,去请任茂林和乔泉玉看,他们都很满意。

薛生金不仅努力学习漆器技艺,提高绘画水平,对新技术、新材料也积极尝试。1959年,中华人民共和国轻工业部在福建省召开全国漆器专业会议,山西省派薛生金和新绛工艺美术厂的尹四根去参加这次会议。福建之行,让薛生金大开眼界。他觉得福建的漆器非常漂亮,尤其是抛光工艺,那是他所未见的。平遥推光漆器厂成立以后,抛光的做法,就是打磨以后用手硬推,把手都烫起泡来了,也出不了光。福建的做法,是搽上油用砖灰抛光。薛生金回到平遥以后,自己制出砖灰,尝试用新的方法抛光,非常成功,抛光又快又亮,不费劲儿就出光了。

1964年,北京外贸公司收购了一些山西的旧漆器,发现了一种堆鼓罩漆工艺很有出口价值,就到平遥推光漆器厂问询。但是老师傅们都没有做过,这种工艺已经失传。薛生金说:"堆鼓罩漆这个工艺,小时候我见过,平遥家家有漆器,堆鼓罩漆在老百姓家不多,很少见,但是我见过。老的家具上面是山水的画面,画面有些磨损了,石头是堆起来的,上面有些人物也是鼓起来的。"薛生金开始研究旧漆器,几经试验,夜以继日地工作,希望能恢复这种工艺。薛生金说:"我是白天和黑夜都试验、都工作,不对了,擦了再来。晚上十点的时候,厂门要关了,当时我在推光漆器厂隔壁住着,就把柜门带回家里,晚上不睡觉,进行试验。"大概用了两个月的时间,薛生金就做成了两套二门柜,他带着产品参加了广交会,拿到了几万元的订单。经过研究,薛生金认为堆鼓有两种,一种是画面堆得不太高,磨损了以后里面是黑色的,这是用漆堆起来的,叫隐形堆漆。还有一种画面堆得比较高,磨损以后里面是白色的,这是用胶堆起来的,叫堆灰。最好的堆鼓要用漆堆,虽然耗时久,材料也贵,但是用漆堆起来的画面细致且持久。

1965年,薛生金又去参加广交会,这次他什么都没有带。他说:"我去的时候,就在路上画设计图,住在北京旅馆就开始设计稿子,在火车上也设计,到了广交会

1960年,平遥推光漆器厂职工合影

薛生金在平遥推光漆器厂工作

现场，我把设计稿交给北京口岸相关人员。北京口岸相关人员再把稿子交给外商，外商复印一下，就成交了，一下订了四万块钱的货。从那时起，推光漆器厂就好做了，慢慢好起来了。"

从1964年开始，堆鼓罩漆成为平遥漆器的当家工艺，薛生金成了推光漆器厂的"设计总监"，造型设计、图案设计、技术创新等都是他的日常工作。堆鼓罩漆、三金三彩都是这个时期的技术创新成果。工艺美术行业的各种奖项，像百花奖的金杯奖、银杯奖，薛生金年年都能获得。

1982年，扬州全国漆器行业评比百花奖，推光漆器厂参评的堆鼓罩漆屏风《圣母出游图》，是薛生金的作品。薛生金说："那年，有'中国漆画之父'之称的乔十光也来了，他发现了我做的堆鼓罩漆作品，非常惊讶，非常喜欢，他马上就找我，他说，他只是了解到古代漆器有这种装饰方法，这是他第一次见到有人可以做这样的技

薛生金作品《堆鼓罩漆山水长方盒》

法，他非常高兴。从那时候，我和乔十光就认识了。"1986年，薛生金设计制作的黑漆堆鼓屏风《春苑献翠》在第六届全国工艺美术百花奖评比中获得银杯奖。

为什么过去的堆鼓罩漆这个工艺也叫堆鼓罩金呢？薛生金说："我小时候见过一些古代的罩金漆器，大多数是明代的，就是堆鼓以后在上面贴银箔，开黑，上面罩一道熟漆，就是生漆加熟桐油，熟漆罩到银箔上面就变黄了，看起来像金箔一样，所以也叫罩金。但是过去的罩漆工艺，一般不用推光。"现在平遥漆器的堆鼓做法和以前的做法略有不同，薛生金说："我现在就不是罩金了，在推出光来的底子上堆鼓，堆起来以后，直接用赤金、二黄金、泥金这三种金。用真的金箔做，质量和效果都比以前要好很多。"使用三种金箔的漆器，温润的漆面深邃如夜空，金的质感在漆面上光华熠熠，犹如夜空里的星光。薛生金的作品《琼山初曦》《万千山楼正曙色》被中国工艺美术馆收藏。《玉宇琼楼》被国家博物馆收藏，并入选《中国现代美术全集》。

薛生金作品《玉宇琼楼》

薛生金作品《唐宫伎乐图》

在使用三金的基础上,薛生金再加入其他颜色,形成了三金三彩的装饰方法,使漆器愈加富丽堂皇。具体做法就是在推光漆面上贴金箔,用平金开黑的方法描绘画面,然后再局部敷上色彩。比如人物上衣全部贴金,裙裤用彩色,或者裙裤贴金,上衣用彩色,然后在金上开黑,在色彩上勾金。薛生金说:"我画的唐宋时期的宽袍大袖的仕女,用三金三彩是比较合适的,《秦宫祝寿图》《唐宫伎乐图》就是三金三彩装饰的。《唐宫伎乐图》画的是唐代的仕女,一共十三个人,每人拿着一件乐器,乐器参考了汾阳的娘娘庙壁画。《秦宫祝寿图》的构思主要参考了山西永乐宫壁画,还参考了《八十七神仙卷》。三金三彩这个名称是外贸北京口岸命名的,说是三金三彩,其实不止三种金、三种颜色,除了三种颜色的金箔,有时候还用银箔和铜箔,颜色也不止三种,只要是入漆颜料都可以使用。"1990年6月,薛生金设计的大屏风《神州韵史》及彩绘宫廷柜在全国工艺美术百花奖评比中获最高奖项——金杯奖。

画《百猫戏春图》

在平遥有这样一个传说:薛生金画了一只猫,虽然还没有最终完工,但是大概已经差不多了。晚饭后,这张画被放在墙角留待第二天再画。室内安静下来后,一只老鼠从洞里钻出来,一看到画上的猫,吓得立刻窜回洞中去了。

薛生金画猫一绝,据说他画的猫,每一根胡须都纤细劲挺,特别灵活,是能动的。为什么他画的猫那么生动?有人说他使用的笔是专门制作的,笔好,所以画好。明代漆器制作名家黄成《髹饰录》有言"良工利其器",杨明注曰:"非利器美材,则巧工难为良器。"平遥漆器的画笔是用当地山猫背上的毛制作的。山猫的毛弹性好,蘸着漆色在漆面上描绘,走过的线条生动有致、活泼灵动,是平遥漆器艺人的必备神器。《髹饰录》载:"春媚,即漆画笔,有写象、细勾、游丝、打界、排头之等。"平遥漆器的彩绘描金在全国独树一帜,当然也与其画笔有关。

薛生金开始画猫,是在1958年,但那时候是用油画笔在油布上画猫。油布是炕上铺的漆布,自从平遥百货店的油布上有了薛生金画的猫,就供不应求了。

1963年,薛生金开始在漆板上用大漆画猫,画猫的笔是他用山猫的毛制作的。北京口岸的人一看到漆板上的猫,就说:"这猫画得这么好,和画家曹克家画的差不多。"外贸人员带走了块漆板,随后,一个香港人订了二十块漆板,要求上面要有薛生金画的猫。从此,画猫的订单源源不断。薛生金说:"刚开始,几百块钱画一只猫,后来涨成五六百,再后来涨成一两千,最后涨成三四千,反正是越来越贵,但是

薛生金作品《百猫戏春图》

要猫的人也越来越多。到2016年,画一只猫一万八千元。"

　　说起为什么要画《百猫戏春图》,薛生金说:"四川的一个人要'百猫图',还要'百美图'。我画'百美图''百猫图'的设计稿子用了一年的功夫。我画一百只猫确实不用费多大脑子,因为对猫太熟悉啦!但是画猫身上的毛可真费大劲儿了,都是一根一根画出来的。一天画下来,这手拿筷子都拿不起来。"《百猫戏春图》一共画了一百零一猫。猫的品种丰富,有波斯猫、美洲猫、红眼猫、花鼻猫、细长毛猫、狮子猫、虎腿猫等。猫的动作基本上不重复,有追逐的、观花的、捕蝴蝶的……百猫百态。画面上还有牡丹、蝴蝶,取富贵长寿的意思。此外,还有玉兰花、紫藤、芍药,都是春天的花,《百猫戏春图》表现的就是春天的感觉。

　　薛生金画猫结合了中国画和油画的技法。猫的眼睛,采用了一些油画的高光、反光,猫身上的胡须和细毛是用细笔一根一根地画的,用的是国画的技法。薛生金说:"太丑的猫我不画,像有些外国的还挺贵重的猫,但是太丑了。我不画丑猫,画的都是好看一点儿的猫。"

　　《满园芳菲》的构图以琴棋书画为主体,还有赏花、钓鱼、刺绣的场景。背景配了一些屋舍、假山、鱼池、栏杆、凉亭、花木。薛生金说:"《满园芳菲》的设计图确实费了一些工夫。我研究唐宋时期的人物画,也临摹了一些,我画的仕女是唐代的风格,体态丰满、宽袍大袖,比较丰富一些。《满园芳菲》画的时候太费劲儿了,光开那一百零一个仕女的脸,我就实在太累了。"这组屏风用描金彩绘工艺制作,图上仕女三五成群,或踏青,或钓鱼,或下棋,或练习书法、绘画。

　　薛生金说:"要猫的人多,如果只是为了赚钱,我每天画猫就行,但我不是这样想的,我不能光赚钱,我还想创作一些其他的东西,我虽然老了,我还想再创作一些新的东西。"

传承平遥漆器

　　中国各地的漆器制作都有自己的地域特色,在大漆加工和制作漆器的技法上各有绝活。山西产漆,平陆县中条山一带有漆树林,平遥漆器对大漆的使用与南方

薛生金作品《满园芳菲》

漆器不太一样。平遥使用的是熟漆,即生漆配上熟桐油,这是为了适应北方的气候。另外,用这样的熟漆调制颜色,也能更好地显色。

用熟漆做推光,这是平遥漆器的特色。具体做法就是用漆栓把熟漆涂在器物上,然后反复涂抹,这个过程也是一个脱水的过程,完成脱水后,漆路自然展平。薛生金说:"熟漆出的光跟制漆出的光有所不同,制漆是生漆里边加黑料了,它推出的光是很黑很黑的,但是亮度没有熟漆推得亮,熟漆推的光像玻璃一样亮,但是颜色比制漆要灰一些,放上三年以后它也就非常黑了。"

薛生金在继承推光漆器传统的基础上大胆创新,创造了青绿山水、金碧山水、三金三彩、沥银、沥金、沥螺等新工艺。1998年,他设计制作了大型漆器八扇屏风

薛生金作品《太行风光》

《山西风光》。整套屏风高二百四十厘米,宽六百厘米,厚二十厘米,重达四百千克。以红色做底,金箔装饰,采用传统红堆鼓罩漆工艺制作,再现了山西的美丽景观。

薛生金喜欢瀑布,喜欢那种雄浑瑰丽。黄河壶口瀑布是中国第二大瀑布,到达陕西宜川县、山西吉县境内,水面一下子从四百多米宽收缩为五十多米,铺天盖地的洪流,在眼前奔涌,惊涛骇浪,气势恢弘。

怎样画壶口瀑布呢? 薛生金从多个角度反复构思,仰视的角度、俯视的角度都画过,从陕西那边看的角度画过、从山西这边看的角度也画过。他觉得画壶口必须要夸张:"我画壶口时,尽量地特写它的特色。比方说,壶口主要不是看水,石头也是主要的,要是没有那个石头,好像就没有黄河壶口的特色了。我最后构思了两种构图,一种是从陕西那边看的,一种是从山西这边看的。堆鼓把石头堆起来,画水主要用金粉,后来发现金粉有它的缺点,画出来明暗方面差一些,比较平,就用色彩跟金粉混合起来画,结合了一些油画的色彩,但又不是油画,成了一种有自己风格的壶口。冲起来的汽雾处理不是用传统技艺,而是用刷子画的。"

薛生金一直在创作,他的每一件作品都不一样。每做一件漆器,他都会想,我这个能不能比前面的更好? 或者这件作品还没完成,下一件作品的设计就已经开始了:下一件要做什么样的构图、什么样的题材,或者题材是一样的,表现形式要有所区别,技法也要有所不同。

薛生金把跟侯邦昌师父学到的透视、明暗和跟乔泉玉师父学到的漆器描绘技艺结合起来,画自己眼前的美好和心里的美好。在薛生金的画面上,大漆以独有的温厚之美,容纳着他心里的自然天趣,也容纳着他对平遥漆器的深厚感情。在他的笔下,猫在快乐地玩耍,牡丹在春风里摇曳,蝴蝶像是要飞出画面,仕女从眼前路过,楼阁在山水间等待她们归去。日影、露气、清风都浮动在光润、明亮、深不见底的漆面上。漆器艺术家独自拥有一个时空,这个时空是由大漆给予的。

守望碉楼：

果洛折求与藏族碉楼营造技艺

谢忠军

果洛折求

果洛折求（1941—　），藏族，青海班玛人，国家级非物质文化遗产代表性项目碉楼营造技艺（藏族碉楼营造技艺）代表性传承人。果洛折求在博大精深的藏文化中成长，在生产生活中处处留心，锤炼自己，最终自学成才，掌握了高超的碉楼营造技艺。他在人民群众中成长成才，有一副服务大众的热心肠，为人建造碉楼从来不计报酬，凡有村民请他制作生产生活用具等，他都有求必应，充分彰显了一位传承人的道德情操。

战乱三天两头地来

人们为了生存

依山建起了碉楼

与牛羊、粮食一起躲了进去

战乱好久不来了

人们就把碉楼搬下了山

安插在自家院角

让戒心日夜驻守在上面

没有战乱的年代

人们住在用同样的石头砌成的房子中

山脊上的碉楼

成了风景

古代每逢战乱，一家一户的柴扉无法御敌避祸。于是，人们就商量着，合力在地势险要处建一座碉堡。敌人来时，全村老小、粮食甚至牲畜一股脑儿地都躲进去；敌人走后，人们再出来如常生活。

在中国北方，人们在山顶夯筑起一座座碉堡，或用于军事防御，或用于防险避匪；在南方的客家地区，人们建起了一座座环形的土楼，聚族而居，自给自足；而在藏羌地区，人们就地取材，巧用土石，砌筑出一座座高大的碉楼，成为生命、财产的庇护之所。

2008年，碉楼营造技艺（藏族碉楼营造技艺）列入国家级非物质文化遗产代表

小知识

早在《后汉书·南蛮西南夷列传》中就有对碉楼的记载："冉駹（máng）夷者……众皆依山居止，累石为室，高者至十余丈，为邛笼。"冉駹，是羌人的一支，活跃地区即在今川北地区，而"邛笼"，就是对羌语碉楼的音译。

清代顾炎武《天下郡国利病书》也记载了川北地区的碉楼："威、茂，古冉駹地，累石为巢以居，如浮图数重，门内以楄木上下，货藏于上，人居其中，畜圈于下，高二三丈者为鸡笼，十余丈者谓之碉。"

可见，川北地区的碉楼有着悠久的历史，它不仅是藏羌人民赖以生存发展的栖身之所，也是他们创造的建筑艺术杰作。青海省班玛县与川北地区毗邻，是藏羌文化深度交融的地区，保存着我国现存最完好的碉楼群落。果洛折求所在的班前村，近百座碉楼鳞次栉比，大多有三百年以上的历史。

性项目名录,而营造碉楼的工匠,也多了一个身份:非遗传承人。青海省果洛藏族自治州班玛县灯塔乡班前村的果洛折求,于2011年被认定为国家级非物质文化遗产代表性项目碉楼营造技艺(藏族碉楼营造技艺)代表性传承人。

青海省果洛藏族自治州班玛县灯塔乡班前村

果洛折求出生于一个能工巧匠辈出的家庭。父亲是远近闻名的木匠,也会做铁匠活,如斧头、锯子、镰刀、刨子,还会缝纫,制作藏靴、藏袍等。他父亲也会盖碉楼。果洛折求有个舅舅,也是很有手艺的匠人,会盖房、砌筑,所以,果洛折求有这方面的家族基因。

家庭的熏陶让果洛折求从小就对手工活十分感兴趣。1969年果洛折求二十八岁,因为力气大,生产队给他安排的任务就是营造碉楼。这给了他学习和锻炼技艺的好机会,也使他成长为杰出的碉楼营造工匠。果洛折求说,自己从来没有专门拜师学过营造碉楼,都是平时一边干一边跟众人学的。他只要看一看别的木匠干活,就很快学会了。他在手工方面的悟性奇高,但他对机械的使用很不在行,甚至连自行车都不会骑。

果洛折求虽然没有拜过师,但是他说,他和所有的碉楼营造工匠都有一位共同的祖师,那就是藏文化的集大成者唐东杰布。唐东杰布是杰出的建筑师,1430年在雅鲁藏布江上首次建成曲水铁索桥,藏族的桥梁建筑工匠都奉他为祖师。是唐东杰布把碉楼营造技艺传到了班玛地区。唐东杰布还是藏戏的创始人,被藏族人民尊为戏神。唐东杰布博学巧思,曾走遍藏地,是智慧、勇敢和创造的化身,也是后世徒众做人学艺的最好榜样和力量源泉。

虽然果洛折求没有拜过师,并不代表他没有师傅。他的师傅包括父亲、舅舅,也包括生产队一起盖碉楼的伙伴,他的技艺是典型的社会传承。他的师傅当然还应包括唐东杰布。

果洛折求接受非遗传承人记录工作访谈掠影

小知识

藏族碉楼分为战碉、土司官寨碉、家碉等,还有专用的警碉、界碉、风水碉等,民居主要以家碉为主。根据外形,藏族碉楼又可分为三角碉、四角碉、五角碉、六角碉、八角碉、十二角碉、十三角碉等,其中四角碉最为常见。

班前村民居碉楼

连接碉楼各层的独木梯

从碉楼内部向外瞭望

果洛折求营造的碉楼，从选址到内部结构等，始终遵循着传统碉楼的营造法则。居住生活用的碉楼选址要傍山向阳，便于采光采暖。内部结构通常分为三层：下层四梁八柱，用于圈养牲畜；中层供人起居，包括居室、堂屋、厨房和走廊。在侧墙留出窗户，在后墙留出烟道，走廊的外墙用柳条编制，使走廊成为隔温层，调节温度，冬暖夏凉；上层是储粮储物的库房，还会布置成经堂，外墙设有瞭望口，以便遇事观察瞭望。各层有独木梯连接，一旦遇到攻击，可以撤走独木梯，便于防守。

果洛折求建造碉楼无须绘图，也无须吊线，全靠经验和智慧。每次在动土和采石之前，他都要遵循古老的传统，举行仪式。

在班玛地区，开挖地基不用太深，见到岩石或深土层即可。建筑材料仅用当地板岩，再配以黄土黏合。砌到一定高度时,需铺设横木,以便找平并拉结墙体,防止沉降,这样的横木也叫墙筋。砌墙过程中最考验匠人的是对墙角的处理,要选用厚重、坚固、细长的石头砌筑墙角,以拉结两个墙面,这样的石头有一个形象的名称——过江石。过江石只能横放,是不能竖着放的。

营造碉楼,第一步是要选址,请人过来看外部环境,看房子的朝向等。藏族人民很讲究这些,主要是为了讨个吉利:希望人无疾病、牛羊无灾等。碉楼要依山而建,建在地势险峻的地方,正前方要面向山。据说要是东面有山,就会有财运;要是朝向南面了,也会给这家人带来好运。绝对不能朝向北面,那会给家里人带来厄运。

第二步要准备营造碉楼需要的材料,砌筑的原材料都要仔细选。造碉楼的原材料,主要有四种:水、土、木、石。班玛地区是黑土,没有碎石,于是人们先在土里面加水,然后脱掉鞋光脚拌和泥浆。要是有条件,可以再往里面加点儿酒,这样泥浆就会很有黏性,建成的墙体就很坚固,不会轻易垮塌。

现在人们用的水泥,其实没那么坚固,一般过几年就开裂了。相较而言,还是

果洛折求亲自摆放一块过江石

藏族碉楼用的泥浆好。

营造碉楼不仅需要抹泥的工具，还需要铁锤和吊线锤。铁锤用来敲打石块儿，吊线锤用来规整墙体。加工木头时，还要用到大锛、锋利的板斧、大小不一的刨子和锯子等。

第三步是砌筑根基。建造者会在根基洒点儿酒或茶，再或者酥油，祈求给这家人带来好运。建碉楼立柱和安装门窗的时候，会有相应的仪式。柱子和门窗上要系一条哈达，柱子顶端还会放贵重物品，据说能起到避邪祈福的作用。

砌筑根基的时候，墙体要规整，石块要上下错缝搭接，椭圆形或三角形的石块不能用。砌筑时石块不能竖立，否则以后可能会有垮塌的危险。藏族碉楼通常是向内收的，越往高处越窄。这样设计是为了坚固耐用，世世代代都可以居住。

根基要打得坚固，也离不开砌筑的匠人心地好。果洛折求就是秉持着诚心，他

果洛折求现场指导徒弟砌石

营造碉楼的速度没那么快,但质量一定非常好。为了碉楼更坚固耐用,他在砌筑根基的时候还加了很多横木。打好根基之后,就要砌筑碉楼的四个角。其中难度最大的工作是确定一层门窗的位置。

第四步就是盖楼了。盖楼的时候要经常观察墙体是否平整,不需要用标尺标线,用眼睛观察就可以了。一般是第一年砌筑碉楼的一层,砌筑完以后用泥浆灌缝。泥浆和墙体干了以后,第二年再砌筑二层,待木材都装好后,再用泥浆灌缝。第三年再盖顶层,还是用泥浆灌缝。

一层通常是牲畜棚,高三米左右。二层随楼主人的喜好而建,也在三米左右。顶层是晾晒谷物或打碾青稞的地方,没有具体的高度规定。

2016年,青海省非物质文化遗产保护中心组建国家级非遗代表性传承人记录工作团队,对果洛折求的碉楼营造实践、教学、口述史访谈进行了全面记录。在工作中,记录团队捕捉到一个细节:时年已经七十五岁的果洛折求,在指导儿子和徒弟建造碉楼时,亲手搬起一块过江石,步履蹒跚,最终把石头

运输营建碉楼需要的石块

放到了墙角的位置。这一幕，让老人走进了很多人的内心，人们感受到了他对石材的匠心观察，以及对碉楼营造技艺的忘我热爱。

班玛地区的藏族碉楼，大多在易守难攻、地势险峻的地方修建，窗户外宽内窄，形成一个喇叭口。这样，从里头看外头的视野就比较大，而从外头看里头则只有一个小窗口。

老式的藏族碉楼有一架独木梯。一根木头凿成齿状，一层一层上去，当马匪、土匪来攻打时，如果守不住了，就可以把梯子抽上去，一楼和二楼的连接就断了。这种碉楼就是为了防御攻击而修建的。

在如今的和平年代，果洛折求建造的碉楼虽然还有瞭望哨，但早已卸下了戒心，生活的味道愈加浓郁。在藏族碉楼营造技艺成为国家级非物质文化遗产代表性项目之后，碉楼更像一座座文化堡垒，珍藏着灿烂的藏文化，成为藏族人民文化

果洛折求全家合影

记忆的庇护之所,也成为果洛折求传授技艺的现场课堂。

果洛折求说:"据我所知,到目前为止,有七八百年历史的藏族碉楼还有几座。我们把这些当重点文物进行保护。"

果洛折求有十几个徒弟,都住在附近的村里。其中有四五个会独立建造碉楼,才行是他最好的徒弟。这些徒弟二十多岁的时候开始跟着他学,现在都四五十岁了。果洛折求把自己掌握的技术、经验毫无保留地教给他们。

建造碉楼是一项艰苦的劳动,收入又不高,所以,很多年轻人都不愿意学这门手艺,也吃不了这个苦。藏族碉楼营造技艺的传承,发扬光大面临巨大的困难。

当果洛折求的儿子果洛嘉宝在碉楼的走廊边倚着柳编墙眺望远方、低声念诵经文时,透过的目光,人们仿佛看到了藏族碉楼营造技艺长远的未来。

> 看见你,家就不远了
> 走进你,心就踏实了
> 你见惯了风雨
> 也看淡了烽烟
> 就连地震你都不怕
> 永远坚强,永远伫立
> 战争的年代
> 你守护着百姓的生命
> 和平的年代
> 你守望着一方的安宁
> 如今,我们在守护你
> 而你
> 在守护着我们的记忆

传统医药

- ▶ 传统中医药文化(鹤年堂中医药养生文化)
- ▶ 中药炮制技术(四大怀药种植与炮制)
- ▶ 中医诊法(张一帖内科疗法)
- ▶ 藏医药(七十味珍珠丸赛太炮制技艺)

岁月的重量：

雷雨霖与鹤年堂中医药
养生文化

刘东亮

雷雨霖

　　雷雨霖（1926—　　），河北三河人，国家级非物质文化遗产代表性项目传统中医药文化（鹤年堂中医药养生文化）代表性传承人。1940年，雷雨霖进入北京鹤年堂药店当学徒，先在斗房工作，1943年初调到丸药房，1945年初接任丸药头工作，负责鹤年堂全部经营品种的制作及本部门人员的安排和管理，1949年调到前台抓药。1958年，雷雨霖到宣武区联合制药厂工作，1963年调到珠市口药材经理部，1964年调到德寿堂药店，1989年退休。

说到老字号

鹤年堂是耳熟能详的一家

它见证了北京的崛起

目睹了故宫的肇建

跨越了七个世纪的风雨

将传统的中医药文化呈现在我们面前

鹤年堂创建于明永乐三年（1405），位于北京的菜市口，是北京医药行业的老字号。数百年来，鹤年堂重视膏方的使用，始终坚持"生身以养寿为先，养身以却病为急"的理念，形成了以"调元气，养太和"为内涵的中医药养生文化。

2008年，鹤年堂中医药养生文化列入国家级非物质文化遗产代表性项目名录。雷雨霖就是此项目的代表性传承人。

鹤年堂的牌匾

1405年，著名诗人、医学家丁鹤年在北京城菜市口开了一家药铺。药铺叫什么好呢？丁鹤年想到了自己的名字，松鹤延年有长寿的寓意，对于老百姓来说，益寿延年是最重要的，因此丁鹤年就写了一块"鹤年堂"的牌匾挂在正门的上方。

明嘉靖年间，曹蒲飒从太医院离职，入主鹤年堂。作为掌门人，曹蒲飒一直尽心尽力，为患者开方配药。某年南京翰林院侍读严嵩来京公干，住在菜市口东南的江苏会馆。有一天，严嵩感染了风寒，只好到鹤年堂诊治。曹蒲飒心地善良，看严嵩孤身一人，于是把药熬好，派伙计给他送去，仅服用三四天，严嵩的病症就全部消失了。

当时店堂的牌匾已经破旧不堪，严嵩就对曹蒲飒说："你这匾挺旧的，应该换一块了。"曹蒲飒趁机请严嵩重新题写了"鹤年堂"三个大字，后来做成匾额，悬挂在正堂之上。匾额的两边有一副楹联："欲求养性延年物，须向兼收并蓄家。"这是明朝著名的谏臣杨继盛（号椒山）题写的。杨继盛与严嵩同朝为官，在朝中相互斗争，杨继盛上疏力陈严嵩的十大罪，最终遭诬陷遇害。在鹤年堂的正堂上，同时看到杨继盛与严嵩的题字,这是非常独特的。后来鹤年堂开设了五家分号,总店仍在菜市口的原址。

鹤年堂里老的匾额不止这些。在柜堂门上方有一个横楣,挂着"调元气""养太和"两块匾,两侧也有一副对联:"撷披赤箭青芝品,制式灵枢玉版篇。"这些题字均出自抗倭英雄戚继光。当时,曹蒲飒听说戚继光要带兵去抗击倭寇,就命人赶制了许多急救药和刀伤药,比如人马平安散、白鹤保命丹、避瘟散、行军丹、午时茶等,送到戚继光的营帐里,为的是让戚家军提高免疫力,在遇到山岚瘴气的时候不生病。戚继光抗倭胜利归来,为回馈鹤年堂,送来两块匾和一副对联。

鹤年堂里还保存了不少名人的题字。有一个故事,说有一天上午,鹤年堂来了一位衣装整齐的客人,拿出一张名片说要见掌柜。雷雨霖接了名片就跑去叫掌柜。掌柜一看名片,就赶紧出来迎接。这位客人问掌柜,听说鹤年堂这块匾要卖给日本人?掌柜说,有这么回事,日本人出两万银元要买这块匾,但是我们没卖。客人就回应道,没卖就对了,千万可别卖,这是咱们的国宝。掌柜领着他到柜堂看那块匾,他环视了一下,说店堂的后边有点儿空,没有什么东西。掌柜的脑子反应快,便说那您就给补上吧。雷雨霖的师兄陈玉峰正在柜房值柜,赶紧跑去买了几张宣纸,雷雨霖就到柜房研墨,然后把大条案几拉开,这位客人大笔一挥,写了四个大字:灵丹妙药。这幅字后来没做成匾,而是装裱之后放在大镜框里挂在墙上了。这位客人是溥仪的弟弟溥儒,也是有名的书画家。溥儒有胃病,经常吃五味槟榔,这药跟小纽扣似的,主要是放在嘴里含着,题完字,溥儒就买了一斤五味槟榔带回家了。

刘一峰与鹤年堂

1927年,刘一峰花了五万银元从他人手中购得鹤年堂,因此,这个老字号的药店也得以在菜市口重新开业。刘一峰的家族是医药世家。他的爷爷叫刘永泉,是清朝太医院的太医。他的父亲叫刘辅庭,是同仁堂的大掌柜,掌握着供应宫廷用药的配方。刘一峰曾在北京的一个药店当过学徒,算是药材行业的人。

刘一峰的叔伯兄弟叫刘翰臣,在大栅栏开了一家药店——同济堂,其中也有刘一峰的股份。刘一峰的四弟叫刘子衡,是鹤年堂西安分店总经理。刘一峰的五弟叫刘东如,是鹤年堂稽核室的主任。稽核室就是会计室,主要负责成本核算。鹤年堂中最主要的成员都是刘一峰家族的亲属、同学。刘一峰的大儿子叫刘瑗,创办了富民药厂,做西药生意。大儿媳是盐业银行经理的女儿。有这么一个有钱的亲家,所以刘一峰使用资金也有一定的保证。他的二儿子叫刘璟,是京城四少之一。二儿媳是天津海张五的孙女。当时有一句俗语"海张五修炮台——小事一段",说的就是那时候为防御太平军进攻,清政府修独流炮台,海张五出钱资助的事。说这是小事,就说明他很富有。刘一峰的三儿子叫刘侣笙,后来出任鹤年堂的总管,算第十七代的掌门人。三儿媳是青岛轮船富商的女儿。四儿子叫刘琛,四儿媳是溥儒的女儿。

刘一峰开了药店以后,就做了国药工会的会长。当时各家药店药方的配本不一样,刘一峰经过调研制定了药方的统一配本。在抗日战争时期,伪华北政务委员会咨询会议议长王揖唐,想要给刘一峰

雷雨霖(左)1942年与堂兄合影

一官半职，刘一峰说自己只想经营商业，坚决推辞不做。后来逼着他做新民会会长，刘一峰不愿做汉奸，也没有接受这个职务。

中华人民共和国成立后，刘一峰作为工商业界的政协代表，参加了在天安门举行的开国大典。当时他是中国民主建国会的会员，也是北京工商业联合会的副主任委员。第二届、第三届全国政协会议刘一峰都参加了。

1955年，刘一峰的鹤年堂带头进行公私合营改制。由此鹤年堂经历了厂店分家、更名、翻建等一系列变化。后来他开始做公益，从民间筹资，主持修建了北京中山公园，还建了不少孤儿院、福利院，收留了许多社会流浪人员。

刘一峰坚持按传统的配方生产药品，始终遵循药材的配本，没有偷工减料。在最困难的时候，鹤年堂还把镇店之宝——大犀角劈开，压成面状来配药。

雷雨霖的家庭

雷雨霖1926年9月28日出生于河北省三河市的错桥村，父母以务农为生。雷雨霖祖父那一辈还是富农，到了父亲这一辈，连年洪水，导致庄稼颗粒无收，这样整个大家庭就没落了，只能靠种地来解决温饱问题。

雷雨霖的父亲在村里属于比较有文化的人，被任命为错桥村小学的校长。他经常扮演中介人的角色，给村民写买卖契约、分家单、订婚帖等文书。他还是一个中医药的业余爱好者，经常去村里的大夫家串门，学习一些中医药的知识。因此，村民只要有点儿小灾小病，就来找雷雨霖的父亲。比如，有人突然喑哑了，他就开一个方子，有麦冬、胖大海等，让病人上城里去买药。再如，有人被马蜂或蝎子蜇了，他就用雄黄酒涂抹到伤口上。他还能诊治一些疑难杂症。村里有一个人得了浮肿，已经三天不能进食了，就是往外捯气儿，找了几个大夫都不给治，后来找到了雷雨霖的父亲。他说这得下猛药，死马当活马医，就开了两粒巴豆，把巴豆的硬壳去掉，用阴阳瓦焙熟，然后擀成面，夹在馒头片里让病人吃，病人吃了以后立刻就拉肚子,肚子就瘪了下去。这个病人硬是让他用土办法给抢救过来了。当时村民大都喝冷水、生水,得痢疾的比较多。城里药铺的大夫一般开香连丸,一味能化解寒热凝结的成药,但是有时候不管用。这个时候他的父亲就用芒硝、枳实、大黄、厚朴这四种药,制成大承气汤给病人服下,不多时候痢疾就好了。

雷雨霖的父亲觉得不管从事哪种职业都需要有文化,所以有意培养雷雨霖多念书,最重要的是教雷雨霖学习珠算。一个远房亲戚到他家来上课,那时候没有电灯,他们只能点着煤油灯,先学珠算口诀,二一添作五、逢五进一等,明白了口诀之后,雷雨霖只用了一个冬天的时间就把珠算学会了。

初进鹤年堂

1940年,十四岁的雷雨霖初入鹤年堂。当年进鹤年堂并不是件容易的事,要经过面试和笔试两重考试。在引荐人王幼强先生的带领下,雷雨霖去鹤年堂考试。掌柜看了他的面相,问了他的年龄,觉得可以,就留下他参加笔试。笔试很简单,让雷雨霖在纸上写下姓名、年龄和家庭住址等信息,主要考查应试人的文化程度,看写的字工整不工整。之后就是面试,主要回答考官都读过什么书,雷雨霖小时候进过私塾,读过《三字经》《百家姓》《千字文》《弟子规》《名贤集》《千家诗》《六言杂字》《论语》《孟子》《大学》《中庸》《尺牍》等。掌柜就问他为什么读《尺牍》,雷雨霖回答说给老家的父母写信时用,信的开头写"父母亲二位大人尊前敬禀者",结尾是"儿雨霖叩禀"。掌柜一下子笑了,说这孩子还会写这样的信呢,就把他录取了。

当时鹤年堂新来的学徒,按规矩都要排字,"西鹤年永茅,东鹿寿康宝"十个字,一个字排十个人,十个字就是一百人。雷雨霖说,到他这里是第一百零五个,就没排上字。鹤年堂有这么多徒弟,却向来没有师父,只是师兄带师弟,教授之际无所保留,生产上的技艺都要教,蒸炒炙煅都要学——这是鹤年堂一直以

鹤年堂师兄弟业余剧团合影

来的规矩。

　　进入鹤年堂以后,学徒会收到一套笔墨纸砚和一些药书,比如《药性赋》《汤头歌》《药性歌括四百味》《丸药目录》等,里边有八百多种饮片、六百多种丸散膏丹的名字。掌柜要求学徒们在三年内必须把这些药书的内容背诵下来。《丸药目录》包含了六百多个门类,有风寒门、暑湿门、燥火门、儿科门、妇科门等,这些分门别类的内容都要烂熟于心。《药性歌括四百味》以四言韵的形式,介绍了四百味常用中药的性味、功能、主治,比如"人参味甘,大补元气,止渴生津,调荣养卫。黄芪性温,收汗固表,脱疮生肌,气虚莫少",朗朗上口,便于诵读记忆。《药性赋》讲药物有寒、热、温、平四大性,寒性药物"犀角解乎心热,羚羊清乎肺肝。泽泻利水通淋而补阴不足,海藻散瘿破气而治疝何难",雷雨霖至今都能记住。

　　鹤年堂还有一本《铺规》,要求所有学徒都能够背诵。这是鹤年堂教徒弟的一种方法。在下班之后学徒得念药书,念完书再合上书本背,所以鹤年堂晚上都是朗朗的背书声。雷雨霖每天晚上都要临帖,把药书上的内容誊写在纸上。写完之后要交给柜房评判,写得好的地方画一个圈儿,不好的地方打一个叉。鹤年堂的掌柜既懂医又懂药,带学徒的方式就是教念什么书,怎么样认识药。所以,虽然没有师父,但是雷雨霖药学知识的基础打得特别牢。

最年轻的丸药头

当年的鹤年堂是前店后厂,买进的药材,在后面的厂房加工好后才能作为药材被摆上柜台。制药环节有三个厂房:斗房、丸药房和刀房。新来的学徒一般都是先去斗房,即药店抓药的地方。除了抓药,学徒还要往药斗里添加药材。

雷雨霖刚来的时候,也是先在斗房当学徒,由粗活、累活开始。先剁伏龙肝,伏龙肝也叫灶心土。雷雨霖把大块的伏龙肝搁在墩子上,拿刀剁成小骰子块,最后再装在药斗里面。有时候还要剁藕,切取藕的节部,把毛刮下去制成藕节,这也是一味中药。干完制作药材的活,还需要去柜台药斗认药。把药斗一个一个地拉开,辨认里面的各种药材,这就是俗称的"认斗子"。

大约一年之后,师兄就开始带着雷雨霖练习蒸、炒、炙、煅等制药手艺。鹤年堂以古法制药,所以会不惜成本,如蒸大熟地,蒸完扎过以后要见溏心;蒸黄精,要九蒸九晒。炒药也需要技术,雷雨霖先在旁边看师兄怎么炒。炒药有大锅药和小锅药之分,大锅药像蒺藜、栀子、黄芩、莱菔子等,把药倒进去,放一些姜、酒或醋之类的作料,用大铲子翻炒,就像炒栗子似的三翻一反。小锅一般用麸子炒,更需要手艺,比如炒枳壳,先撒一把麸子,等锅热冒烟了,再把枳壳一撒,用小扫帚赶紧翻,枳壳就被熏黄了,两面都得熏黄了才行,接着再用铁丝制成的筛子,筛一遍炒好的枳壳。

药房里很多药材需要炙,比如炙枇杷叶的主要作料是蜂蜜,把蜂蜜用水稀释拌匀,用刷子刷到枇杷叶上,然后上锅炒,炒到枇杷叶攥到手里成团,松手之后能散开就行了。另外,煅药的手艺也必须掌握。比如磁石、赭石、石脂都需要煅。煅赭石要放在大炉灶里烧,烧透了之后用一把大钩子把赭石钩出来,放在盛满醋的大盆里,这就叫煅。煅白矾要把白矾放在沙盘子里加热至熔化,鼓出大泡来,放凉后取出,研成细粉,就是枯矾了。

后来雷雨霖被调到丸药房,学习制作丸散膏丹、露水、药酒。两年之后,雷雨霖接任第五代丸药头,也就是丸药房的主管,那一年他才十九岁。当时雷雨霖学徒期刚满,正巧丸药头辞职了。时任丸散饮片制药所所长的魏鹤春,即第一任丸药头,想让雷雨霖接任。丸药房里还有两位大师兄,李鹿文专门在丸药房吊蜡皮,傅康俊专门熬药膏。他们俩都特别支持雷雨霖接任。这样雷雨霖才答应下来,成为当时药店里最年轻的丸药头。

丸药制作工具

丸药房里有二十多人,雷雨霖出任丸药头之后,开始负责成本核算,写领料单、入库单等,主管丸药房日常的运营。另外,雷雨霖还学习了之前没接触过的一些制药技艺。比如吊蜡皮,就是俗称的制蜡壳,把预制的一定规格的木球模子,用水煮透,均匀地蘸上蜂蜡和黄蜡的混合蜡液,薄厚蘸三次,然后放到凉水里,冷却之后用刀把蜡壳剥下来,装入药丸后以蜡黏合封固,用电烙铁熨烫封严,这样的丸药能存放十年。如果不封严的话,药就容易变质,进空气后会长虫、发霉。最后要盖戳,把牛角印戳在酒精灯上烤热,然后蘸上金箔或银朱粉,在丸药上加盖药品名,这才把丸药制作完成。

雷雨霖还学会了摊膏药。他用厨房的芝麻酱练手。在桌上放一张油纸,拿一根小竹棍蘸上芝麻酱在纸上画圆,然后把这张纸对折,一眼就能看出来圆不圆了,这是学习摊小膏药的方法。大膏药相对来说比较容易,因为一般来说它是不透明的,这个圆错位一点儿也不容易看出来。但还是需要掌握分量、薄厚,所以一般要在做完之后先过秤,允许稍有误差,但是不能差得太多,这就要考验制作膏药的技术了。

当丸药头的,还要掌握一门特别的技术——制作药酒。药酒就是原来宫廷用的"四宝酒",四个品种分别是佛手酒、玫瑰酒、茵陈酒、橘红酒,其制作方法只能传给丸药头。掌柜向雷雨霖交代说,这个酒的配方得保密,不许外传给任何人。

抓药的规矩

1949年,雷雨霖在丸药房待了七年后,他跟掌柜沟通说想调工作,于是就调到前面柜台抓药去了。抓药每个月要举行评比,谁抓得最多谁就是状元,雷雨霖经常得状元。那时候他才二十多岁,这么年轻就能去柜台抓药是很难得的。他常说学的是手艺,看着容易,做起来难,学艺就得一点儿一点儿学。

制药有讲究,抓药也有规矩。首先,各药店都有自己的密码,别人看不懂,鹤年

山楂丸

四宝酒:佛手酒、玫瑰酒、茵陈酒、橘红酒(左起)

堂用的密码叫"苏州码"。方子里的药分等级,计算等级和药价都要用密码记录。另外,抓药有口诀,有"十八反、十九畏",以及"妊娠禁忌"等。这说的是,药里面有十八味反药,十九味畏药,相反相畏不能配伍同用。方子来了,第一步就是审方子,看有没有禁忌,有没有用料过度,不合适的方子就不能给抓药。因此,熟记口诀是能站在柜台抓药的基本要求。

一个方子审过了,鉴定好了,用一根小木棍儿压一下,表示方子鉴定没问题,这叫"鉴方子",然后才能去抓药。抓完药之后,最后一步是检查,也叫"查包"。过去的药店都有大闸柜,就像是药店的一道闸,抓来药之后,要拿着方子一味一味地对,检查无误之后才能包药。雷雨霖回忆,自己在工作期间,从来没有抓错过药。

当时雷雨霖早已出师,却没有机会上正规的学校进行深造。后来鹤年堂的学徒都要到北京市卫生学校学习,学出来以后评职称,考核合格以后可以升级为药师。雷雨霖因为此前有了别的药材方面的职称,也就没有再参加药师的评审。

工作离不开药店

1955年,鹤年堂公私合营。刘一峰的三儿子刘侣笙为主任,接管了鹤年堂。公股的代表是刘德生,也是鹤年堂当时的主要领导。总经理是卢席卿,他对雷雨霖很看重,派他去学习会计知识。当时北京市有一所会计学校,在丰台铁匠营,雷雨霖就去那里学习。毕业以后,经理安排他去了会计室,也就是之前说的稽核室。当时会计室的主管叫刘鹿良,是雷雨霖的大师兄。雷雨霖来了之后负责分户账和保管现金。

1958年,鹤年堂的制药部门被合并到宣武区联合制药厂,鹤年堂只保留了前面门市部的零售业务。宣武区联合制药厂的配本以鹤年堂的配本为主,各个药房的生产车间都搬到了这家工厂。雷雨霖还是去制药厂当会计,管现金、出纳和分户账等。在此期间,雷雨霖遇到了不少难题。当时制药厂的主管会计不给雷雨霖看账目,但是快到年底了要结账,雷雨霖不得不加班加点,做报表,看转账明细,另外还要负责工时分配、核算成本之类的工作。最后,雷雨霖慢慢摸索出了规律,非常出色地做出了资产负债表、营业表。后来这家药厂改制成中药五厂,雷雨霖也被提拔为主管会计。后来药厂又并入同仁堂制药厂,鹤年堂的老配本也归到同仁堂了。

雷雨霖被调到药厂的药材经理部,主管宣武区各个门市部的零售会计,汇总数据之后向药材总公司汇报。一年多以后,他又被调到德寿堂药店。当时这家药店还保留着传统的前店后厂的格局,主要生产小的药品,有七十多种。但是没有会计,不会核算成本、计算工时,生产也遇到了瓶颈。雷雨霖到那里以后就接任了书记的职务。德寿堂药店有七个门市部,各个门市部的主管会计都是雷雨霖的徒弟。

雷雨霖(前排右一)与刘侣笙、翟鹿广及鹤年堂领导合影

每个月出的报表都要经过雷雨霖亲自把关。

1989年,雷雨霖准备退休了,正赶上药店的副书记要到北京市卫生学校学习两年,没人接替职务,没办法,雷雨霖只好晚退休了两年。

2005年是鹤年堂开业六百周年,在人民大会堂举办了庆祝典礼。在典礼上,鹤年堂返聘了雷雨霖、刘侣笙、翟鹿广三位老员工,他们也被授予鹤年堂终身荣誉职工的称号。这样,雷雨霖又继续回到鹤年堂,主要为鹤年堂培养年轻人才,传承鹤年堂的文化。雷雨霖给新进鹤年堂的员工培训,讲到了北京鹤年堂的规矩,传统是怎样的就得照做,抓药就得按照方子的顺序。制药的时候怎么做丸药,怎么炼蜜,怎么把封口闭严不让它发霉,不让它长虫,都得照传统的方法做。

此后十几年,雷雨霖在鹤年堂做了很多工作,可以说分文未取。退休之后他基本上没闲着,到处奔波,为弘扬传统中医药养生文化尽心尽力。正因如此,2012年,雷雨霖被认定为第四批国家级非物质文化遗产代表性项目传统中医药文化(鹤年堂中医药养生文化)代表性传承人。

随着时代的发展,传统的制药工艺引入了工业化制作,一些制药技艺难以全面再现,但雷雨霖尽可能地指导徒弟学习古法制药。如今,九十多岁的雷雨霖依旧声如洪钟,腰杆挺直,每天行动自如地上下楼,没有其他慢性病,唯一不足的就是听力下降了。七十多年来,他用自己的身体践行了中医药养生文化,证明了中医药养生文化传承的意义。

老字号代表的不仅是勤劳与智慧

更是坚守与承诺

一个国家有多少老字号

不仅代表着商业繁荣

更代表着诚信精神和文化昌盛

比消费者更严酷的检验是时间

老字号的底气

是她饱经岁月洗礼

真金不怕火炼

老字号的魅力

是她唤醒记忆的温度

岁月沉淀的重量

本草的良心：

李成杰与四大怀药种植与炮制

刘芯会

李成杰 ▌

　　李成杰（1932—　　），河南沁阳人，国家级非物质文化遗产代表性项目中药炮制技术（四大怀药种植与炮制）国家级代表性传承人。李成杰自幼随父种植与炮制四大怀药，参加工作后仍利用业余时间随父劳动。通过他三十年的研究，解决了山药、地黄的重茬连作问题。在垆山土地种植驯化的山药新品种产量明显增加，一亩山药产量是一般大田的近三倍。将太行山悬崖上的石菊成功移植驯化，取名"怀庆崖菊"。2004年，与他人合编的《四大怀药》出版。

中药是最讲究产地的

川连、广皮、化橘红

产地不对，疗效不达

淮南为橘，淮北为枳

大自然既慷慨又吝啬

珍贵的产地，持久的守护

大地的馈赠，辛勤的耕耘

四大怀药，久负盛名

中药来源分为植物类、动物类和矿物类。各地中药资源利用存在很大差异，中药最重视药材的产地，有"非道地药材无处方"之说。川连（四川）、广皮（广东）、化橘红（化州），产地药和非产地药在价格和疗效上会有天壤之别。怀庆府是古代的一个行政区划，如今它的地理范围相当于河南省焦作市、济源市和新乡市的原阳县，由于地理历史等原因逐步形成了今天焦作市辖区广泛种植道地药材的局面，产于此地的山药、菊花、地黄、牛膝四味中药而得名四大怀药。

河南省焦作市之所以能成为四大怀药的重要产地，与其地理环境与气候条件密不可分：太行山脉阻挡寒冷气流形成的温暖气候，黄河和太行山山洪冲击形成的肥沃土壤，焦作市二十余条河流供给的丰沛水源——如此得天独厚的自然环境，为四大怀药的生长提供了天然条件。从历朝历代的朝廷贡品，到平常人家所取的道地药材，再到现代馈赠亲友的保健佳品，四大怀药的疗效自古以来都得到了广泛认可。

明清时期，四大怀药已享誉全国，供不应求。中原地区形成了种植、倒卖四大怀药的怀帮，他们从药农手里大量收购怀药，并转卖给全国各地药商。四大怀药的大量外销，催生了历史上与徽商、晋商齐名的怀商。怀商以主营四大怀药发迹，他们的足迹遍布全国。怀商的崛起，大大促进了怀药加工的规范化和怀药文化品牌的形成，使四大怀药成为河南首屈一指的道地药材。新中国成立后的计划经济时代，四大怀药由政府组织统一生产、经营，成为国家计划管理物资。

四大怀药:怀牛膝(左上)、怀山药(右上)、
怀菊花(左下)、怀地黄(右下)

进入21世纪,传统中药材道地性问题被不断提及,四大怀药地理产地的独特价值也被逐渐认识,四大怀药作为中国国家地理标志产品被推向市场,驰名中外。2003年8月,国家质检总局批准实施四大怀药原产地域产品保护,以加强市场对纯正药材产品的原产地识别,保证药材的道地性。

种植怀药,艰难维生

中药炮制技术(四大怀药种植与炮制)的国家级非物质文化遗产代表性传承人李成杰出生于药农世家。1942年7月至1943年春季,农业大省河南在大旱之年偏又遇了蝗灾,田地几近绝收,通胀加剧和救灾不力更造成灾情的恶化,天灾和人祸共同导致了历史罕见的河南大饥荒,中原大地上饿殍遍地、民不聊生。贫苦的童年生活给儿时的李成杰留下深刻印象:

小知识

山药具有滋补益肾、补中益气等功效。

地黄分为生地黄和熟地黄,生地黄具有清热凉血、滋补肾阴的作用;熟地黄具有滋补肝肾、益气填精的作用。

菊花有明目、清热、祛风、清肝的功效。

牛膝有滋补肝肾、壮筋骨、治疗关节肿痛与痹症的作用。

　　我第一次出远门是去焦作拉煤，那时候已经八岁了。我老是想看山，当时家里大人就领我去看山了。七八岁我就一直跟着大人去地里劳动。当时吃没的吃，穿没的穿，大家都是这样生活的。民国三十二年(1943)是灾荒年，我们村的榆树都快被吃光了，都是碗口粗的榆树，大人们把榆树皮刮掉吃，树只剩一点点大。到了冬天，树皮和野菜都吃完了，大家只能去地里刨菜根吃。在这种环境下，我还跟着大人们劳动。

　　除去生存的艰辛，中原百姓还不得不面对日本侵略者的剥削与压迫。年幼的李成杰跟随家人四处流浪，好不容易安定下来，又不得不为了生计给日本侵略者打工，遭受不人道的待遇，忍受肉体和精神上的双重痛楚。

　　日本侵略者十分看重中药，身处四大怀药的产地，他们尤其觊觎四大怀药的药用价值。相传，日本侵略者认为，武陟地区的土壤具有独特性，是最地道的怀药种植土壤，于是他们特地将土壤运回日本，专门找了一块地种植怀药，还将有经验的药农也一并带回日本，但移植却没有成功。于是，他们干脆直接霸占和剥削药农的劳动果实。在李成杰的记忆中，药农辛苦一年的收获，一经收割就被日本侵略者洗劫一空。日本侵略者强制中国人为他们加工怀药，初步烘干之后运回日本销售，或者精加工后出口到其他国家或地区赚取利润。

　　多年的饥荒与战乱过后，八路军进驻李成杰的家乡。李成杰的父亲追求先进，第一批加入了中国共产党。此后，李成杰一家的生活渐趋稳定。自幼就与中药做伴的李成杰开始跟随家里长辈，恢复种植与炮制怀药。在此过程中，李成杰逐渐熟悉了怀药种植习性、药性和炮制方法，并对怀药产生了深厚的感情。

　　俗话说"一亩园十亩田"，指的是怀牛膝、怀菊花、怀地黄、怀山药四大怀药，不管哪一种，种一亩地的收入，就顶种十亩庄稼的收入。李成杰家乡的人们为了维生，几乎家家都在种植四大怀药。在困苦的年代，人们坚守淳朴互助的民风，所有人家的种植方法都是公开的，只要村里的孩子想学，每家都毫无保留地倾囊相授。

为了增加药材的产量,提高质量,农民们省吃俭用,将吃剩的香油渣、棉籽油渣等留作肥料。养不起猪的人家,哪怕用其他牲畜的粪便做肥料,也要坚持施肥,保证药效。

炮制药材,减毒增效

怀药的加工有着严格的传统工艺标准,怀地黄的九蒸九晒,怀山药的反复浸泡、熏蒸、晾晒和搓制等工艺,使药材具有了优越的品质。中药炮制是根据中医药理论和医疗、调剂、贮藏等不同要求,以及药材自身的特性,分别采用修治、水制、火制及添加辅料制作等方法,对生药进行加工的特殊技术。其中以炒、炙、烫、煅、煨和火制方法最为常用,故名"炮制"。中药炮制的目的在于降低或消除药物的毒性和副作用,缓和或改变药性,从而提高疗效,便于调剂、贮藏和服用。从古至今,中药行业在中药炮制方面积累了大量经验,技术发明了不少,使得中药炮制技术成为中药学的重要内容之一。

虽然在战火中颠沛流离,李成杰家和村里的人们还是坚守着四大怀药的种植与炮制。为了既不破坏原有的药材药性,又能制成适合运输、储藏的形式,人们开发出一套虽技艺简陋但切实可行的纯手工加工流程。当时的山药炮制加工过程,尤其令年幼的李成杰印象深刻。

那大概是1940年,我是第一次见加工山药。那时候我家里有一个很平整的大案板,大人们把已经去了皮的山药泡在一个大缸里,大概要泡一天。泡软了以后用硫黄把山药熏软。晒干以后再重新泡软,再用硫黄熏,熏到山药全都软了的时候就到火候了。彻底软了的山药弯弯曲曲的,不规整,要把它们摆展,再放到一个搓板上搓圆,这样山药就算加工完成了。

学有所成，半路出家

由于日本侵略者的骚扰，李成杰的小学上得十分艰难。初小上完后，高小期间，八路军来到家乡，才让学校变得有序。由于自小成绩优异，长大后的李成杰并没有接父辈的班，命运似乎对他另有安排。1948年，年仅十六岁的李成杰参加工作，开始教书。一年后，武陟城解放，教育局通知李成杰让他再去上学。于是，李成杰又重返校园，就读于焦作师范学院。新中国成立初期，国家各领域人才奇缺，李成杰决心投身教育事业，为国家培养人才。1951年，李成杰从焦作师范学院毕业后成为一名光荣的人民教师。此后的几十年间，他的职业也随着国家和社会的发展而不断变化，从三尺讲台到教育局，又从县委报社到地名办公室，最后调到气象局。

1960年，焦作师范学院毕业后学友相逢留念（后排右一为李成杰）

三十余年的公务员生涯，他始终没有放下对四大怀药的兴趣与研究。多年的调查研究与经验积累，为日后的怀药种植与炮制打下了坚实的基础。

已经五十岁的李成杰半路出家，在工作之余，开始全身心投入四大怀药的研究。他搜集整理古书、古方等历史资料，力求完成四大怀药种植和炮制的学术研究。

开荒辟地，科学种植

李成杰很快认识到，只做一些历史资料的收集整理工作，对研究怀药来说是远远不够的。他决心从实验性种植开始，研究四大怀药的种植和炮制技术。四大怀药的种植，包括育种、选地、整土、育苗、施肥、虫害防治等，都有严格的要求。李成杰对儿时长辈们口耳相传的诀窍经验依然记忆犹新。当时老人们有一句话，牛膝种下去以后是"七天三水，不出就毁"。这是由于牛膝的种植时效性较强，出苗很难。牛膝的种子大小与胡萝卜种子相仿，出苗速度却慢了许多，一般七天才出苗，如果墒情不好就更不容易出苗。牛膝种子撒进土里以后，头七天要浇三次水，七天之后如果还不出苗就要赶紧毁了重种。因为牛膝的重种是有时间限制的，必须在头伏种，二伏种就晚了。所以，农民们一般在头伏的前一两天下种，到头伏末就要出苗，如果不出苗就得赶紧种二茬，再迟就晚了。

但仅凭儿时跟随父亲种植怀药的有限经验和在气象局工作获得的气象物候

1981年，李成杰患鼠疫康复后留影

知识,并不能让李成杰的怀药种植一帆风顺。在经历了一系列的失败后,李成杰开始走访种植怀药的老农和炮制怀药的老技术员,探寻四大怀药的秘密。怀药加工站的药工、农业局的技术员、常年种植怀药的农民兄弟,都是李成杰走访的对象。从儿时印象中的记忆口诀,到书本上的植物保护知识,再到逐步积累的各种实践知识,李成杰在慢慢摸索中掌握了许多四大怀药病虫害防治的本领。

怀山药是怀药之首。针对怀山药易生病虫害的问题,经过反复试验,李成杰找到了"牛粪可治线虫病"这一植保方法,并以此为基础开始推广怀山药的连茬种植技术,在保证怀山药药效的同时提高了产量。相比普通的农作物,山药的种植技术更为复杂,需要对往年收获的山药进行加工,通过分段晾晒、石灰消毒、药剂浸种等工序,才能栽下一颗良种。山药学名薯蓣(yù),其药用部分是在土表之下的块茎。李成杰发现,土下面的山药长得怎么样,跟上面叶片的生长密切相关。1985年,李成杰通过查阅文献并借鉴藤科蔬菜搭架种植的方法,开始尝试山药的搭架种植。这一种植方法利于叶面吸收营养,使得山药扎根结实,从而获得更高的产量。

李成杰走访药农了解种植技术

怀地黄的制作过程要求严格，鲜地黄须经过九蒸九晒的炮制才能成为熟地黄，作为药材入药。以前，焙地黄费时费力，对火候要求极高，超过70℃过熟，低于40℃容易出水，这些都会导致药效降低。李成杰经过反复钻研，尝试将蜂窝煤作为焙地黄的燃料，又改进了焙炉，使地黄可以均衡受热，如此一来，既保证了怀地黄的药效，提高了炮制的成功率，又节省了炮制的人力。这一炮制技术的改进由于简单易学，在药农间迅速得到推广。

驯化种植，培育良种

从1982年起，李成杰就开始上山寻找更道地的怀山药品种，踏上了漫长的驯化种植之路。经过艰苦的考察，李成杰在十几种野山药中反复挑种、试验，试图找到产量高、药效好的野山药品种进行驯化种植。通过几十年的努力，李成杰为野生怀药品种的保存做出了重要贡献。

经李成杰改进后的焙地黄的焙炉

李成杰不打麻将，也滴酒不沾，他觉得人既然还有精力，就应该干点儿正事。他将有限的工资大都用在了购买怀药种植书籍上。如今，随着年龄的增长，身体不好的他时常需要住院治疗，但是一出院他就又开始围绕四大怀药搞研究。"四大怀药是个宝"，儿时老人们的话语时常出现在李成杰的脑海。大量的资料和经验让李成杰决心把多年来掌握的种植和炮制技艺编成一本书，便于科技推广。为了将多年积累的心血出版，李成杰常常深夜三点钟起床写作。他集中

李成杰手稿

了各处搜集的知识，将古人的智慧、老一辈人的经验和自己多年来的体会融会贯通，为保证引用的准确还做了许多历史考证，确保书中所述内容经得住时间的检验。他坚信一个人的力量是有限的，许多人的力量才有创造力，要让四大怀药的种植和炮制知识更加科学、更为系统，就必须下此苦功。

面对困难，传承技艺

怀药种植需要耐心，更需要科学。多年的投入，李成杰最担心的是两件事，一

个是徒弟问题，一个是基地问题。由于是城镇居民，李成杰研究怀药种植最大的困难就是没有土地。一开始，他借用单位的一点点菜地进行实验性种植，无奈地方太小，难成规模。后来，他又借用老乡家的土地，却由于缺人管理，总是收获甚少。无奈之下，他不得不亲自上阵，带着自己的小孙子，利用业余时间开荒种地。后来，随着家庭联产承包责任制的推广，土地分给个人种植，由于缺乏统一的种植管理和销售渠道，种植怀药的农民和可用于种植的土地越来越少。没有土地，怀药就无法保留下来。对从山上采来的野山药等移植作物，李成杰本想开展育种优化的恢复性种植，也由于缺乏固定土地和固定人力，无法持续进行。

此外，传承教学的压力也十分显见，李成杰希望更多有化学、植物学、中医中药学等专业背景的年轻人加入怀药种植、植物保护和免疫治疗的领域，守得住初心，耐得住寂寞，像自己一样勇于钻研，将四大怀药从种植、炮制到医药应用的各项技

李成杰指导徒弟进行怀山药种植前的晾晒、消毒与浸种

艺传承下去。李成杰将怀药的未来寄托在几位徒弟身上。受病痛困扰住进医院不能回家时，他就在医院里坚持口述技艺细节。田地里不能久站，他就找把凳子坐下讲种植管理要点。老人的拳拳真情令人动容，也让非遗传承除去传承技艺，更具有传承使命担当的精神力量。

悲中求喜，坚守良心

中药的药效取决于药材的道地性和炮制的精细程度。近年来，一些药农为了追求经济利益和产量而不断使用化肥、农药和根膨大剂等催化药物，怀药的产量虽然上升了，却导致种植土壤重金属超标、药材品种退化、药效降低。因此，增加产量的同时应保证怀药的道地性，效率与质量不可偏废。李成杰不断在传统种植技术和现代科技手段之间寻找答案。他在四大怀药种植与炮制之路上坚持传统与创新相结合，科学培育，精细炮制，终于让四大怀药的药性维持本真，药效始终如一。不忘初心，苦中作乐，数十年的钻研和坚守，李成杰信奉的一句话，似乎能够概括他对传统中药孜孜以求的一生："曹操曾说过这样一句话：'宁我负人，毋人负我。'对我来说，应该改成'宁人负我，毋我负人'。我研究四大怀药三十多年，是在悲中求喜中度过的。"

李成杰最大的希望，就是能把四大怀药传承下去，一辈接一辈，永远都不要失传。可以说，正是在李成杰无数次失败与收获的悲喜之中，在道地种植与精细炮制的坚守之下，中药之力才得以延续，本草之源才愈显纯净。古有李时珍遍尝百草，今有李成杰守护药魂。

赋予中药疗效的

除了产地

除了工艺

还有人

从土壤到药柜

人的汗水,人的诚实,人的智慧

让植物成了药材

让病痛得以治愈

一位老人

一生和草药为伴

半生在泥土中耕耘

种出的是药,救下的是人

这是

大地的品格

本草的良心

一剂直千金：

李济仁、张舜华伉俪与
张一帖内科疗法

张琛

李济仁、张舜华

李济仁与张舜华

李济仁（1931—2021）与张舜华（1935—　），安徽歙县人，国家级非物质文化遗产代表性项目中医诊法（张一帖内科疗法）代表性传承人。李济仁是新中国成立以来新安医学传承和创新发展的关键性人物，2009年入选首批国医大师。张舜华自幼随父亲张根桂习医，陪父亲出诊，用自己的至诚至孝，为传承张一帖内科疗法付出了巨大努力。

新安医学指新安地区医家的中医理论与临床应用实践。新安医学起源于宋朝，鼎盛于明清，昌盛不衰达数百年。其医家之多、医书之重、医案之好、质量之高、持续之久，在医学发展史上是空前的，对中国医学的发展与进步起到了重要的推动作用。张一帖是新安诸医家中源远流长、别具一格的一支，名家辈出，堪为医家楷模，传到李济仁与张舜华这里，已经是第十四代了。

古语有云

为人子者不可不知医

《医工论》有言

凡为医之道，必先正己，然后正物

正己者，谓能明理以尽术也

正物者，谓能用药以对病也

如此，然后事比济而功必着矣

何为医者，如何正己

答案就在张一帖的传承中

在李济仁、张舜华两位老人的故事中

同少年励志走上学医路

李济仁1931年出生于安徽歙县小川的桥亭山，原名李元善，取"元者，善之长也"之意。目睹了瘟病流行时老百姓缺医少药的痛苦，经历了哥哥因医疗条件匮乏而死于肺结核的打击，加上自己在初中暑假时因疟疾延误了上学的遭遇，李济仁毅然决然地决定学医。徽州有句古话："为人子者不可以不知医。"在姐夫、堂叔的支持下，他说服了父亲李荣珠，踏上学医之路。

张舜华1935年出生于安徽歙县定潭，父亲张根桂是当地名医，张一帖的第十三代传人。张舜华自幼耳濡目染，钟情于中医，一心想跟父亲学医。由于父亲身体不好，张舜华在很小的时候，就不畏艰苦，白天随父亲上山采药，帮父亲抄方子，晚上怕父亲出诊病倒没人管，陪同父亲一同出诊。从十二岁开始，张舜华就独自一人去给人看病，把药方抄回来，父亲过目无误后再给患者抓药。张一帖本是传男不传女的，因家里独子夭折，后继不能无人，张根桂有感于女儿的孝心，最终决定把自己的学问和技艺传给女儿。

从医路上相际会成正果

1943年，李元善拜师歙县新安医家汪润身。习医三年左右，已熟读中医基础理论。某天半夜，偶遇村民提灯笼打火把急急忙忙赶路，李元善好奇心起："你们这是要到哪里去啊？"村民说："去定潭。"李元善追问："为什么去定潭？"村民回答："定潭有个张一帖，得了急症，不赶到定潭就没救了！"话音刚落，村民很快就不见了踪影。李元善正想在医学道路上更进一步。得知定潭有位名医是张一帖第十三代传人，便毛遂自荐，跑到张根桂家里去了。

张一帖据说是北宋名医张扩的后裔。张扩，字子充，歙县人。其年少时学医，尽得蕲水庞安时、蜀人王朴真传，治病多奇中，名传遐迩，尤以治疗伤寒见长。此说有待进一步考证。今可确知，张一帖之名起于明嘉靖年间，至今已有四百余年的历史。

第一代张一帖是张守仁。张守仁，字立仁，为人淳厚，善济贫寒，明嘉靖、万历年间以医术鸣世。他自幼随父亲习医，并与各地名医一起游医，广泛学习《黄帝内经》《金匮要略》等十余部医籍，好学深思，长于比勘，又得一假扮乞丐的异人指授，医技大进。其时，百姓多困苦，经常有因饥寒、劳累而昏厥的人。张守仁以那名乞丐传授的方子为根本，结合四季特点，配伍出具有疏风散表、理气和营、健胃宽中、渗湿利水之神效的末药，特别适合劳痫伤寒、肠胃疾患等症，往往一帖（一剂）即药到病除，因此被誉为张一帖。

张根桂，又名耀彩，字祥森。二十岁即闻达于新安诸邑，到了而立之年，皖、浙、赣各地来找他看病的患者络绎不绝。张根桂擅治急性热病、外感病及其他急危重症，强调除邪必须全力迅速，用药味多量重、剂大力狠，服药讲究选剂择时，常备有汤药、末药、丸药等不同剂型，择时服用，必要时辅以针灸，往往一剂即起病回春。著名经学家吴承仕先生之痼疾治愈后，书一副对联相赠，曰："术著岐黄三世业，心涵雨露万家春。"经反复研验，张根桂改进了祖传末药的配伍、制法，创春、夏、秋、冬四季不同的加减法，对外感伤寒、腹泻气滞、胃脘疼痛诸症的医治更具神奇功效。张一帖至此走向鼎盛。

到张家后，李元善发现来看病的人络绎不绝，就不声不响地站在一边观察。他发现张根桂看病很有特点，在望闻问切方面有自己的独到之处，对于救治急危患者也有很好的效果。等张根桂看完病，发现李元善站在那里一动不动，便问道："你怎么在这儿站着，有什么事吗？"还在思考的李元善说："哦，我是来向您学习的！"张根桂又问："你叫什么名字？原来在哪里学习？"李元善答道："我叫李元善，是汪润身的学生。"张根桂知道汪润身有个学习上进又聪明的学生，一番考问之后，觉得这个小伙子的确有才："你家到这里路途有些远啊,到我这里学习不方便吧?"李元善已经打定了主意,恳切地说:"无论如何我都要到您这里学习,我要拜您为师!"张根桂当时只是说可以来学习一下,并没有答应李元善拜师的请求。

经过一段时间的观察与考验,张根桂被李元善的才气和真诚所打动,答应收李元善为徒。

张舜华发现有个人在家中学习多日,突然回想起来,这不是那天陪父亲出诊时,在樟树下第一次谋面的李元善吗? 张根桂允许张舜华学医的众多条件之一,是要她在出诊的路上不能说话,要装作哑巴。因此,张舜华与李元善之间并没有言语上的交流,但他们相遇之前就已互相知晓,一面过后,彼此都给对方留下了很好的印象。

1949年,系统学习中医六年的李元善,已可以独自悬壶济世,遂改名李济仁,蕴含医者仁心、仁心济世之意,回到小川开始了他的行医之路。他先后在小川、霞坑、三阳坑行医,并在三阳坑开办过李济仁诊所。1951年,他在小川创办联合诊所,任所长。诊所开诊之后,前来看病的患者越来越多,基础逐渐夯实,更多的患者慕名而来。由于人手不够,李济仁又聘请了师父汪润身的两个儿子同来应诊。1955年至1956年,在诊所业务如火如荼的同时,李济仁进入安徽省中医进修学校(安徽中医药大学前身)的师资班学习。

在此期间,张根桂的身体每况愈下。多年随父行医,张舜华刻苦用心地学习中医理论,矢志不渝地孝顺父亲,终使父亲打破张一帖传男不传女的家规,接替父亲,成为张一帖的第十四代传人。

到十五岁开启独自行医之路时,还是一个小姑娘的张舜华已出诊到浙江淳安县乃至附近的六个县,且把脉开方非常沉稳老到,博得"老舜"的谑称。一天夜里,屯溪水运社送来一个命悬一线的病人,忙碌了一夜之后,第二天上午病人转危为安。之后,张舜华又为水运社治好了很多人,水运社表示要重谢,她拒绝了,水运社的人就到定潭来放露天电影给乡亲们看,一放就是好几年。每到这个时候,乡亲们就会说:"看'老舜'的电影喽!"

1953年6月,张舜华自己在定潭开业行医,她的"生死脉诊"可谓一绝。一日,张舜华出诊去看一个中风的病人,和病人的家人说病人可能到不了晚上了,让家里人心中有数。病人的家人看到病人还有说有笑,下午的时候还能吃饭,不免有些疑惑。张舜华又多次为病人把脉,还是确定这个人活不到晚上。不出所料,两小时后病人便撒手人寰了。

1957年,张根桂英年早逝。经过几年在医学路上的奋进,李济仁与张舜华已相继开拓出各自的一片天地,两人喜结良缘。婚礼当天,有急症病人找上门来,张舜华秉持把病人放在第一位的初心,抛开一切,马上去治病救人,直到第二天才回家,因此她错过了自己的婚宴。

奋斗二十载再相聚

1957年底,街口区决定扩大诊所规模,把区里七八个乡的诊所合并组建成歙县街口区大联合诊所。1951年就已创建了小川联合诊所并担任所长的李济仁,此时已有相当丰富的经验,于是歙县街口区大联合诊所的所长也由他来担任。由于医技高超,业绩出众,李济仁只担任了几个月的所长,1958年就被调入歙县人民医院工作。

响应"中国医药学是一个伟大的宝库,应当努力发掘,加以提高"的号召,调入歙县人民医院工作不久的李济仁,又到安徽中医进修学校的师资班学习了近一年。1959年,已经熟读《黄帝内经》等医学著作,功底深厚的李济仁,被调入安徽中医学院,开始教授《内经》课程。那时候安徽中医学院刚刚创办,没有现成的教材,于是李济仁开始自己编写教材。教材编写出来后,在课堂上还需要仔细讲解,这都考验着首次担任教师的李济仁。

学生们对李济仁的《内经》课程设置、内容、基础理论讲解等各个方面都很满意,唯一困扰的是李济仁带有口音的发音吐字,他们确实是听不懂。这让李济仁犯了难,经过认真思考后,便在每次授课的前一晚,把第二天的课程内容反复地过几遍,第二天脱稿授课,再结合清晰、有条理的板书,这样上课的效果逐渐好了起来,即使还有一些乡音,也能深入浅出地把《内经》的奥义讲清楚。因为基础理论扎实,又有临床经验,李济仁在授课的同时还担任《内经》教研组组长、大基础教研室主任等职务。

1960年,李济仁以秘书身份参与了安徽中医学院附属医院的筹建工作,并于同年加入中国共产党。1961年5月13日,《光明日报》对李济仁勤奋钻研的事迹进行了报道。1965年,时任安徽省青年联合会第三届委员会常务委员的李济仁,获得了安徽省社会主义建设先进教师荣誉称号。

1965年10月24日至1966年5月,李济仁同全国其他地方的十七位教师到北京中医学院(现北京中医药大学)和中国中医研究院参加《内经》教学研究班,并参与编写了《内经》《中医基础理论》等首批卫生部高等学校规划教材。1970年,安徽中医学院被撤并,李济仁转入安徽医学院(现安徽医科大学)任内科医疗组组长,其间在安徽医学院出门诊两年。为了有更多时间陪伴照顾徽州老家的家人,1972年,他主动请调到皖南医学院工作,任学院学术与学位委员会委员、中医教研室主任、弋矶山医院中医科主任等职。1978年,李济仁晋升为副教授。作为全国首批七位《内经》硕士研究生导师之一,1979年李济仁在弋矶山医院开始招收硕士研究生,培养了如全小林、胡剑北、孙世发、夏黎明、朱长刚等一批英才。

李济仁在外奋斗的二十余载,得到了张舜华的大力支持。父亲去世后,张舜华继续传承张一帖,在坚持出诊与医学工作的同时,照顾两个妹妹和体弱多病的母亲的担子也落在她的肩上。

李济仁在为患者诊断

1958年6月,张舜华到定潭联合诊所工作,任联合诊所副所长(定潭联合诊所后改为定潭卫生院,张舜华任业务副院长)。同年,她响应国家号召,将祖传末药秘方无偿献出,并参加了省医药卫生成果展览,受到安徽省政府的表彰。

"十八罗汉"末药,相传是张守仁据乞丐异人的方子研制而成,总共有十八味中药。张根桂又广泛收集民间良方,汲取古今医家精粹,昼思夜想,历经三十余年的艰辛,做出改进和提高,对医治的劳瘵伤寒和脾胃病有很好的效果。

1958年10月,张舜华的长子出生。由于张根桂唯一的儿子夭折了,父亲当时要女儿答应他,张舜华的儿子必须姓张,她才能学医。因此,长子取名张其柱,"柱"字本取支柱的含义,后因为多数人不识,遂改名为张其成,取成功之意。

张舜华的女儿李艳于1961年出生,次子李梃于1963年出生,三子李标于1967年出生,幼子李梢于1973年出生。李济仁在外工作无暇顾家,所有家务就都落在张舜华一人身上,其繁杂与沉重可想而知。上有老母,中有两个妹妹,下有五个子女,一大家子人,虽然母亲能够帮忙照看小孩、分担家务,但家中大部分家务还是靠张舜华一人承担。

五个孩子的成长不能耽误,为病人看病和医院的工作也不能耽误,所以五个孩子都是在张舜华背上长大的。张舜华背着孩子出诊,在蜿蜒崎岖的山路上前行已经成为当地的一道风景。张舜华常常带着孩子上山识药、采药,还教他们背诵《汤头歌诀》《药性赋》等。即便身为医生,张舜华还是因为顾得了患者,顾不了自家生病的孩子。有一次,张舜华出诊回来发现幼子得了肺炎,治疗了一段时间才脱离危险,身为母亲的张舜华既心疼孩子,又自责不已。

由于医术神奇、医德高尚,张舜华赢得了皖、浙、赣群众的普遍尊敬,1973年省、市、县均有请调意向。但因当地民众再三挽留,张舜华仍留在定潭卫生院工作,仍坚持跋山涉水,到周围各县、乡出诊,被誉为"女张一帖"。

1980年,张舜华被调入弋矶山医院中医科工作,任副主任医师。弋矶山医院是安徽省第一家西医院,创建于1888年,是一所有着一百三十多年历史的大型综合三甲医院。直到这一年,李济仁与分别二十多年的张舜华才得以团聚。

美誉名天下，薪火永相传

随着李济仁、张舜华在中医理论与实践领域的经验逐渐丰富，两人分别在自己的医学专业上结出累累硕果。

李济仁反复研读《内经》，结合自己多年学习与问诊的经验，先后出版了《内经知要通俗讲义》《杏轩医案并按》《李济仁痹证通论》《新安名医考》《中医时间医学研究与临床应用》《新安医籍丛刊》《济仁医录》等学术著作。其中《杏轩医案并按》《新安名医考》分获首届全国优秀医史文献图书及医学工具书银奖和优秀奖。李济仁主持的科研项目"新安名医考证研究"获1994年安徽省高校科技进步二等奖，1997年安徽省自然科学三等奖；"新安医家治疗急危重症经验的研究"获2000年安徽省高校科技进步二等奖，2002年安徽省科学技术奖三等奖。

张舜华参与撰写、出版了《名老中医肿瘤验案辑按》《新安名医考》等著作，主持校注的《医津一筏》《素问灵枢类纂约注》获得第九届华东六省一市优秀科技图书一等奖，并获得三项省科技成果奖。李济仁与张舜华的个人传记及业绩被收入《中国人物年鉴（1996）》《中国当代中医名人志》《中国当代医学专家集萃》等书。

2009年，张一帖内科疗法列入国家级非物质文化遗产代表性项目名录。同一年，与路志正、焦树德、朱良春、陈之才并称为中国中医风湿病学会五老之一的李济仁，作为首批全国500名老中医、首批国家中医药管理局名老中医学术经验继承人指导老师、首批全国七名《内经》专业硕士研究生导师、首批中国百年百名中医临床家、首批国务院政府特殊津贴获得者，荣膺全国首批国医大师称号。

李济仁主编《新安名医考》书影

李济仁、张舜华在与子女交流

2012年,李济仁与张舜华双双入选第四批国家级非物质文化遗产项目中医诊法(张一帖内科疗法)代表性传承人。这份荣誉,是对一直坚持传承与发扬张一帖内科疗法的李济仁与张舜华夫妇的肯定,也是对其后继传承人的鼓励。夫妻二人的五个子女分别从不同方面传承和发扬着中华医学。长子张其成是我国首位《黄帝内经》博士后,北京中医药大学国学院首任院长,现任北京中医药大学国学院教授、博士生导师,是著名国学专家,传统文化的传播者;女儿李艳是弋矶山医院中医科主任;次子李梃留在了定潭,继承张一帖家传,作为一名质朴的乡村医生,深得当地及周边广大人民群众的喜爱,用实际行动诠释着医在民间的价值理念;三子李标是中国科学院物理学博士,在材料科学与生物医学的交叉研究上成就显著;幼子李梢为医学博士,清华大学北京市中医药交叉研究所所长,国家"万人计划"科技创新领军人才,科技部中青年科技创新领军人才。

李济仁与张舜华的孙辈们,也在祖辈和父辈的耳濡目染下,延续着张一帖的传承之路。作为徽州世医家族代表的张一帖家族,一代又一代砥砺前行,继续书写医学家族的荣耀!

进则救世

退则救民

不能为良相

亦能为良医

——张仲景

高原上的好曼巴：

桑杰与七十味珍珠丸
赛太炮制技艺

李东晔

桑杰 ▍

　　桑杰（1943—　），蒙古族，青海乌兰人，国家级非物质文化遗产代表性项目藏医药（七十味珍珠丸赛太炮制技艺）代表性传承人。桑杰幼年便跟着父亲去各处采药、行医，十三岁进入青海省湟源畜牧学校（现为青海农牧科技职业学院）兽医专业学习，1964年毕业留校任教，后调入青海省畜牧厅工作，1972年考入北京中医学院（现为北京中医药大学）学习，1976年毕业。1978年，桑杰参与创建海西州蒙藏医院，历任副院长、院长，后调入青海省藏医院，1986年至2014年任业务院长，2017年获全国名中医荣誉称号。

解除众生所染病痛楚

非时死亡之缘得解脱

我之严训当得广传扬

当如所祝之愿得成就

——《四部医典》

藏医药是我国传统医药的重要组成部分,是民族医药的重要代表。藏医药历史悠久,是藏族人民在青藏高原的特殊环境中积累起来的宝贵医学经验。藏医药学的经典著作《四部医典》成书于公元8世纪下半叶的吐蕃王朝时期,作者是著名藏医学家宇妥宁玛·云丹贡布。藏医药学以土、水、火、风、空五元学说和隆、赤巴、培根①三因学说为理论基础,以青藏高原的植物、动物、矿物和部分南药为基本药物,采用适应高原环境和游牧生活的行医方式,对高原缺氧环境中的常见病、多发病、地方病具有独特的疗效。

七十味珍珠丸,藏语发音为"然纳桑培",是藏药里最具代表性的顶级珍宝类成药。七十味珍珠丸主要用于治疗脑血管意外及白脉病②。

赛太是七十味珍珠丸不可缺少的关键成分。黄金经过四十多天时间、三百多道工艺流程的炮制,成为含有金、银等八大金属与八大矿物质的赛太。赛太不能单独成药,但一旦加入其他配方,则可以起到化腐朽为神奇的功效。

医药传家

桑杰是一位生活在青海的蒙古族医生。他的父亲出生于内蒙古,母亲出生于

---

① 隆、赤巴、培根:藏医中指维持生命运行和产生疾病的三大因素。隆意为气,它的作用是产生呼吸、肢体活动、血液循环、五官感觉、大小便排泄等。赤巴意为火,它的作用是产生热能并维持体温,增强胃的功能,使人知饥渴、能消化、长气色等。培根意为水和土,它的作用是磨碎食物,增加胃液,使食物易于消化吸收。
② 藏医解剖学把人体的经脉分为白脉和黑脉,白脉泛指神经系统,包括大脑、小脑、延脑、脊髓及多种神经,白脉病是指神经系统的功能障碍或病理损害。

青海一个蒙古族牧民家庭。桑杰的父亲在十几岁的时候就到了青海,在塔尔寺的曼巴扎仓①接受了系统的传统医药学教育,尔后就在青海的蒙古族聚居地行医,并且成了青海的女婿。

桑杰从七八岁开始就跟着父亲到各处采药、认药、配药、看病。父亲对他的教育比较严格。桑杰说自己小时候并没有太多的想法,父亲怎么说他就怎么做。他说:"我的父亲很聪明。那时候我们那里没有学校,只有湟源畜牧学校收牧区的娃娃。我父亲主要就是想让我去学校学文化,因为没有其他选择,所以我就去学了兽医。"桑杰十三岁进入青海省湟源畜牧学校兽医专业学习。在校六年,因为学习好,桑杰毕业之后留校当了老师,后来被调去青海省畜牧厅工作。虽然桑杰学的是兽医专业,但是父亲告诫他一定不能放弃给人看病。所以参加工作后,他一边当兽医,一边还是给病人看病。桑杰说:"虽然我的职业是兽医,是给牲畜看病的,但是给人看病也学习过,给人的药跟给牲畜的药好多是一样的,只是剂量不一样。比如抗生素什么的,都是一样的。当时我们下乡给牲畜看病,当地老乡病了,比如感冒或消化不良,我也给他们用些基本药物,都是免费给药,一分钱不要。我还教给他们,治感冒的是玛奴西汤②,消化不良用希协舟巴散③,就这么几种药。吃药后就好点儿了,大家很高兴。我一分钱不要,也就是图个开心吧。"

桑杰在青海省畜牧厅工作了八年之后考入了北京中医学院(现北京中医药大学)。当时,父亲还是要求桑杰当大夫,所以桑杰就每天认真复习功课。"我小学、初中、高中都没上过。"桑杰说自己啥都不知道,但父亲有这个要求,自己就去努力,一边工作、一边学习。桑杰不无骄傲地说:"最后,我考得还可以。我是第一个考进北京中医学院的少数民族娃娃。"

---

① 曼巴扎仓:藏传佛教寺院中设立的藏医教育和行医机构。
② 玛奴西汤:藏药四味藏木香汤散,主要成分是藏木香、悬钩木、宽筋藤、干姜,具有清热解表、止咳祛痰功效,用于治疗伤风感冒引起的打寒、四肢关节疼痛、发热、头痛、咳嗽、空虚热、血症等。
③ 希协舟巴散:藏药六味能消散,主要成分有藏木香、干姜、诃子、大黄、热制寒水石、去水碱花,主治消化不良。

作为一名医生，桑杰认为，自己从理论到临床实践，接受的是最系统的训练。从1972年入学到1976年毕业，他在北京中医学院中医专业学习了四年。在那之前的蒙医与之后的藏医，都是以自学为主的。

在桑杰的记忆中，基础课程中的方剂学最难学，因为一百多个处方全部都要背会，得白天黑夜地背。学校里给他印象最深刻的几位老师，一位是方剂学老师王绵之（国医大师），他说这位老师人品特别好。还有一位是谢贺州（音）老师，这位老师的知识面相当广，经常告诫学生，不要只学某一方面知识，各方面的知识都要学，不管哪种医学、哪种文字。所以，桑杰说自己植物学、英文、藏文、蒙文、汉文都学习了一些。有一位教植物学的老师，叫杨春树，专门研究植物的习性。桑杰说他后来之所以参与研究青藏高原植物鉴别的课题，就是那个时候的杨春树老师给他打下的基础。

桑杰在北京中医学院学习的时候，当过班长、书记、学生会主席。他说，毕业的

桑杰在青海省藏医院门诊部给病人诊脉

时候学校想让他留校,但因为他是家里唯一的儿子,父母亲都在青海,而且那时候
他已经成家,妻子和两个孩子也都在青海,他的第一个想法是要照顾好家庭,第二
个想法是回去继承父亲的衣钵。

桑杰大学毕业后又回到青海省畜牧厅。他与高原生物研究所的几位老师一
起,用一年多的时间完成了一项关于青海药用高原植物普查的课题,逐一考察了青
海大概一千多种药用植物的分布区域、属、科等,最后编成一本内部资料。

青海的药用植物普查工作结束后,桑杰回到海西蒙古族藏族自治州。当时的
州委书记杨文军(音),是一位经历过长征的老干部。桑杰的父亲之前给他看过病,
治好了他的疑难病。所以,当杨书记得知桑杰学成归来后就来找他:"你在这(畜牧
厅)干啥?你应该回去(海西)!你父亲看病看得那么好,你也学医了,你回去在海
西办一个蒙藏医院吧。"最后,几经周折,桑杰被调回了海西。回到海西之后,先是
成立了一个蒙藏医院筹建办公室,桑杰担任办公室主任。医院建成之后,桑杰先后
担任副院长及第二任院长。在海西工作了八年后,1986年桑杰调至青海省藏医院
担任副院长。

藏药炮制

对于一般的藏药炮制,桑杰大概从八岁就开始接触了,比如水银、寒水石和锁
阳等药材的炮制。父亲炮制的时候他就在旁边观看和帮忙,他记得父亲当时是用
獐子皮炮制水银的。父亲先用獐子皮将水银揉搓十几天,然后放在太阳底下看看,
不行的话,就继续揉,直到成功。桑杰说,自己真正的藏药炮制是在措如·才郎①手
底下完成的黄金炮制。

藏医与蒙医有相同的理论体系。桑杰最初学习的主要是蒙医,而后又接受了

①措如·才郎(1928—2004),著名藏医大师,曾任西藏藏医学院院长、中国佛学院教授、中国佛教协会理
事等,藏医药的一代宗师,对继承和发展藏医药做出了巨大贡献。

系统的中医药训练。他说自己真正学习藏医是从20世纪70年代开始的,以《四部医典》为基础,从三因学说到各种藏药,都系统学过。藏药的疗效,关键在于炮制。桑杰说:"藏药的炮制是相当科学的,到目前为止,好多炮制的原理我们依然解不开,只能按照我们前辈的炮制方法做,比如金太(即赛太)和佐太的炮制,都只能按照前辈们给我们传下来的方法做,效果相当好。"

桑杰骄傲地说:"人们都说'真金不怕火炼',但是我们能够把黄金炮制入药,了不起吧! 黄金、水银都是有毒的物质,这些毒素用现代科学的方法是去不掉的。但是我们能够通过炮制将黄金、水银中的毒素去掉。怎样验证是否去毒了呢? 我们的前辈是怎么做的呢? 就是把佐太、金太加工好以后,自

桑杰在给学生讲授剪金箔的方法

黄金炮制环节之擦黄金

黄金炮制用具(一)

己先吃上一勺(大概两克多)。我也吃过的,用自己做试验。做的是否成功?一吃就知道。过去什么诊断设备、标准设备都没有,就是自己用肉眼看,然后自己吃。"桑杰说,直到目前,依然有好多人问,佐太、金太里面有没有毒?他说:"我可以肯定地讲,现在没毒。"因为他们做过好多试验,如动物试验、药理试验,好几个科研院所、医院都做过试验,几十倍的用量都没问题。

黄金炮制首先要准备好黄金,这是最重要的。在炮制黄金的工艺中,有用水煮的,用牛奶煮的,用童子尿煮的,等等。煮一次不行,煮完以后还要擦,手工一个一个地擦。擦干净之后,再泡,再煮,再擦,一般要连续三次。在这个环节中,要准备黄牛尿、童子尿,以及诃子等解毒药。桑杰介绍说:"要先把金条全部打成金箔,一片一片的,然后反

黄金炮制用具(二)

黄金炮制环节之煅烧黄金

黄金炮制环节之辨别煅烧好的黄金

复煮,反复擦,去毒,去锈。"哪些人负责煮,哪些人负责擦,都有具体分工,而且必须连续工作,二十四小时昼夜运转。因此,工作人员和操作人员要注意自己的身体。桑杰说:"我们藏医有自己的秘方,在饮食方面,我们要做藏糖,天天要吃藏糖,还要喝点儿青稞酒,用来解毒。此外,在营养方面也要加强。这些人,也不能一连干二十四小时,该休息的时候休息,该吃的时候吃。在工作人员的身体保健方面,也有要求,应该怎么休息,吃什么喝什么都是有要求的。这项工作是比较完整、系统的,不像随便加工一种药那样。在开始这项工作之前,我们还会组织学习注意事项,怎么做好身体保健,怎么开始工作,工作期间注意哪些问题等。这是一个大的工程,需要一个大的团队来完成。"

七十味珍珠丸

七十味珍珠丸属于藏药中的珍宝药,是藏药中最名贵的藏成药,成分包括人工麝香、珊瑚、珍珠、檀香等,具有安神镇静、通经活络、调和气血等功效。制作七十味珍珠丸的关键成分是经过黄金炮制法加工而成的赛太。如果七十味珍珠丸不含赛太,就失去了药用价值。桑杰说:"最初只有二十五味珍珠丸,而后在此基础上发展出了七十味珍珠丸,虽然没有具体记载,但可能已经有六百多年的历史了。藏语的名字'然纳桑培',可以说是一种宝,总的来说就是很珍贵的意思。'七十味'只是个笼统的概念,就是说明这个药除了珍贵,成分也很复杂。在我们的炮制过程中,前后用了一百多种药。至于实际上是七十味还是八十味,不是那么回事。当然这是我的观点啊。"

桑杰认为,目前扩张血管最好的藏药就是七十味珍珠丸。之前只有西藏能炮制七十味珍珠丸,青海的病人很难吃到这种药。所以,1986年桑杰被调入青海省藏医院之后,想方设法要掌握其炮制技术,特意从西藏请来措如·才郎大师,学习七十味珍珠丸的整个工艺流程。为了感谢措如·才郎大师的支持,青海省藏医院特聘他

七十味珍珠丸制丸环节

制作好的七十味珍珠丸

为名誉院长。

桑杰说："措如·才郎老师实际上是四川人,不是西藏人。我到西藏去考察了几次以后,发现七十味珍珠丸主要是在他的主持下制作的,所以我请他帮忙。我说:'青海省藏医院已经建起来了,但珍宝药品很缺,你帮个忙怎么样?'我和他谈了很多次,他终于同意了。我们把他和他弟弟一块请来,提前按照他的要求做好准备,办了第一期培训班,讲了将近一个月。后来又在黄南藏族自治州和河南蒙古族自治县办了两期。在青海一共办了三期培训班。我们学习完整个工艺流程后,就开始第一批制作。在1987年之前,青海省藏医院一种珍宝药品都做不了,都是从拉萨进药。但是从1988年开始,所有的珍宝药品我们都可以自己做了。仁青常觉①、仁青

_____

① 仁青常觉:藏药,具有清热解毒、调和滋补之功效,用于治疗隆、赤巴、培根各病,陈旧性胃肠炎、胃肠溃疡、木布病、萎缩性胃炎、各种中毒症、梅毒、麻风病、陈旧热病、炭疽、疔痛、干黄水、化脓等,组成成分有珍珠、朱砂、檀香、降香、诃子、牛黄、麝香、西红花等珍贵药材。

芒觉①等都可以加工了。"

据桑杰介绍,七十味珍珠丸的整个加工过程,目前尚没有一个明确且具体的标准。七十味珍珠丸的成分总体上可分为植物、动物、矿物三大类。具体分的话比较复杂,每一个品种的炮制方法都不一样。七十味珍珠丸里面可能有三四十种单味药是需要炮制的。比如,重金属类的矿物药就有十六种,每一种都需要炮制。有的炮制过程比较复杂,有的比较简单。七十味珍珠丸所用材料需要准备一年左右,材料齐备之后开始制作,制作过程需要一到两个月。

做个好曼巴

藏族人民把医生称作曼巴。桑杰的父亲从小就教育他要成为一个好曼巴。桑杰认为,要做一个好曼巴,首先就要讲医德医术。《四部医典》对于医德的要求是,不管病人贫穷富有都要同等对待,不管病人地位高低都要同等对待。桑杰说:"更高的要求来自我的父亲。大概在20世纪50年代前后,我的父亲给人看病是不要钱的,都是病人自愿给上一毛钱或一块钱,从来没有说我的药要多少钱的,不给就不给了,没有价格。过去我的父亲在治疗一些疑难杂症的时候,需要白天黑夜地给病人治疗、敷药,甚至几天几夜不吃饭,守着病人。病人治愈了,父亲很高兴,万一治不好,会很难受的。作为一名大夫,我现在也养成了这些习惯。"

桑杰是蒙古族人,原本学的又是蒙医和中医,对他而言,学习藏医药的第一个困难就是语言文字不通。桑杰说:"作为一名藏医大夫,不懂藏语、藏文的话,肯定当不好。我到这个藏医院来,开始的时候最难的就是开藏药处方。"虽然他了解药

---

① 仁青芒觉:藏药,具有清热解毒、益养肝胃、明目醒神、愈疮、滋补强身之功效,用于治疗培根木布,消化道溃疡、急慢性肠胃炎、萎缩性胃炎、腹水、麻风病,以及自然毒、食物毒、配制毒等各种中毒症,组成成分有降香、沉香、诃子、天竺黄、西红花、檀香、牛黄、麝香、熊胆、琥珀、松石、佐太等一百四十味药材。

性、药味，但是不会用藏文开处方。所以桑杰只能努力学习藏语，经常几天几夜都不睡觉地学。因为藏文的草体太复杂，桑杰就每天晚上去药房把处方拿回来看，第二天再去药房挨个儿问。学了半年多时间，药房的那些同事全成了桑杰的老师，他碰到谁就问谁，有时候一个处方得问五六个人，遇到实在不明白的，就干脆跑到开处方的大夫那里问。说到学习藏文的过程，桑杰说："一个是我的脸皮厚呗，到处问；第二就是，我认为如果不懂藏文的话，那下一步工作就不好开展了，所以一定要把藏文学会了。"

　　桑杰经常谦虚地说自己只是"一个半瓶子学者"，他特别感谢国家给予他的各种荣誉。桑杰说："这些荣誉来自社会对我的培养、党和人民对我的培养、单位对的我培养。我1972年入党，党和人民把一个牧区的放羊娃娃培养成一名共产党员，培养成一个大学生，最后培养成为一名科学研究者。作为一名有四十多年党龄的党员，我的想法就是要对得起党和人民，所以我要多治疗几个病人，多培养几

桑杰（左二）在拉脊山上给学生讲解采药的方法

桑杰给索南昂秀、痛却等八位学生讲授黄金炮制原理

个徒弟,让徒弟比我强。单位相信我,不让我走;患者相信我,到我跟前看病;徒弟们相信我,在我跟前学。我现在工资高得很,生活条件好得很。作为一名共产党员也好,作为一个学者也好,我的目的就是全心全意为人民服务,那样的话,我死了也心甘情愿。"

几十年来,几乎每一名青海藏医学院的应届毕业生,都至少要在桑杰身边实习一到两个星期,到现在毕业了多少学生已经数不清了,但桑杰正式指导培养的学生只有八个,这八个学生现在都已经取得了高级职称。第一批学生中的拉青才让只比桑杰小一岁。这位跟老师几乎同龄的学生让桑杰十分感动。桑杰说:"我们俩几乎同龄,拉青才让每个礼拜都要带着笔记本来向我请教,他当时已经是五十多岁的人了,他是藏族人,文化程度也高,还是学得很努力,他真是个了不得的人。"

桑杰说:"传统医学必须传下去,但是一定要谨慎。你传给外面,传错了怎么办?把人害掉了。不是这里面的东西不能对任何人说,而是万一说错了怎么办?

桑杰正在给学生讲授配药的方法

哇！我会炮制这种药……最后把人毒死了，那是不行的。所以，传授要谨慎、苛刻，还要一心一意，必须原原本本地传下去，不能传歪掉，歪了就是害人了。药是人命关天的大事。"

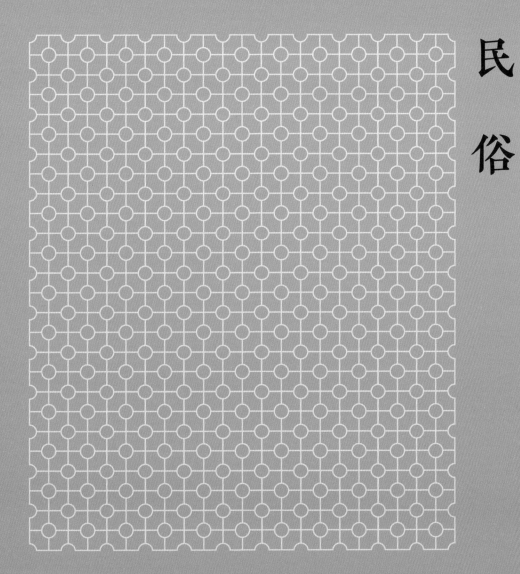

民俗

懂天书的人：

潘老平与水书习俗

李东晔

潘老平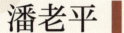

潘老平（1937—　），水族，贵州荔波人，国家级非物质文化遗产代表性项目水书习俗代表性传承人。潘老平从小跟随爷爷学习水书，二十岁开始独立主持水书习俗活动，为潘氏家族第五代水书传承人。他精通水书的白书（吉书）和黑书（凶书），是荔波县佳荣镇、三都水族自治县九阡镇、榕江县兴华水族乡一带有名的水书师，其家传水书有亥子、贪巨、渤竿等五卷。

陆铎公最聪明

他通晓日月星辰

他写水书传后代

写的水书指引后代人

陆铎公最聪明

他全懂生死数术

掌握运行的日月星宿

了解人间的善恶心肠

与门徒共创立了水书

————水族古歌

神秘的文字

　　水族,自称"睢",是中国五十六个民族大家庭中的一员。1957年,国务院批准成立三都水族自治县,明确了水族的族称。水族人民主要聚居在黔桂交界的龙江、都柳江上游地带,贵州省黔南布依族苗族自治州的三都水族自治县、荔波县、独山县、都匀市等地为其主要居住区,其余分布在贵州省黔东南苗族侗族自治州、广西壮族自治区北部及云南省等地。根据《中国统计年鉴2021》,水族人口为495928人。

水书中的汉字变体

　　水族拥有一种特有的、本族人称之为"泐岁"(音译)的古老文献——水书,被誉为水族的《易经》或百科全书。相传,水书由一位名叫陆铎公的人所创造。目前学术界对水族的族源与水书的创制均存有较大的争议,尚无明确统一的说法。但根据

水书中的象形文字

水书中的宗教文字

水书抄本

学者们对于已见水书的研究，有一点基本上是可以明确的——就如马学良先生在《汉藏语概论》中说："水族不曾有过可以用来记录语言、通信交往、写作记事的文字。"水书中所使用的文字大致有三种类型：一是象形字，类似甲骨文、金文；二是仿汉字，即汉字的反写、倒写或改变形体的写法；三是宗教文字，即表示水族原始宗教的各种密码符号。

水书所记，大多是与原始宗教信仰有关的确定日期、方位及驱鬼避邪的方法。通晓水书的人被称作水书先生。水族人的丧葬、祭祀、婚嫁、营建、出行、占卜、生产等大多要由水书先生根据水书所示，挑选出合适的时日、方位，并由水书先生依照规约主持行事。

水书，不仅是水族世代流传的一种重要文献，更是水族民间文化与习俗的重要载体。2002年，水书被国家档案局、中央档案馆列入首批中国档案文献遗产名录，作为重点民族古籍收藏。2006年，水书习俗列入国家级非物质文化遗产代表性项目名录。

水书习俗，包含水书文字的识读、书写与应用水书知识指导民俗活动两个部分。水书先生又称水书师，他们掌握并负责向大家解读水书，系水书习俗传承的核心。水书先生是水族传统社会中主持祭祀和生命仪式的人，其社会地位类似羌族

的释比和彝族的毕摩。事
实上,作为一种文献,用文
字记录在纸上的水书,只
是作为一种文化知识体系
的水书习俗的一小部分,
大约只占30%。水书习俗
中更大一部分文化信息隐
藏在水书师口口相传的歌
诀、祭词与习俗活动中。
歌诀系水书的精华。通常
而言,水书中的"绝密"与
"祝咒",都是得自于口传
心授的师承。在大部分情
况下,一般人即使认得水
书中的文字,也不能正确
使用。因此,水书与水书
师密不可分。只有水书师
将水书的手抄本和先辈口

清明祭祀活动

清明野外祭祀结束后集体用餐

传心授的要义、仪式和祝词等结合起来,才是完整的水书。

　　水书所承载的并不是水族的历史与日常生活,而是关于吉凶占卜、生活禁忌等
信息,并用歌诀来解释凶吉。水书主要有两类:白书和黑书。白书是普通的占卜用
书,有五百六十余条,民间的婚嫁、丧葬、营建、出行、节庆、生产、祭祀等一举一动都
要得到水书的引导,由水书师运用水书来测算吉凶,确定日期、方位等。在过去,水
族人民认为生活中遇到的疾病和灾难,都是鬼怪作祟,而黑书就是用来对付这些扰
人鬼怪的。

除了原始宗教信仰内容，水书还保存了亟待挖掘和破译的天文历法资料，如九星、二十八宿、八卦九宫、天干地支、日月五星、阴阳五行、六十甲子、四时五方、七元历制及水历正月建戌等内容。这些天文历法知识和汉族文化中的相关知识有同有异，是研究水族发源、迁徙及与其他民族关系等历史课题的重要资料。

口传心授

潘老平原名潘贵昌，"老平"是老人们给他起的乳名，这么一直叫下来，后来干脆就叫潘老平了。潘老平1937年出生在贵州省荔波县佳荣镇拉易村上寨，他说自己的家族自开天祖公就从滚通（音译，传说古地名，现不可考）迁至这里，到现在已经有二十代人以上了。

潘老平在诵读水书

潘老平从八岁开始在寨子里学习汉文化，学了两年。由于父母的身体不好，他十岁就开始放牛，帮家里做农活。他从小就对水书感兴趣，爷爷看水书的时候他就凑过去看；遇到合适的机会，他还会去翻看那些老书；爷爷读水书的时候，他就在旁边认真地听。爷爷一直说等他长大些再教他，而且常常半开玩笑地嘱咐他："你可别把我的书给翻烂了。"到潘老平十三岁时，他正式开始跟着爷爷顺公学习水书。

那年，爷爷去山上守玉米地，他就跟着爷爷一起去，随身带着水书，一边守着玉米地,一边跟爷爷学习水书。爷爷先教他背诵了六十甲子和二十八宿,之后才开始教他书本上的内容。在山上学习了一段时间,等收完玉米回到家里后,他就准备了鸡、豆腐、鱼等,祭请陆铎公,然后才开始正式跟着爷爷学习水书。经过多年的研习,潘老平二十岁的时候开始独立主持水书习俗活动。如今,数十年过去了,潘老平已经成为荔波县佳荣镇拉易村及周边地区最受尊重的水书先生。

潘老平说,当地人过去叫他们"懂老书的人",后来国家开始抢救水书了,才称他们"水书先生"。尽管家族中到了潘老平一代就只有他一个人懂水书了,但是近些年来,在国家的重视与扶持下,他已经陆续培养出了十多位徒弟,为继承与传播水族文化做出了贡献。

陆铎公信仰

水族民间传唱着多首歌颂陆铎公的古歌,充分表达了水族人民对他的尊崇。陆铎公是水语"六个公公"或"六个爷爷"的音译,又写作"六铎公""拱略铎"等。陆铎公是水族民间信奉的众多神灵中最受尊崇的正神。相传,陆铎公不仅是保佑水族人民五谷丰登的农业保护神,而且是水书的创造者,因此民间又有水书陆铎公与活路(生产)陆铎公的说法。水书陆铎公据传是从燕子洞来的,所以祭拜的时候要将他从那里请过来,祭拜之后再送回去。祭请陆铎公的目的是为了促成水书的学习。水族人认为,只有祭请陆铎公,学习水书的时候才能记得好,不然就容易忘记。

祭拜陆铎公一般在收获大豆的季节。因为大豆成熟后才能做出豆腐,祭拜的时候还要准备六只鸡、十二头猪等,有了这些东西才能祭拜。祭拜的时候,人们要穿新衣服,包新头帕,摆好一箱水书,然后口中念道词。坐在供桌旁边的六个人,包括祭师一人,主家一人,再加上其他四人,都要穿长衫。不过,潘老平说自己现在也改了,天热的时候就不穿长衫了,天冷的时候还是穿。

潘老平说自己通常三年或五年大祭一次,但近两年没有猪了,所以他也就不做

大祭了，只是每年用一只鸡来祭一下。平日做完水书活动回来，他也会祭拜一下陆
铎公，就是把做活动得来的肉摆在桌上祭拜，同时嘴里念念有词。

白书与黑书

我们经常看到的资料往往将水书分为白书与黑书。事实上，水族民间对水书
的分类是多种多样的，比如阅览本、朗读本、宫掌本、时象本、方位本、星宿本等；按
内容可分为应用卷与诵读卷。通常所说的白书（吉书）与黑书（凶书）则是根据水
书应用的场合与目的来划分的。

潘老平出身于水书世家，但目前尚能数得清的只有六代：庸公、简公、卯公、顺
公（爷爷）、荣生公（父亲），他是第六代。他们家传的水书是由开天祖公传下来的，
一共五本，干书一本、吉书两本、分书两本。潘老平说，水书中禁忌的内容多，遇到
那些禁忌，就要用分书上的方法进行规避，分书上没有的内容，按干书上的条目做
就好。好的内容就是吉书，就是白书。分书就是黑书，是不能用的。流传下来的书

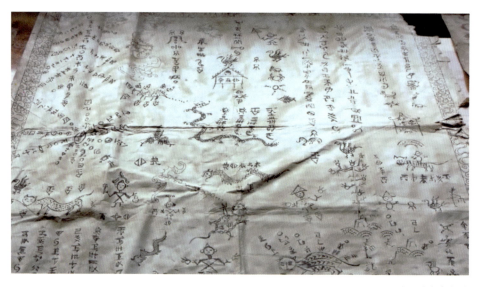

神秘的水书（一）

神秘的水书(二)

本,都是从干书来的,干书里面既有白书,也有黑书。

潘老平说自己开始学水书的时候,最难学的就是干书,读通干书以后,分书就好读了,吉书也好读了。

潘老平说:"干书就十二个字。亥子丑寅卯辰巳午未申酉戌,然后又转到亥,就是十二个字。"吉书、分书的字都是这些,只是变换着出现而已。准确地说,是这十二个字使用的频率高,这些字的不同组合形成了各种水书。因此,只要读懂干书,其他水书也就读通了。潘老平说,水书就是这些字反复出现,没有太多的字,都只是反复书写而已。"这个字在上,那个字在下,将这个字拉下来,把那个字又放上去。"其他字都是这样变换出来的——多次出现或多次变换位置而已。另外,水书中的每一个字都有四五个音。

水书的记忆

"水书就是告诉人们选用好日子,凶日不能用,要规避。方位也是这样,要用好

潘老平在家中主持"请鬼"仪式

的方位,规避凶的方位。时辰也要选好的使用,凶的时辰不能用。所以做祭祀活动要选好日子、好时辰,以及合适的方位。"在潘老平看来,水书的价值是很大的,但他强调,"懂水书,会用的话,价值就大。"

对于水族人而言,水书更像是一种信仰。在水族民间,人们结婚、嫁女、建房子用水书,生病了也要用水书。

爷爷当年教潘老平水书,是从干书教起的,一二十个晚上过后,潘老平就会读了。接着再学分书,只用了十五六个晚上,最后学吉书。现在潘老平也是按照这个顺序传授徒弟的。

潘老平说,传授水书,首先要选好日子,因为从好日子开始学,才有兴趣,才学得懂。还要找大旺时,这样才学得会,不容易忘记。他说,教授水书没有什么方法,就是照书本教,每教一条,都要先把口头部分教清楚,教一句学一句。一定要按顺序教,否则徒弟就不能全面掌握。祭词是需要自己学的,想学什么活动的祭词,就要自己去听水书先生念,然后记下来。水书先生只教模式性的知识(口诀),具体祭词由徒弟自己编。潘老平形象地比喻道:"念到位的祭词就是好祭词,就好像耙田,

潘老平在家中向徒弟们传授水书（一）

潘老平在家中向徒弟们传授水书（二）

潘老平在水家记忆馆向游客讲解水书

能把到边边角角的就算好的。有的人念的祭词太简单了,那就不是好的。"

潘老平说,由于男人学水书不能很好地照顾家里的活路(生产),女人就得多辛苦了。他说,很多人找他学习水书的目的是为了自家使用方便,不用去找别人,想自己有一门技艺,并不是为了能挣钱。潘老平的儿子潘永根出生于1971年,由于担心父亲的水书后继无人,他自2014年开始跟父亲学习水书。还是家传的那五本水书,潘永根也是先从干书学起,再学分书、吉书。第一本书,他跟老人读了十几二十次才学完。学第一本书时,他还是靠口学心记,但觉得实在太难记了,后来就用上了录音机。平时务农的潘永根,通常是白天干农活,晚上回家练习水书。

位于贵州省荔波县的水家记忆馆是潘老平的侄子潘永会在2015年开办的。在潘老平的大力协助下,水家记忆馆从民间搜集到了大量水书手抄本、马尾绣及水族大木鼓等满载着水族人民记忆的文物。每次从家里出发去县城的水家记忆馆,潘老平都要转两次车,在崎岖的山路上颠簸两个多小时,但老人家乐此不疲,长年累月地往返跋涉,为传播和弘扬水族传统文化不懈努力着。

牧羊人的心愿：

王治升与羌年

张宇

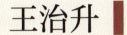

王治升

　　王治升（1934—2022），羌族，四川汶川人，国家级非物质文化遗产代表性项目羌年代表性传承人，汶川县羌峰村目前唯一的老释比，羌年仪式的重要主持者。王治升十二岁开始跟着父亲王庭福学习了七年释比唱经，父亲去世后接受堂兄王治国的指点。他在1953年至1978年进行了四次大型民俗仪式，两次"打扫房间"，一次"太平保护"，一次"大安神"。1978年，他以释比的身份参加法事。王治升熟练掌握释比经典四十余首，大都被收录于2009年四川民族出版社出版的《羌族释比经典》。

羌

一个比汉还要古老的名字

在历史的长河中

熠熠发光

在大山的深处

延绵至今

和名字一样古老的

是释比

和他守护着的心愿

古老的牧羊人

四川盆地的西北部,碧水蓝天,丛林茂密,万物自得。在这里生活着我国最古老的少数民族之一——羌族。羌族源于古羌人,自称"尔玛"或"尔咩",是华夏大地上最古老的牧羊人。

早在殷商时期,甲骨文中就有大量对羌人的记载。《说文解字·羊部》载:"羌,西戎牧羊人也,从人从羊,羊亦声。"有一种说法甚至认为,中国第一个奴隶制王朝——夏朝的建立者禹就是羌人。《史记·六国年表》也说:"禹兴于西羌。"

古代羌族主要活动在西北的广大地区,东周时期羌人开始迁入中原地区,对中原文化产生积极影响。在历史的长河中,羌人和中原王朝的互动频繁,对中国历史发展和中华民族的形成影响深远。古羌人不断迁徙,并和其他民族不断融合,其中的一支逐渐形成了现在的羌族。

如今,羌族主要分布在四川省阿坝藏族羌族自治州的茂县、汶川县、理县等地和绵阳市的北川羌族自治县。在四川省甘孜藏族自治州的丹巴县、绵阳市的平武县,贵州省铜仁市的江口县和石阡县也有部分散居的羌族人民。除一部分邻近藏族聚居区的羌族人信仰藏传佛教,其余人普遍信仰原始宗教。

羌年的由来

在羌族地区,流传着一个神话故事。相传天神木比塔的小女儿木姐珠下凡来到人间玩耍,不巧遇到一只老虎。在危急时刻,羌族小伙子斗安珠打死老虎救下了木姐珠,从此木姐珠爱上了斗安珠。回到天上后,木姐珠请求父亲允许她下凡与斗安珠结婚。天神木比塔开始并不同意,但木姐珠态度坚决,加上天神木比塔很是宠爱这个小女儿,最后同意了,并以草木和粮食种子及飞禽走兽作为嫁妆。

人类很快繁衍,树种长成森林,粮种带来了五谷丰登,并且六畜兴旺。秋收后木姐珠感念父母的恩惠,用丰收的粮食、肥壮的牲畜向天祷告,感谢天神的庇佑。这一天,正好是十月初一。后来,羌族人民就把这一天作为自己的节日——羌年。

羌族其实没有年的观念,"羌年"只是汉语的名字。羌年在羌语中的叫法是"日美吉",意为吉祥欢乐的日子。羌年活动主要分布于四川省绵阳市北川羌族自治县和阿坝藏族羌族自治州的汶川县、理县、茂县、松潘县,以及其他羌族聚居地区。汶川县位于岷江上游,青藏高原东南部、四川省西北部。全县近十万人,其中羌族人占42.3%,是全国最大的羌族集中聚居区之一。羌锋村正是羌族核心区域汶川县绵虒(sī)镇的一个小村寨,被誉为"西羌第一村"。

过去,羌年活动举行的时间并不一致,大部分羌族聚居区安排在十月初一,有的村寨要到十月初十,一些地区在八月举行庆祝活动。以四川汶川绵虒一带为例,绵虒北部大都是在十月初一过羌年,绵虒南部比如和平、羌锋,大都是在八月初一过羌年。这跟当地的气候有关系,比如秋收的时间早,就可以早一点儿准备羌年;可能也和释比少有关系,如果各个寨子都要还愿的话,一位释比是忙不过来的。

羌年一般历时两天,如果遇到"还大愿"等,则时间相应要长一些,有时五天或十天。在释比的指引下,村民们身着节日盛装,举行庄严的祭山仪式,杀羊祭神。活动期间,释比会跳起羊皮鼓舞①,吟唱羌族的传统史诗。村民们则唱歌、

---

① 羊皮鼓舞:羌语称"莫恩纳莎""莫尔达沙"或"布滋拉",是释比在法事活动中跳的一种祭祀舞蹈,又称"跳经"。舞姿灵巧、敏捷、粗犷,多为逆时针方向围圈而跳。羊皮鼓舞是羌族祭祀活动中主要的舞蹈形式,具有鲜明的羌族文化特色。

羌锋村

喝酒、舞蹈,尽情欢乐。通过庆祝新年,羌族人民祈祷繁荣,展示与自然的和谐相处和对自然的尊重,并促进社会和谐、家庭和睦,也借以表达对所有生灵、对祖国和祖先的尊重与崇拜。羌年使羌族的传统、历史积淀和文化信息得以继承和传播。

释比是羌年的核心人物

羌年是羌族最具民族特色的节日,也是羌族一年中最为隆重的日子。传统的羌年活动通过会首组织。各地会首产生的方法不一,大致以村寨里的家族为单位分成几组,各组抽签决定举办羌年的次序。轮到某家族为会首时,由他们出人、出钱来做羌年的准备工作,会首内自选会长,会长负责人员、事务的协调安排。家族内有几户就连续举办几年，到最后一年的时候，按次序转给下一个会首，依次循环。

会首在秋收基本结束时就开始筹备过羌年了，他们要喂养好鸡、羊等牲畜，准备过节时使用。过节前一天，会首要到神树林①去砍回做法事要用的杉树。村民们则需要提前打扫房屋，清理房前屋后的垃圾等，准备丰盛的食物，然后穿上节日盛装，自备碗筷，准备上山过节。

释比是羌年仪式的主持人，负责羌年各项程序的安排、执行和指挥。释比是不脱离生产的从事宗教活动的人，释比也称为"许""比"等。他们是羌族最有文化内涵的人，在羌族社会中有较高的地位，广受羌族人尊崇。在羌族原始的宗教文化里，释比被视为可以通神灵的人。诸如祭山、许愿、还愿、治病、安神、除秽、消灾、敬神和祝福等活动都要请释比诵经。羌族仅有自己的语言而没有传统文字，释比唱经是释比文化实

小知识

羊皮鼓是羌族人认为人与诸神通灵的道具。它由鼓面、鼓圈和鼓槌三部分组成，鼓面用山羊皮做成，鼓圈一般用杉木板做成，鼓槌则是用竹根做成，鼓槌共有十二节，代表一年十二个月。相传，很早以前，羌族是有自己的文字的，释比祖师爷花费了极大的心血，将从天神那里求来经文和人间的学问记录在一卷卷的桦树皮上。那年春天，祖师爷正在晾晒桦树皮时，突然跑来一只山羊，将所有桦树皮卷吃尽。在一只金丝猴的帮助下，祖师爷终于找到了这只罪恶的山羊，剥下它的皮，制成了祭神用的单鼓"日卜"，让它永世遭受羌族后代的鞭笞。从此以后，每当祖师爷敲打单鼓，眼前就会出现写在桦树皮上的经文字句。

---

① 神树林：羌族每个村寨的山后都有一片神树林，被视为山神之所在，平时禁止砍伐，也不能在其中放牧和割草，村寨定期进行祭拜。

践的重要内容,经文内容全靠老释比口口相传。在羌年活动中,释比所诵经文内容非常丰富,大都与羌人的衣食住行、生产生活、社会历史、风土人情、民族关系等密切相关。

　　主持祭祀仪式、做法事活动需要释比具备很多能力,比如唱经,跳羊皮鼓舞(这些是释比必须掌握的技能),念诵咒语,制作活动所用工具(如白纸旗、面人),等等。

　　王治升是在世的释比中年纪最大的,也是羌锋村仅剩的老释比,威望很高。他的父亲王庭福是羌锋村第七十八代释比。王治升从小看着父亲在家教授徒弟,也时常跟随父亲外出还愿,耳濡目染中对释比唱经等活动产生了浓厚兴趣。王治升在十二岁时开始跟随父亲学习释比唱经,随父亲参加过方圆几十里羌寨的六次祭山会。据王治升说,他父亲去世时,他只学会了父亲掌握的释比经的八成,也未盖卦①。后来,他又向堂兄王治国学习,很快便学有所成。

羊皮鼓

①　盖卦:举行正式成为释比的出师仪式。

在十四岁那年的腊月二十六，王治升第一次在众人面前开口唱经，并获得了释比的两件法器：猴皮帽和法印。这两件法器与羊皮鼓、神杖都是羌族释比的重要法器。

农闲的时候，老释比会和徒弟们围坐在一起，指导他们学习唱经。经文分为上坛经、中坛经和下坛经。上坛经的主要内容是敬神、祭祖；中坛经主要内容是治病、祈福；下坛经的主要内容是驱鬼、辟邪。王治升熟练掌握上坛经，曾经为附近村民主持过盖房安家、婚丧嫁娶等仪式。

牧羊人的心愿

对羌族人来说，许愿、还愿是非常重要的，羌族人可以随时随地在生产生活中许愿，但表达羌族人对大自然的敬畏和对祖先的崇拜，全都在羌年这一年一度的还愿当中。他们在羌年中敬祭天神、山神、寨神、树神和龙王，并祭祀历代祖先，表达祈求大自然保佑、消灾免祸、六畜平安、风调雨顺的美好心愿。

羌年活动开始前两天，羌锋村的村民就开始打扫房屋、张贴门神、布置神龛。每到过羌年的时候，村民们会在释比王治升的带领下举行还愿仪式。在王治升的主持下，全村的人都参与到羌年的筹备活动中，分工合作，互通有无。

羌族人崇尚白色，认为白色代表着善、美、好，在每家每户的屋顶上都竖立着代表吉祥的白石。活动开始的前一天，王治升就开始在家中裁剪白旗，将会首从神树林砍回来的杉树杆去皮，在树尖枝丫上插上白纸小旗，在杉树杆顶上系五彩丝线，这是羌年的第一项准备工作。

仪式开始之前，释比要用净水洗脸，燃柏枝熏身。活动的前一天晚上，释比和村民们（传统上都是男性，女性不参加）上神树林还愿。释比带领村民，带着祭祀用的牺牲，一路打鼓念经走到山上，焚香敬诸神。此前，释比会用准备好的杉树杆封山，封山后三天之内不许任何人上神树林，以免打扰诸神。

代表吉祥的白石

王治升在制作白旗

王治升给杉树杆插白旗

敬完诸神后,释比王治升戴上猴皮帽,手摇铜铃,用羌语唱诵祭祀经文。之后,移步到山神庙前,一边敲击羊皮鼓,一边跳舞,继续唱诵经文。

当羊皮鼓咚咚咚地在熊熊的篝火边响起时,世界安静了,只有从先祖那里传承下来的经文诉说着天地亘古、万物生灵。直击心魄的唱诵,安抚着每一位聆听的羌

王治升在火堆前烤羊皮鼓,令鼓声清脆响亮

铜铃

王治升敲鼓唱经

仪式过程中众人分食

仪式过程中众人歌舞

族人。释比唱诵的还愿经词是说明还愿缘由的,还的是羊愿或是鸡愿,表明村民们对天神及诸神的诚心,并请求天神及诸神保佑全寨老小无灾无难、民众安康、五谷丰登、六畜兴旺、财源茂盛、万事如意等。

唱经结束后,王治升向诸神敬献备好的酒菜,所有参加祭祀典礼的村民围住火堆一同分食神灵享用过的酒菜。入夜后,大家围着篝火喝酒、歌舞、聊天,彻夜不眠。传统的羌年祭祀仪式是不会中断的,一直持续到第二天早上。四十多部经文,最长的要唱诵两三个小时,没有足够的体力和精力是无法完成的。近几年,由于王治升年事已高,祭祀活动主要在徒弟汪青发、高玉军协助下完成,三人交替唱经。晚上大家唱过山歌、跳过锅庄舞后,仪式暂时告一段落。村民们当晚可以各自回家,只要保证次日清晨能与释比一起抵达祭祀地点即可。

次日清晨,村民们各自带着事先准备好的酒、太阳馍馍、月亮馍馍、星宿馍馍①等祭品,到山神庙前面祭祀。村民点燃蜡烛、香插,敬献馍馍,边烧纸钱,边念叨着"感谢诸位神灵一年来对家人的祝福与庇佑"等。随后,村民们请在场的人享用神灵享用过的酒、馍馍。此后,开始杀鸡宰羊宰猪准备,释比王治升说:"有的寨子人少就宰一头猪②,像我们沟头二十多家人,就宰两头猪,每家每户两只鸡,鸡的鸡肫、鸡肝要交给会首。如果你没有鸡,那就备上豆腐或酒。"

祭祀时,王治升身着祭祀法衣,头戴猴皮帽,手持羊皮鼓,唱诵释比经文。唱经过程中,村民将已经宰杀好的祭祀猪抬放到祭祀地点,并开始先宰羊后宰鸡。宰好的羊和鸡去皮洗净后连内脏一起放在大铁锅里煮,肉煮熟后切成碎块,按户分配。肉汤也一样,无论老少,一人一份。在舀汤时,释比先舀,然后按辈分及年龄依次舀下去。

还愿时,会首和释比还会与村民一起商讨和制定村规民约。还愿结束后,王治

---

① 太阳馍馍、月亮馍馍、星宿馍馍是羌族先民日月星辰崇拜的表现。每逢重大节日、婚礼和成人礼,羌人都会做馍馍,人们去赴宴,祭祀时分取一小块馍馍,叫作"吃喜"或"吃福"。

② 猪作为祭品是羌锋村羌年祭祀的独特习俗。

王治升徒弟高玉军敬献太阳馍馍

王治升和徒弟汪青发边跳羊皮鼓舞边唱诵经文

升马上主持麦卦仪式,将青稞撒在鼓面上,通过青稞的朝向、堆放位置来预测来年是否有灾害。仪式结束后,释比就和村民们返回会首家,进行招财仪式,同时准备团年饭。

值得一提的是羌族的咂酒,它是用青稞、麦子、玉米等酿成的。咂酒得名于独特的饮用方式:在酒坛里兑水后插上竹管轮流吸吮。喝咂酒一般会边喝边掺水,喝到最后酒味变淡,有时还会吃掉酒渣,俗称"连渣带水,一醉二饱"。咂酒营养丰富,酒性温和,老少皆宜。有句老话"不敬神不吃饭,不敬神不喝酒",羌族人每次喝咂酒都要敬神,一边说"有蜂蜜那么甜,有核桃那么香",一边敬神喝咂酒。咂酒一般让年老的人先喝,因为羌族人认为老人是离神最近的人。

在羌锋村,团年饭有一碗很特殊的菜——魔芋豆腐,也叫黑豆腐,吃团年饭这道菜是必须有的,没这道菜不叫过年。如果哪家没有这道菜,亲朋好友都要送去。

王治升和村民一同喝咂酒

这是羌锋村羌年习俗的特点之一。

羌锋村羌年习俗还有一个特点就是调年换月。羌族人认为羌年代表着黑暗即将过去,光明即将到来。所以羌年的仪式是在天黑与天亮交替的过程中进行的。大概早上五点半的时候,羌锋村民在房顶上、墙边、石板上,点起一堆堆的松柴,这个叫天烛。

关于魔芋和天烛,有一个神奇的故事。传说有一个孩子生下来就会说话,饭量很大,长得也快,刚出生几天就把家里的粮食吃光了,所以起名叫德优格布,意思是长得快的娃儿。父母觉得养不起,就忍痛在他满月后把他送到了山林里。思念孩子的母亲后来去山林里寻找孩子,发现孩子已经长成一个大小伙子,肩膀上扛着一头野牛,手里还提着一只野羊。母亲看到强壮的儿子放心了许多,临走时,儿子还塞给母亲一根兽腿和其他野味。不久,羌锋村出现了一个偷吃孩子的妖怪,德优格布和村民合力在羌历年三十那天降服了妖怪,妖怪的血流到地上长出了很多魔芋,吃了魔芋能够给人力量。为了感谢德优格布,大家把粮食都拿给他吃,并邀请他每年回来一起团年,德优格布告诉他们:“在羌历年三十晚上,当黑暗要走、白光要来的时候,你们在房顶上点上松木柴,这样,在高山森林也能看到村子里面,当河坝、村子里都亮起火光的时候,我就下来跟你们一起团年。”从此以后,羌历年三十羌锋村都要在房顶、墙边、石板上点燃一堆一堆的松柴。

羌年期间,亲友往来,邻里相邀,各家各户之间交换各种信息,比如这个冬天怎么过,出去到哪些地方打工,也互祝新年诸事顺利、平安幸福。

传统和变化

羌年习俗的延续面临着重重困难。在特殊的历史时期,许多物件和法器被破坏销毁,不少村寨无法举办羌年活动。随着老释比相继去世,许多宝贵的经文失传。现今,由于人们的迁徙活动日益频繁,年轻人对羌族传统文化的兴趣不断减

王治升在教徒弟唱经

弱，加之外来文化的冲击，庆祝羌历新年的人越来越少，很多寨子已经不过羌年了，绵虒镇也只有羌锋村还在坚持。

羌锋村过羌年的习俗是从20世纪80年代开始逐渐恢复的。为了恢复羌年习俗，王治升找到已经年迈的堂兄王治国，在堂兄的帮助下，王治升重温经文，并将羌年流程吃透。1996年，王治升在神树林里重新插上神杖，戴起猴皮帽，敲起羊皮鼓，唱起悠扬的经文。

2009年，在阿联酋召开的联合国教科文组织保护非物质文化遗产政府间委员会第四次会议上，羌年被正式批准列入首批急需保护的非物质文化遗产名录。2011年6月，王治升在羌锋村成立了释比经典文化学习班，并招收了六名学员。王治升的孙子王小荣跟随爷爷学习唱经，并辅助爷爷进行羌年活动的准备工作。在经费不足的情况下，王治升带领大家自掏腰包添置设备器材，拍摄和录制了大量释比唱经。

　　随着时光的流逝,在世的释比越来越少,但在羌文化保护比较好的地区,百姓们对释比还是有需求的,因为释比是羌族人当中的知识分子,羌族人在很多重大事情的决策上比较依赖释比指点。羌族人深信有多位天神在护佑着他们,也深信老释比代代传承下来的信仰,他们以羌年这种古老的祭祀仪式,世世代代告诫自己和后人,要永远抱有一颗敬畏自然、崇敬生命的纯净心灵。

　　随着社会的发展和现代化进程的推进,释比的作用在逐渐淡化,释比传承也面临危机,释比文化面临着极速消失的可能。怎样做才有利于释比的生存和传承是一个值得思考和研究的课题。近年来,随着国家对非物质文化遗产保护工作的大力推进,对释比文化的重视程度大大提高,对释比传承方式和程序的整理逐渐专业化和系统化,建立在采访、口述等基础之上的关于释比传承与保护的系列工作也在逐步推进。

　　王治升生前曾说:"学不学得会释比是一回事,一定要把这些文明、礼貌、规矩、正派的(品格)存下来,不要去做个歪门邪道的人,要秉承自己淳朴善良的本心。"

　　　　羌年那天的夜里

　　　　神山脚下

　　　　人们围绕着篝火和一位老者

　　　　老人看了看不远处的牺牲

　　　　又看了看天上的月亮

　　　　敲响了手中的鼓

　　　　羊皮鼓一敲

　　　　沉睡的记忆便被唤起

　　　　在羌族人的心里

　　　　神明从未走远

篝火旁的释比

诵出了古老的经文

大地仿佛都在随着鼓声跳动

气氛开始变得庄严又神秘

沉睡的地平线

一座座碉楼还在那里伫立

天就要亮了

新的一年即将开始

牧羊人的心愿全都实现了

而那个古老的故事还没讲完

　　本书的主要内容来自 2020 年国家图书馆中国记忆项目中心推出的系列微信文章和公开课程，我们事先并无结集出版的计划，承蒙天津人民出版社各位老师的肯定与鼓励，才有了出版此书的想法。

　　时隔三年，此书即将付梓，我们谨借此机会，表达我们的感谢。

　　首先，感谢文化和旅游部非物质文化遗产司的各位领导和同志对我们的信任与支持，让我们有机会参与非遗记录工程的相关工作，一方面让我们履行了图书馆人"传承文明，服务社会"的职责，另一方面也让我们开拓了视野、积累了经验、提升了水平。

　　其次，要感谢全国参与非遗记录工作的各位国家级非遗代表性传承人、非遗保护工作者、记录团队工作人员和学术专员，是他们共同的坚守与奋斗，才让众多的非物质文化遗产得以记录与文献化保存，使之传于当代，留于后世。有些传承人甚至在人生的最后阶段，竭尽精力配合记录工作的开展，并将此工作视为对国家和民族的最后贡献。

　　再次，要感谢多年来大力支持、悉心指导此项工作的各位验收专家，是他们高超的学术水平和严谨的治学态度，对每一年的成果验收严格把关，保证了记录成果的学术水平与文献价值。他们是诸国本、樊祖荫、周嘉华、蔡源莉、周传家、常祥霖、邓启耀、周元、梁力生、麻国钧、孙建君、张庆善、王贵祥、王连海、刘文峰、周青青、蔡华、张振涛、柳长华、傅谨、张刚、张瑞贤、周剑石、杨源、梁远、罗红光、王建民、崔乐泉、杨阳、冯立昇、张荣、高丙中、吴文科、田艳军、全根先、林继富、苏荣誉、单万里、庞涛、高振宇、王锦强、史建桥、郑茜、鲍江、安德明、甄艳、李东晔、韩雯、张延庆、王馗、宋歌、宋本蓉、邓雪晨等。除以上参与国家图书馆组织的国家层面复查工作的专家外，还有更多的学者专家参与了各省组织的验收工作，此处憾无法具名，恳请谅解。

最后，要感谢天津人民出版社和百花文艺出版社的各位领导和编辑。在本书的编辑、整理和出版过程中，我们得到他们的大力支持，同时也钦佩他们的职业精神与业务水平。此书的出版是大家共同努力的结果。

向上述各位致以崇高的敬意和诚挚的谢意！

参与前期系列微信文章和公开课程撰写和摄制的，是国家图书馆中国记忆项目中心的各位同事。除在书中各部分出现署名的同事之外，还有很多位同事虽未见署名，但同样倾注心力，功不可没。他们是汤更生、丁曦、安载良、赵亮、燕蓓、耿晓迪、陈都、胡楷婧、李扬、孙诗雨、刘世元、李想等。

书中所呈现的，并不是记录工作的直接成果，而是基于工作成果的揭示、讲解与讨论，且仅涵盖了非遗记录工程成果的很少一部分。2018年，国家图书馆设立了非遗记录工程——国家级非遗代表性传承人记录工作网站，逐年发布优秀成果综述片。今后，我们还将加强成果的发布力度，努力扩大传播效能，将会有更多的非遗记录成果在网站上与公众见面。网址为：

ich.nlc.cn

由于编者水平有限，书中难免有错漏不妥之处，敬请读者批评指正。

国家图书馆中国记忆项目中心

2023 年 6 月